国家社会科学基金教育学一般课题"基于农村学生发展的城乡教育公平推进策略研究"
（BHA170136）成果

Education Promotion Strategy-based
on Rural Students' Development

基于农村学生发展的教育推进策略

王振存 等◎著

科学出版社

北 京

内 容 简 介

党的二十大报告指出，全面建设社会主义现代化国家，最艰巨最繁重的任务仍然在农村。本书针对当前教育研究中因忽视农村学生发展导致其心智模式固化、内生动力不足等理论和现实问题，以农村学生为主要研究对象，从"心智模式转型""内生动力机制构建"两个维度，以及"理论透视""现状研究""对策构建""实施路径"四个部分进行研究，构建基于心智模式转型及其内生动力提升的农村教育推进策略，以期促进农村教育的内涵特色高质量发展。

本书可供师范类专业尤其是教育学专业的本科生、研究生参阅。

图书在版编目（CIP）数据

基于农村学生发展的教育推进策略 / 王振存等著. —北京：科学出版社，2023.6
ISBN 978-7-03-075688-6

Ⅰ.①基… Ⅱ.①王… Ⅲ.①农村学校–学生–研究–中国 Ⅳ.①G725

中国国家版本馆 CIP 数据核字（2023）第 101386 号

责任编辑：崔文燕　张春贺 / 责任校对：杨　然
责任印制：李　彤 / 封面设计：润一文化

科 学 出 版 社 出版
北京东黄城根北街 16 号
邮政编码：100717
http:// www.sciencep.com
北京建宏印刷有限公司 印刷
科学出版社发行　各地新华书店经销
*
2023 年 6 月第 一 版　开本：720×1000　1/16
2023 年 6 月第一次印刷　印张：15 1/4
字数：240 000
定价：99.00 元
（如有印装质量问题，我社负责调换）

前 言
FOREWORD

城市和农村历史文化等因素以及教育起点、过程中资源占有量存在差异等问题，导致农村学生在发展过程中有着与城市学生不同的独特心智模式和内生动力。

本书针对当前教育研究中忽视农村学生发展导致其心智模式固化、内生动力不足，进而影响农村教育发展进程这一现实问题，以农村学生为主要研究对象，从"心智模式转型""内生动力机制构建"两个维度，"理论透视""现状研究""对策构建""实施路径"四个部分进行研究，构建基于农村学生心智模式转型及其内生动力提升的农村教育推进策略。

本书既有学理性剖析，又有对现实问题的审视，也有对实践的探索，基于调查研究得出的结果和结论，旨在拓展、深化和丰富城乡教育公平理论研究，探索农村教育实践策略，实现农村教育高位均衡发展。第一，本书主要采用文献法、比较研究法、调查研究法等，其中调查研究法是本书重要的研究方法。笔者在河南省农村地区选取若干学生作为研究对象，通过问卷调查、实地访谈等方式摸清问题及其具体表征，进行归因分析、提炼经验、构建对策，着力实现"五个结合"，从深层次破解农村教育发展难题。第二，不同于以往研究者仅仅通过经济、政策、文化等外在因素探索农村教育发展策略，而没有着重关注甚至忽视农村学生心智模式转型、心智力培养及其内生动力机制构建等方面内容，本书结合农村学生心理模式和内生动力两项与农村学生学习息息相关的因素进行分析，能够丰富、深化农村学生发展的相关研究，帮助农村学生转变错误的学习观念，提高学习效率。同时，本书期望促进农村教师转变教学观念、丰富教学方法，更有针对性地开展教学活动。因此，本书在一定意义上填补了农村教育发展策略的研究空白，具有较强的创新性，有助于拓展和深化农村教育研究视域，丰富教育公平理论研究成果，具有独到的学术价值。第三，本书借鉴其他国家城乡教育发展的成功经验，科学判定我国农村教育发展的优势与不足，为深入推进农村教育研究、城乡教育综合改革提供决策咨询，有利于促进农村教育的健康、和谐、可持续发展，对于破解"三农"问题瓶颈、推动新农村建设、推进城乡一体化进程、构建和谐教育生态也有着重要的理论和现实意义。

本书编写分工如下：河南大学王振存编写前言、第二章（第二节）、第五章（第一、四节）；荀陶撰写第一章、第二章（第一节）、第五章（第三节）；冯维编写第三章、第五章（第二节）；王利娟编写第四章；张方雪编写第五章（第五至第八节）。王振存校对统稿全书。

一些研究生同学为本书的撰写工作提供了帮助，在此对他们表示由衷感谢：丁婉雨、张琳琦负责文献搜集与整理；张香丽、牛晨和杨晓婷负责问卷编制、问卷回收与结果分析；姬甜甜博士为本书的撰写提出了宝贵的建议和意见。此外，还要衷心感谢所有参加编写工作的朋友们。笔者希望本书能为农村教育研究与实践提供有价值的参考。

本书难免存在一些疏漏和不足之处，恳请读者朋友们批评指正。

目 录
CONTENTS

第一章

绪　　论

一、研究缘起

（一）教育公平是我国教育事业健康发展的重要环节

公平自古是人类社会的共同愿景，《吕氏春秋》载："治天下也，必先公，公则天下平矣。"社会的公平正义在教育领域集中表现在教育公平上，追求教育公平亦是在推进社会的公平正义。党的十九大报告指出，我国社会主要矛盾已经转化为人民日益增长的美好生活需要和不平衡不充分的发展之间的矛盾。这映射在教育领域，表现为人民对更加优质、更加公平的教育的需求，与不均衡不充分发展的教育现实之间的深刻矛盾。习近平同志强调，"推动城乡义务教育一体化发展，高度重视农村义务教育，办好学前教育、特殊教育和网络教育，普及高中阶段教育，努力让每个孩子都能享有公平而有质量的教育。"①。可见，教育质量与教育公平问题已经成为当前我国教育事业健康发展亟待解决的现实问题。

我国城乡发展差距问题有着深刻的历史根源，中华人民共和国成立初期为快速摆脱"一穷二白"的困难局面，在当时资源紧缺的情况下，党和政府集中有限资源予以重点使用，这对当时国民经济的复苏起到一定的作用，但也导致城乡二元结构分化，城乡发展差距拉大。城乡二元结构形态造成了城市与农村在经济与社会维度上的二元结构化发展，导致资源配置失衡，而城市的基础设施相对完善，资源供给相对充裕，让农村地区望尘莫及。城乡二元结构导致的城乡资源配置不均衡问题渗透到教育领域，使得城市和农村在教育权利、教育机会、教育投入、教育资源配置等方面存在显著差距，并长期影响着农村教育质量的提高。

---

① 习近平. 决胜全面建成小康社会 夺取新时代中国特色社会主义伟大胜利——在中国共产党第十九次全国代表大会上的报告. 人民日报，2017-10-28（1）.

作为一个农业大国，"三农"问题一直是影响我国经济社会发展的一大根本问题，"三农"问题中深层面问题是农民素质问题。长期以来，农民的文化知识水平偏低，虽然国家开展了一系列扫盲运动，并在农村地区全面普及九年义务教育来提升农民的素质，但是相较于城市，农村的教育质量仍与之存在较大差距，农民的科学文化素质、法治素质等仍不容乐观。党的十八大以来，党中央坚持把解决好"三农"问题作为全党工作的重中之重。党的二十大报告指出，全面建设社会主义现代化国家，最艰巨最繁重的任务仍然在农村。解决农民素质问题的关键抓手正是教育，因此，加快农村教育发展、推进教育公平建设成为社会主义现代化建设的重要环节。

教育公平正是社会公平和正义在教育领域中的延伸与体现，它是实现社会公平的重要基础。如何在发展中补齐民生短板、促进社会公平正义是党中央关注的重要内容，2017年，习近平同志在党的十九大报告中提出"全党必须牢记，为什么人的问题，是检验一个政党、一个政权性质的试金石"。"必须始终把人民利益摆在至高无上的地位。"[①]为了使人民群众的获得感、幸福感、安全感得到切实有力的保障，党和政府坚持优先发展教育事业。优先发展教育是实现新时期教育强国的战略手段，教育公平的实现是促进教育强国战略健康发展的关键一环，只有人民群众能够享有更加优质、公平的教育，获得自身个性、能力的充分发展，才能够造福社会、收获幸福。

"乡村教育是乡村学生改变自身命运的重要通道，是乡村底层群体向上流动的重要机会。"[②]推进农村教育，促进教育公平不仅关系到社会和谐的实现，而且涉及亿万人民群众的切身利益，是农村学生健康成长的幸福工程，更是关系民族未来、国家振兴的希望工程，影响着和谐社会构建、小康社会推进和人力资源强国战略的实现，还是政府、社会、研究者、实践者高度关注并亟待解决的重要课题。作为教育理论工作者，我们需要对教育公平问题进行不断深入的探索与研究，更加全面深刻地思考推进农村教育健康、均衡发展的建构路

---

① 习近平. 决胜全面建成小康社会 夺取新时代中国特色社会主义伟大胜利——在中国共产党第十九次全国代表大会上的报告. 人民日报，2017-10-28（1）.

② 戚万学，刘伟. 乡村教育振兴的内涵、价值与路径. 国家教育行政学院学报，2020（6）：21-28.

径，以推动教育公平的实现。

**（二）推进农村教育是农村学生享有适合自身发展的优质教育的
必要保障**

农村教育问题由来已久。从宏观层面来看，"在长期城市中心主义的国家
意志下，城乡二元分割与教育资源依循中央—省府—中心城市—县城—乡镇—
村的非均匀流动，使乡村教育始终处于体制的末梢"①。这导致城乡教育资
源配置出现结构性差异。"一是地域性差异，由城市与乡村本身的经济社会环境
（如社会群体、自然条件、社会经济条件等）所决定，对教育资源的分布具有
先天性影响；二是制度性落差，即教育长期发展中表现出来的城与乡的等级
制，重要教育资源逐渐掌握在城市阶层手中，教育的话语权、决策权也更多地
集中于城市阶层，这对教育资源配置具有后天性的影响。"②从微观层面来看，
学生个体的成长环境、家庭因素也使每个孩子在成长与发展的过程中存在差
距，农村地区的学生由于自身成长环境相较城市而言存在先天的劣势，受到地
区经济发展落后与家庭资本不足的双重阻力，导致部分农村孩子在教育资源的
获取上处于劣势。例如，城市的师资质量比农村优质、城市配套的教学设施比
农村先进完善等。教育是影响社会流动的重要因素之一，相对而言，农村学生
希望通过接受教育来改变自己的命运，对优质教育资源的需求也更为强烈。

习近平同志在党的二十大报告特别指出，"办好人民满意的教育"，"坚持
以人民为中心发展教育，加快建设高质量教育体系，发展素质教育，促进教育
公平"。③我国教育的基本精神要求坚持全面发展与个性发展的统一，既要使学
生在德、智、体、美、劳等方面获得全面发展，脑力与体力方面和谐发展，又
要培养学生的独立个性，以促使他们适应时代发展要求，具有创新精神与实践
能力。推进农村教育，首先要保障农村学生能够达到国家规定的基本素质要求
与发展标准。然而我们需要注意到，"公正的实质是区别对待不同的人，实行

---

① 姚荣. 从"嵌入"到"悬浮"：国家与社会视角下我国乡村教育变迁研究. 清华大学教育研究，2014，
35（4）：27-39.

② 刘铁芳. 乡村教育的问题与出路. 读书，2001（12）：19-24.

③ 习近平. 坚持科技是第一生产力 人才是第一资源 创新是第一动力. 人民日报，2022-10-17（2）.

能人统治。各种职业应向有才能的人开放。在英才主义中，公正要求一个才智出众的学生应该享有优越的机会"①。不同主体因个体差异而具有不同的发展需求，受教育者的先天禀赋与个性发展的需求是制度安排必须考虑的重要因素。教育要根据学生的不同需求提供多样化的教育资源、课程内容、教学方法，以满足学生个性充分发展的需要。虽然这种多样化意味着差异，但实际上也是教育公平的体现，因为从终极意义上讲，因材施教使每个受教育者的个性和禀赋都能够得到充分的发展，是最公平的，也是最有效率的。

2019 年，中共中央、国务院印发的《中国教育现代化 2035》中提出八大基本理念可以说明教育事业健康发展的标准，即更加注重以德为先，更加注重全面发展，更加注重面向人人，更加注重终身学习，更加注重因材施教，更加注重知行合一，更加注重融合发展，更加注重共建共享。在这八大基本理念中渗透着公平原则，"更加注重面向人人"即呼吁教育面向所有应该接受教育的个体，保障每个个体的受教育权，体现在农村教育层面上就需要我们更关注农村学生的上学问题；"更加注重终身学习"有利于改变人们的学习观念，使"活到老，学到老"的学习理念深入人心，这一理念更有助于解决农村教育发展不均衡问题，为农村学生提供更多学习的机会和有利于自身发展的条件；"更加注重因材施教"既表现为一种教学原则，又表现出农村教育差异性公平原则，可以理解为"因地制宜"，农村教育需要贴合农村地区结构特征，为农村学生提供更具弹性、多样性的教育；"更加注重共建共享"即城乡教育资源与信息要相互共享，以扩大教育供给、满足教育需求，关注城乡间、学校间的教育资源差距，为经济落后地区的学校、弱势群体提供教育资源配置上的额外补偿，以实现农村办学条件逐步优化。由此可见，推进农村教育有利于培养更多满足社会发展需要的人才，完善人才战略布局，为全面建成社会主义现代化强国提供强有力的人才保障，确保我国教育事业实现更深层次改革，实现教育事业的健康、优质发展。

农村学生有着与城市学生不同的环境背景与发展特点，这也意味着农村学

---

① 约翰·S. 布鲁贝克. 高等教育哲学. 王承绪，等选译. 杭州：浙江教育出版社，2001：70.

生在学习过程中有其独特的心智模式与内生动力。因此，推进农村教育，一方面应更加注重为农村学生提供符合其自身发展需要的优质教育，充分发挥农村环境背景的优势，发展能够彰显农村特色的教育；另一方面，承认教育在不同区域与学校之间所存在的差异，鼓励农村学校结合自身实际，探索符合自身实际的发展道路，实现农村学校特色发展、优势互补，促进农村教育质量整体提升。这就更加要求我们的教育能够为学生提供多样化的选择，摒弃"提供整齐划一的同质性的教育才是教育公平"的认识，办好符合农村学生自身发展特点的优质教育。

（三）着眼于农村学生发展的农村教育相关研究薄弱

农耕文化是中华民族传统文化的根基，长期以来，中国社会一直坚持着以农为本的基本发展策略，作为农耕文明的根底，农村自古以内敛的方式延续了数千年的时间。正如费孝通先生所言："从基层上看去，中国社会是乡土性的。"①直到 19 世纪中叶，鸦片战争的爆发彻底打破了我国数千年来农耕文明自给自足的宁静，西方现代文明也随之对我国传统的农耕文明产生了强有力的冲击，资本与商品的输出客观上促使中国破除封建传统，从农耕文明走向工业文明。

近代早期的有识之士为了探索新的发展出路，逐渐把目光投向土地广阔的农村。20 世纪二三十年代，中国兴起了一场规模宏大的乡村建设运动。在这场声势浩大的运动中，有识之士在农村教育理论与实践研究方面进行了积极的探索，为农村教育的建设和发展奠定了坚实的基础。晏阳初、梁漱溟、黄炎培、陶行知等一批教育家将平民教育运动从城市推向农村，进行了一场声势浩大的乡村建设运动。晏阳初作为一名教育救国论者，认为中国近代的所有问题都涉及"人的改造"，并基于此将乡村建设的思路与平民教育理论融为一体，立足于近代中国农村"愚""贫""弱""私"四大基本问题，"成功地创立了一套以农民为主要对象，以'除文盲，作新民'为宗旨，以文艺、生计、卫生、公民四大教育为内容，学校式、社会式、家庭式教育连环实施，融教育与生活改

---

① 费孝通. 乡土中国. 北京：北京大学出版社，2012：9.

造、社会改造于一体的平民教育体系，并在实践中取得了令人瞩目的成就"①。梁漱溟认为，晏阳初指出的"愚、贫、弱、私"这四大问题只是当时中国社会的表面病象，"中国的问题，并不是什么旁的问题，就是文化失调"②。针对"文化失调"这一深层病因，梁漱溟大力倡导乡村建设，并指出乡村建设与乡村教育二者密不可分，乡村教育需以乡村建设为目标，乡村建设应以乡村教育为方法。梁漱溟于 1933 年在山东省创立乡农学校，通过乡村教育来建设乡村，寻求民族自救之出路。

20 世纪二三十年代的乡村教育运动是农村进行现代化探索的一次伟大尝试，其在乡村教育领域综合探索过程中所形成的宝贵经验，也为我们探索与深化农村教育改革、推进农村教育建设提供了一系列具有价值与借鉴意义的研究成果。

可以看出，农村教育的研究始于乡村建设的探索，新中国成立初期到 20世纪中叶，关于农村教育的论述大多零散地出现在领导人的讲话与政策文件中，直至改革开放以后，关于农村教育的研究才再度受到相关学者的关注。20世纪 80 年代末，南京师范大学建立了我国第一所农村教育专门研究机构，并于 1988 年编写了《农村教育学》，该书针对农村教育基本理论问题进行了探讨，初步形成了契合我国国情与实际的农村教育理论，农村教育研究与改革自此成为学者关注的热点，中国农村教育研究与学科建设形成了稳步发展的良好局面。

2015 年 3 月，人民网转载《教育不公平首先体现在城乡差距上》一文，体现了国家对于农村教育发展不平衡不充分这一问题的关注。近年来，随着乡村振兴战略以及习近平同志"以人民为中心"理念的提出，关于农村教育的相关研究日渐丰富，但是这些研究多从政策建设的视角对城乡教育一体化、完善制度体系建设、提高农村教育资源保障能力、加强农村学校师资队伍建设等方面进行了探索，而以"农村学生"这一农村教育主体为视域进行的农村教育研究却相对薄弱。中国知网 2013—2021 年以"农村教育""农村学生发展"为主题

---

① 周逸先. 晏阳初平民教育与乡村改造方法论初探. 高等师范教育研究，2002，14（3）：76-80.
② 梁漱溟. 乡村建设理论. 济南：山东人民出版社，1990：164.

检索的发文量结果，如表 1-1、表 1-2 所示。结果显示，以"农村教育"为主题的相关研究已较为完善，发文量比较丰富，但以"农村学生发展"为主题的农村教育研究显得十分薄弱（表 1-3），以"农村学生发展"为主题的发文量在以"农村教育"为主题的发文量中每年占比仅为 1%左右。农村教育改革与发展最重要的受益群体正是农村学生，农村教育建设所要解决的根本问题之一正是农村学生的发展问题，然而针对农村学生发展的农村教育研究却较为薄弱。因此，本书将推进农村教育的研究视角落脚在农村学生发展上，试图从心智模式与内生动力两大层面探析如何保障农村学生获得更全面、更充分的发展。

表 1-1 以"农村教育"为主题的发文量

年份	2013	2014	2015	2016	2017	2018	2019	2020	2021
发文量/篇	1371	1364	1368	1351	1220	1380	1283	1314	1331

表 1-2 以"农村学生发展"为主题的发文量

年份	2013	2014	2015	2016	2017	2018	2019	2020	2021
发文量/篇	11	9	4	13	14	13	17	16	8

表 1-3 以"农村学生发展"为主题的发文量与以"农村教育"为主题的发文量的比值

年份	2013	2014	2015	2016	2017	2018	2019	2020	2021
比值/%	0.8	0.6	0.3	0.3	1.1	0.9	1.3	1.2	0.6

二、本书的研究意义

（一）理论意义

1. 拓展教育公平视域，深化教育公平理论研究

教育公平相关理论研究大多通过对教育公平问题进行表征，厘清影响教育公平的因素，进而提供政策上的建议。部分研究在探索的过程中由于对教育公平内涵的把握存在误区，将教育公平等同于教育平等。"教育平等是一种量的特性。教育公平是对教育状态的客观描述，它只是回答是否有差别或者是否有差距，但并不回答是'好'还是'坏'，也不对'合理'还是'不合理'进行

判断。教育公平是一种质的特性，是对教育状态合理与否的价值判断。"① "教育平等是教育公平的基本要求，但是建立在权利平等、机会平等基础上的不平等、结果不平等也是公平的，是具有合理性的。教育不能保证每个人成功，但必须保证每个人拥有平等的成功机会。"②在对教育公平进行审视时需从多维度探讨，应从农村学生发展视角对教育公平进行深入、系统研究，提高当前教育公平研究对农村学生发展视域的关注度，并以此拓展教育公平研究视域，探求深化教育公平研究的新路径，使教育公平的理论研究落实到农村学生发展层面，更全面系统地建设能够真正有效帮助农村学生发展的农村教育，诠释教育公平的真正内涵。

2. 丰富农村学生发展相关理论

学生的先天禀赋、个性差异以及教育需求是进行教育资源配置时必须考虑的前提，不同主体有着不同的教育需求，这是我们在教育研究中需要正视的现实。从终极意义上来看，使每个农村学生的个性与才能得到充分发展的教育是公平的，也是高效的。从时代发展的趋势来看，人类社会正在步入人工智能时代，大批颠覆性的技术不断改变着人们的生活、工作以及学习方式。2023 年 4 月，世界经济论坛发布《2023 年未来工作报告》（Future of Jobs Report 2023），列出新时代下人类应具备的 10 项能力：分析思维（analytical thinking），创造性思维（creative thinking），弹性、灵活性和敏捷性（resilience，flexibility and agility），动机和自我意识（motivation and self-awareness），好奇心与终身学习（curiosity and lifelong learning），科技素养（technological literacy），可靠性和对细节的关注（dependability and attention to detail），移情和积极倾听（empathy and active listening），领导力与社会影响力（leadership and social influence），质量监控（quality control）。③人类是独一无二的，是命运的创造者，而不是命运的产物。时代的变革迫切需要教育对学生的未来能力给予关注，在新的时代背

---

① 褚启宏，杨海燕. 教育公平的原则及其政策含义. 教育研究，2008（1）：10-16.
② 褚启宏，杨海燕. 教育公平的原则及其政策含义. 教育研究，2008（1）：10-16.
③ World Economic Forum. Future of Jobs Report 2023. http://www3.weforum.org/docs/WEF_Future_of_Jobs_2023.pdf/，2023-04-30.

景下，学生心智模式的发展与完善变得至关重要。教育不仅需要帮助学生掌握必要的基础知识与基本技能，还要培养学生学会学习的能力，孕育学生健全的心智模式，使其能够适应时代发展的需求，游刃有余地生存于未来社会。

纵观人类历史的发展进程我们可以看出，每一次重大变革的出现都要求人类不仅要与外界环境"对抗"，更要同自己的内心"斗争"，这无疑是一项艰巨的任务。要完成这项任务，人们不仅需要更多的知识和技术，还要求每种知识与技术的"王冠"下有一个"指南针"，以便指明其方向与归宿。西方现代文明根源于2000多年前希腊人所创造的璀璨夺目的文化成就，苏格拉底的"无知之知"奠定了西方科学精神的基础，希腊人的科学与哲学纯粹出自"惊异"，纯粹为了"求知"，不以任何功利和实用为目的。这种对世界感到困惑与好奇，并出于解惑而不断求知的态度，正是苏格拉底"爱智慧"精神的体现，这种对智慧的热爱也成为人类不断认识自然、改造自然的内生动力。

本书结合农村学生心智模式、内生动力两项与新时代农村学生发展息息相关的因素进行分析，力图丰富和深化农村学生发展相关研究，为农村学生的因材施教提供相应理论启发，以帮助农村学生成长成才、尽展其才。

（二）实践意义

1. 落实全面推进素质教育的要求

素质教育理念是我国在20世纪末所提出的面向21世纪国家教育发展的全新理念。1993年发布的《中国教育改革和发展纲要》明确了20世纪末我国教育发展的总目标——基本普及九年义务教育，基本扫除青壮年文盲。扫盲运动是我国在成立初期广泛开展的一场群众性文化教育运动，其基本目的在于为工农群众提供文化教育机会，提升工农群众的文化水平。从中华人民共和国成立一直到20世纪末，我国教育发展的基本导向在于普及教育和提升人民文化水平，在教育开展过程中更加注重基础知识的传授与基本技能的学习，以"两基"为主的教育理念经过长期的社会发展完成了自己的历史使命。我国于20世纪末基本完成了九年义务教育的普及，并基本扫除了青壮年文盲，但此时又出现了一个新的问题，即我国教育在长期扫盲和普及教育的过程中过于强调

"两基"的价值，导致基础教育在长期发展进程中逐渐偏向应试教育，人才培养同质化严重，限制了我国在高精尖领域的创新能力与攻坚能力。为了解决这一根本性问题，1999年发布的《关于深化教育改革全面推进素质教育的决定》，明确了21世纪我国要转变应试教育的倾向，全面推进素质教育，更加突出创新精神与实践能力在人才培养中的意义。

素质教育是以人的素质提高为核心的教育。素质教育是依据人的发展和社会发展的实际需要，以全面提高全体学生的基本素质为根本目的，以尊重学生的主体性和主动精神，注重开发学生的智慧潜能，帮助学生形成健全个性人格为根本特征的教育。党的二十大报告中特别提到要发展素质教育，这就肯定了在全面建成社会主义现代化强国新时期素质教育对人才培养、建设人才强国的重要意义。

全体性是素质教育最根本的要求，所谓"全体性"是指要面向全体学生，使每位学生都能得到全面充分的发展。本书正是结合素质教育的相应理念，旨在从实践层面为农村素质教育的开展提供相关指导，转变农村教育观念，克服农村教育中的"应试""唯分数论"倾向，为农村教育实践校准方向。此外，本书通过对农村学生内生动力的研究，着眼于农村学生的终身可持续发展，力图帮助农村学生实现全面发展，培养其创新精神与实践能力，充分发展其个性；关注其发展情况，以期帮助农村学生获得更加平等、优质的发展机会，为他们的出彩人生搭建舞台，成为国家有用之才。

2. 促进城乡教育均衡发展，推动乡村教育振兴

党的十九大报告中强调"实施乡村振兴战略"，这是党的十九大做出的重大决策部署，是决胜全面建成小康社会、全面建设社会主义现代化国家的重大历史任务。2018年9月，中共中央、国务院印发《乡村振兴战略规划（2018—2022年）》，指出"优先发展农村教育事业""强化乡村振兴人才支撑"。党的二十大报告指出，要全面推进乡村振兴。乡村兴则国家兴，乡村振兴关键要靠人才，人才振兴是乡村振兴的重要内容之一，我国应大力发展乡村教育，通过振兴乡村教育为乡村振兴战略提供人才保障。

乡村教育振兴需要对农村基础教育布局做出统筹规划，保障农村学生享有有质量的教育；科学推进农村义务教育学校标准化建设，全面改善农村地区教育力量薄弱的学校的办学条件，提升乡村教育质量。乡村教育振兴需要城乡教育资源实现良性流动，在"共享""共生"的理念中相互促进、共同繁荣，以便促进城乡教育均衡发展。政策、制度是推动城乡教育均衡发展的上层建筑，政策、制度的确立可以推动教育经费、教学设施、师资力量等城乡教育资源的有序传导；社会、政府、学校、学生则是城乡教育均衡发展的主要推动者，通过扮演不同角色，承担各自的责任来推动城乡教育均衡发展的实现。

本书力图探索城乡教育均衡发展的可能路径，为政策、制度的确立提供参考和建议，对破除新时代"三农"问题瓶颈、推动乡村振兴、加快城乡一体化进程、构建社会主义和谐社会具有重要的现实意义。我们应借鉴国外城乡教育发展的成功经验，科学判定我国城乡教育发展的优势与不足，通过深化城乡教育研究，以有利于城乡教育特别是农村教育的健康、和谐、可持续发展。

三、研究方法

（一）文献研究法

在理论研究方面，通过大量的文献资料收集、整理和阅读，对"农村学生发展""心智模式""内生动力"已有的研究进行两方面的挖掘。第一，归类：通过对已有研究文献进行系统归类，了解前人已有的研究成果以供本研究参考和借鉴。第二，寻找问题：通过归类发现已有研究中存在的问题与研究薄弱之处，在本书撰写过程中尽量对其进行进一步完善。相关研究涉及教育学、心理学、哲学、社会学等多个学科领域，本书坚持融会贯通与批判创新相结合，更加全面系统地把握农村学生发展、心智模式、内生动力的内涵，探索农村教育建设、心智模式、内生动力对农村学生发展的启示。

（二）问卷调查法

本书编制了研究农村小学高年级学生学习兴趣与动力的调查问卷。旨在通过问卷调查农村学生对于学习的基本认知、基本态度、基本感受，揭示农村学生心智模式与内生动力基本现状，探究父母、教师、他人及自身对于农村学生心智模式与内生动力的影响。收集客观数据提升研究整体的稳定性与准确性，为农村学生心智模式与内生动力的改善提供策略参考。

（三）访谈法

为了解农村父母、教师的教育理念、教育期望，以及农村学生对学习的基本认知、基本态度、基本感受，全面把握农村学生心智模式和内生动力的特点，对部分农村学生进行访谈，根据访谈结果深入了解农村学生学习过程中的真实感受，找出问题并进行归因，提出解决策略。

（四）比较研究法

在研究心智模式和内生动力过程中，本书对国内外心智模型的相关资料进行了整理与分析，在对比的基础上吸取国外优秀经验，构建基于我国农村学生心智模式转型、内生动力推进农村教育建设、农村学生发展的长效机制。

第二章

概念界定及理论分析

第一节　核心概念界定

一、公平

（一）"公平"溯源

"公平"一词在我国最早见于春秋战国时期，如《管子·形势》载："天公平而无私，故美恶莫不覆。地公平而无私，故小大莫不载。"孔子提出"有国有家者，不患寡而患不均……盖均无贫，和无寡，安无倾"的思想。《战国策·秦一》载："商君治秦，法令至行，公平无私。"宋代王安石推行熙宁变法，主张抑制豪强地主，以实现社会公平正义。近代康有为在《大同书》中提出要建立一个"人人相亲，人人平等，天下为公"的理想社会[①]。由此可以看出，追求公平自古是我国社会建设的美好愿望。

《说文解字·八部》记载："公，平分也。""公"字本义是一种客观的平均分配状态，体现出对平均分配的主观追求。"平"字本义为乐声平缓，《说文解字·亏部》引申为："平，语平舒也。""平"字引申出"齐一、均等"产生的平静状态。《辞海》中"公平，作为一种道德要求和品质，指按照一定的社会标准（法律、道德、政策等）、正当的秩序合理地待人处世。是制度、系统、重要活动的重要道德性质"[②]。可以看出，"公"字意为公平、公正；"平"字意为不倾斜、均等。"公平"被阐释为一种合理的道德要求和品质。

在西方，"公平"（equity）一词源自 13 世纪的古法语（équité）和拉丁语（aequitatem），意为平等的权利、一致、在与人打交道时享有平等的品质等。公平在西方语境中同样侧重于平等一致的伦理规范要求，同时含有物品在数量

---

① 转引自郭丛斌. 教育与代际流动. 北京：北京大学出版社，2009：1.
② 辞海编辑委员会. 辞海（上）. 1999 年版普及本. 上海：上海辞书出版社，1999：338.

和结果上对称的具体要求。"平等"（equality）一词源自 14 世纪的古法语（equalite）和拉丁语（aequalitatem），意为相似、数量上的均匀一致。到了 16 世纪，平等更侧重数量上的均匀，相较公平缺乏伦理规范层面的要求，其内涵更具纯粹的工具意义。

（二）相关概念辨析

1. 公平与正义

对公平的界定主要有两种倾向。一种倾向认为，公平即正义。"在法理学中，公平通常不仅是正义的同义词，而且还被认为是正义的核心。"[①]柏拉图的公平观与正义观是同一的，认为正义即各守本分、各司其职。[②]在该倾向表达原则下的公平与正义意指在一种同等条件下被同等对待、在不同条件下被区别对待的行为方式。另一种倾向则认为，公平是正义的重要组成部分。罗尔斯在《正义论》中对公平与正义的概念做出明确区分，提出"作为公平的正义""正义原则是在一种公平的原始状态中被一致同意的。这一名称并不意味着各种正义概念与公平是同一的，正像'作为隐喻的诗'并不意味着诗的概念与隐喻是同一的一样。"[③]在罗尔斯看来，公平因正义而存在，正义是公平所默认的，公平是评判正义的价值标准之一，只有符合正义才可能是公平的。可以看出，在该倾向表达原则下的公平在一定意义上是正义的一种体现，它的适用范围包含在正义之中。

2. 公平与公正

公平与公正的含义相近，公平与平等、均等密切相关，而公正则更接近正义。均等重视数量、程度、品质上的一致，均等的分配并不一定是公平的，同样，公平也不一定是均等的。"从字面上看，这个词同时跨越了'公正'和'平均'两个领域，第一个领域是具有明确价值判断的领域，第二个领域是表

---

① 赵震江，付子堂. 现代法理学. 北京：北京大学出版社，1999：111.
② 柏拉图. 理想国. 郭斌和，张竹明译. 北京：商务印书馆，1986：138.
③ 约翰•罗尔斯. 正义论. 何包钢，等译. 北京：中国社会科学出版社，1999：10.

达一种明确的价值判断。"①公平作为一个含有价值判断的规范性概念，比平等、均等、平均更抽象，更具道德意味、伦理性和历史性。

3. 公平、正义、公正

从适用范围来看，公平常用于伦理学、社会心理学、经济学等领域，正义、公正常用于哲学、社会学、政治学领域。公平、公正和正义在社会定位和价值目标追求上不尽相同，有研究者认为，"公平一般是指对于以利益分配对称为核心的人与人之间的社会关系做出的价值评判，合理划分利益是公平的深层本质；公正是'权利（利益）的平等交换'，其核心要求是'不偏不倚、一视同仁'、在同一标准规则下的相同对待；正义的基本内涵是人们各守其位，各司其职，各取所值，做当做之事，得当得之物，其核心意旨是权利和义务、利益和负担、权利和责任之间达到基本的均衡（平衡）"②。

正义是前提性的，侧重社会基本结构安排的合理性；公平是条件性的，侧重社会成员在基本权利上的平等。正义作为一种理念，是一种最高层面的道德标准，在社会制度构建过程中起着导向作用。公正在分配领域作为重要的利益分配原则与衡量标准，是人们理想层面的主观愿望；公平更注重"同一尺度"的衡量标准，是一种现实层面的客观体现。只有把坚持制度安排的正义、利益分配的公正、基本权利的公平有机统一，才能不断促进公平的实现。

4. 公平与效率

公平与效率是一枚硬币的两面，既相互矛盾又相互统一。效率决定公平的产生与发展，效率的提高有助于公平的实现，而公平也有助于激发个体活力，提高其积极性与创造性，从而促进效率的提升。正确处理公平与效率的关系，既要看到效率和公平不是同步的，认识到效率与公平矛盾的化解需要一个过程，也要具有紧迫感，提出切实可行的目标以实现效率与公平的良性互动。

① 李强. 社会分层十讲. 北京：社会科学文献出版社，2008：3.
② 周庆国. 辨析公平、公正、正义的基本含义. 延边大学学报（社会科学版），2009（5）：108-114.

（三）公平的维度

1. 主观维度与客观维度

公平既有客观的标准又与人们的主观感受相关联，不同个体对公平的认识和承受程度不同，即公平的主观维度。因此，对于公平与否的判断只有客观检测是不够的，还要关注人们的主观感受，了解个体的真实需求。罗尔斯认为公平的正义是在一种无知之幕（veil of ignorance）下被选择的，这是一种纯粹假设的状态，在这种状态下人们均无法意识到自己的社会地位，不知道自己在社会中属于哪一阶层，不知道自己的天赋、才能，甚至不知道自己的兴趣、理想之时，他对一切事物的感受是没有偏见的。[1]罗尔斯把这样一种因人的无知而无偏见的状态称为"原初境况"。然而，完全的无知状态是不存在的，也是不可能存在的，人们感知世界，并对事物产生认识与理解。任何一种制度、政策都会或多或少地受到决策主体的价值倾向的影响，因此，公平是相对而言的。

公平不仅具有主观性与相对性，它同时也是一个客观的选择性问题。公平是一个动态的过程，时代与社会发展水平等客观因素制约着人们对公平的认识与把握，这些客观因素即公平的客观维度。公平是一个历史范畴，是对客观社会存在的反映，公平的内容与评价标准在一定程度上是客观的，因此，公平也具有客观性。

2. 时间维度与空间维度

时间维度指公平具有时间尺度特性。一些决策在短期内看起来或许是不公平的，但从长远来看却可能是公平的，如代际公平（当代人努力为后代创建一种适宜的生存环境），能够很好地体现以上观点。空间维度指公平具有空间尺度特征，如一些决策只在其所属范围内具有公平性。

3. 领域维度与价值维度

领域维度指公平在政治、经济、文化等不同领域具有不同的含义。经济领域的公平更加侧重经济投入与产出比例间的合理性，政治领域的公平更加强调

---

① 约翰·罗尔斯. 正义论. 何怀宏，等译. 北京：中国社会科学出版社，2018：12.

政治协商中的平等、公正。价值领域的公平指其在不同主体的主导价值体系中有着不同的界定，而有着独特价值体系的主体有其特有的公平观。

4. 自然公平与社会公平

卢梭将公平分为自然和社会两个维度，"人类当中存在着两种不平等，其中一种，我称之为自然的或生理上的不平等，因为它是由自然确定的，是由于年龄、健康状况、体力、智力或心灵素质的差异而产生的。另外一种，可以称为精神上或政治上的不平等，因为它的产生有赖于某种习俗，是经过人们的同意或至少是经过人们的认可而产生的。这种不平等，表现在某些人必须损害他人才能享受到种种特权，例如比他人更富有、更尊荣、更有权势，或者至少能让他人服从自己"[1]。根据卢梭的表述我们可以看出，自然公平受先天因素制约，多为我们无法改变的，社会公平受后天因素制约，是我们能够把握的。

（四）公平的内涵

综上可知，公平具有相对性、历史性等特征，不同历史时期对公平的认识与评价标准不同，公平是相对的，不存在评判公平的绝对标准。但是，公平在每个时代都有着大众普遍认可的核心内涵，它蕴含着伦理道德与价值追求，公平不是平均，公平是平等地对待相同的、差别地对待不同的，对弱势群体予以额外的关照与补偿。我们在对公平内涵予以把握的时候，应注意其体现的伦理与价值诉求、公平与效率的统一、应得与实得是否相符，以及相对性、历史性、文化性等特征。

二、教育公平

中西方自古就有着对教育公平思想的认识。早在 2000 多年前，孔子提出"有教无类"的教育思想，认为不分贵贱、贫富，人人都能入学接受教育，这就打破了当时富人与穷人受教育的界限，把受教育的对象扩大到平民。古希腊雅典的公民公共教育思想也蕴含着人人都应获得受教育和接受训练机会的理

---

① 卢梭. 论人与人之间不平等的起因和基础. 李平沤译. 北京：商务印书馆，2007：45.

念。教育能够给人提供生存、发展的希望并提高其能力，使其获得公平竞争、向上流动的机会，以改善弱势群体的生存状态，在古代等级社会，教育被视为实现社会平等的"最伟大的工具"。11—12 世纪，西欧新兴市民阶层出于自身经济利益和政治斗争的需要，开办城市学校，打破教会对于学校教育的垄断，体现出不同阶层对于平等享受教育权利的强烈愿望，使西欧近代教育普及化、世俗化得以孕育。18 世纪，法国启蒙运动开启了西欧教育普及与民主化的大门，启蒙思想家高度弘扬理性的价值，歌颂自由、平等的精神，爱尔维修、狄德罗、拉夏洛泰、卢梭等启蒙思想家从不同角度表达了人人智力天生平等的观点和教育民主化的主张，要求国家从教会手中夺取教育管理权并大力普及国民教育，教育公平思想成为西方各国近代教育改革和教育实践的普遍追求，在立法上确定了人人都有接受教育的平等权利。马克思在 1886 年提出"教育是'人类发展的正常条件'和每一个公民的'真正利益'"[①]。第二次世界大战结束后，"教育平等""教育民主化"等概念受到更为广泛的关注。1946 年，在第二次世界大战结束后的国际教育局第九次大会上把"中等教育入学机会均等"列入议程；各国在教育改革和教育立法中均不同程度地延长了义务教育的年限，并开启了普及高等教育的大门。20 世纪 60 年代以来，全世界掀起了教育改革浪潮，教育公平成为各国最为关心的问题之一，教育公平也随之成为现代教育所追求的一种基本价值。

《教育大辞典》中并未对"教育公平"概念做出具体诠释，但却对"教育平等""教育机会均等"等相近概念做出如下解释。

教育平等指人们不受政治、经济、社会地位和民族、种族、信仰及性别差异的限制，在法律上享有同等的受教育机会和权利。[②]

教育机会均等指给公民和儿童以同等受教育的机会，要求用客观、公正的标准和科学的方法来选拔、招录学生，取消一切不平等的规章制度。第二次世界大战结束后其内涵更为丰富，包括：①进入各级学校的机会均等；②受教育过程中的机会均等；③取得学业成功的机会均等，即社会应保证各阶级的子女

---

① 上海师范大学教育系. 马克思恩格斯教育论. 北京：人民教育出版社，1979：127.
② 顾明远. 教育大辞典. 上海：上海教育出版社，1998：100.

在各级各类教育中所占的比例与其家长在总人口中所能占的比例大体相当；④在物质、经济、社会或文化领域处于底层者应尽可能地通过教育系统得到补偿；⑤不只是在获得知识方面，更主要的是在获得本领方面机会均等；⑥在获得终身教育方面机会均等；⑦国际范围内缩小富国与贫国在教育资源分布、教育设施发展、学业成功率和学业证书价值上的差距。①

社会政治制度、经济制度、文化发展、社会阶层、人口发展等外部因素深刻地制约着教育公平。教育公平不等于绝对平均。真正的教育公平须在承认个体差异的同时允许非基本教育权利、非公共教育资源方面不公平的存在，绝对的教育公平本身就是不公平的，也是不可能存在的。

根据《教育大辞典》中对上述词语的解释，我们可以看出，教育公平蕴含着人人能够享有均衡、优质的教育，人人都可以获得充分发展的机会，具体表现为人人平等地享有受教育的机会和权利，在教育过程中享有均等的受教育机会、受到公平的对待，使每个人的个性、才能得到充分全面的发展。

我国对教育公平的研究起步较晚，受西方理论思想的影响，对教育公平的理解大多停留在对教育机会公平的追求上，认为教育公平是每个社会成员在教育机会面前应受到同等对待。进入 21 世纪，随着教育公平研究的深入，对教育公平的理解不断深化，教育公平内涵呈现出多元化趋势。纵览 21 世纪以来我国教育公平研究的主要成果，主要包括教育公平本质论、教育公平领域论、教育公平发展论。研究主要集中在宏观理论研究、问题研究、基础教育公平研究和高等教育公平研究等方面。理论层面涉及教育公平观，教育公平的概念、性质、结构、原则、理论基础、制约因素、内在规定性（即质的规定性）、判断标准、度量方法、表现形式、评价体系，以及教育公平与教育效率、社会公平的关系等内容；实践层面涉及教育的不公平现象、原因、对策与建议、教育公平的实现途径等内容；教育公平层次涉及基础教育公平、高等教育公平、特殊教育公平、职业教育公平、终身教育公平等方面；教育公平主体涉及教师的公平与学生的公平；教育公平过程涉及起点公平、过程公平与结果公平；等等。

---

① 顾明远. 教育大辞典. 上海：上海教育出版社，1998：224.

综上可知，对教育公平的认识和理解，受社会发展程度、教育发展程度和研究程度、文化传统等多种因素的影响，教育公平的内涵随着教育实践的发展和对教育公平的研究、理解程度的加深而不断地拓展、丰富。因此，我们在对教育公平内涵进行理解和把握时应注意以下几点。

第一，教育公平首先表现为教育机会的均等。教育机会均等是一个历史的、发展的概念。在现代社会中，教育机会均等主要有两层含义：一是使每位学生的受教育权利得到保证，保障人人都能够入学接受教育，我国教育事业长期以来都致力于实现这样的目标（随着义务教育的全面实施，这一目标已经实现）；二是从教育的本质来看，教育是一种有目的培养人的社会活动，其目的是让所有学生都能获得充分全面的发展。这是最重要的，却也是最难做到的。如果我们仅满足于第一个层面，忽视对第二个层面的追求，将会使我们对教育公平的理解浮于表面。

第二，教育公平的社会功用与层次划分。教育公平是指不论社会成员的民族、性别、社会背景是否相同，社会都应为每个社会成员提供机会均等的优质教育。随着教育改革的深入进行，"教育公平被赋予一种超越传统的教育平等的新的含义，即接受符合个性的教育意义的平等。教育公平不仅包括教育机会均等、教育平等，还包括伦理学上的正义的平等"[1]。教育公平已经成为现代教育的基本价值，现代教育经常被视为经济发展的加速器、科学技术的孵化器，不仅具有很强的功利价值、实用价值，同时还具有非常重要的非功利价值，有着加速社会阶层之间流动、促进社会公平、维护社会稳定的重要作用。

教育公平在不同历史时期、不同区域间存在不同的评价标准，它是一个相对的、不断变化的概念。顾明远先生对我国教育公平层次进行了划分，"一是入学机会公平，二是教育过程公平，三是教育结果公平"[2]。入学机会公平处于最基本层次，即让人人都有机会入学接受教育，确保每个人在教育起点、教育条件方面被无差别对待。我国实行九年义务教育，提高国民素质，为每位国民提供了均等的受教育机会。教育过程公平居于中间层次，即教育过程中的均

---

[1] 翁文艳. 教育公平与学校选择制度. 北京：北京师范大学出版社，2003：2.
[2] 顾明远. 教育公平与和谐教育. 教育研究，2008（4）：7-9.

衡发展，协调教育资源在各级各类教育间、各级各类学校间、各地区间的分配，实现教育需求与供给、教育设施、教育质量相对均衡。居于最高层次的是教育结果公平。教育结果公平不等于教育结果平等，其真实含义不是让所有学生的发展水平完全一样，而是让所有学生都达到国家规定的、较高质量的发展标准。教育结果平等是不存在的，学生身心发展存在差异，这是教育结果不平等的客观现实体现，没有绝对的教育结果平等或教育质量均等，学生最后的发展结果是多种多样、千差万别的。但教育结果公平是存在的，其倡导的是个性化教育，即最适合学生的教育才是最好的教育。基于教育机会和教育条件平等所产生的教育结果的不平等是公平的。

第三，教育公平在不同发展阶段具有不同内涵。在义务教育普及阶段，教育公平的主要含义是开展扫盲教育，为更多人提供接受教育的机会；在义务教育基本普及后，教育公平的内涵转变为人人都应享受到较高质量的教育；在全民教育阶段，教育公平的具体目标转向巩固成果，更加关注全民教育的实施，通过合理配置教育资源，促进教育均衡发展，保障入学机会公平；在优质教育阶段，教育公平朝着全面推进和质量提升的方向迈进，教育公平的着眼点不仅落在教育机会公平的实现方面，也体现在教育过程和结果的公平上，教育资源向农村、偏远地区倾斜，教育公平也更加关注城乡教育公平的实现。

根据不同发展阶段教育公平的内涵要求，我们可以看出，其最终目标应是使人人都具有同样的受教育条件和享有同样的发展机会，促使每个人都有全面自由的发展机会。基于此，我们可以将教育公平的内涵具体概括为三方面内容：首先，教育公平要求确保人人都享有平等受教育的权利和义务；其次，它要求提供相对平等的受教育的机会和条件；最后，它还要求教育成功机会和教育效果的相对均等，即每个学生在接受同等水平的教育后能达到国家规定的、较高质量的发展标准。其中，"确保人人都有受教育的机会"是前提和基础，"提供相对平等的受教育机会和条件"是进一步的要求，它也是"教育成功机会相对均等"和"教育效果相对均等"的前提。教育公平应逐步实现三个目标：为更多人提供更多教育机会，为所有人提供基本的教育，为尽可能多的人提供尽可能好的高质量教育。

第四，教育公平不是平均主义，不是否认差异。由于人的先天条件，如智力、性格、能力倾向等方面的差异，每个人在接受教育的过程中都有着不同的教育需求；由于人的后天努力程度不同，每个人对受教育的期望和结果也不同。没有机会平等，就没有教育公平；没有个性化的选择自由，同样也没有教育公平。教育公平的理想状态是基础公平与自由选择的统一。一方面，我们要努力保证机会公平，争取过程公平，确保公平的底线标准，在努力实现公共教育资源平等分享的过程中，优先确保底线公平，缩小绝对差距，消除边缘化；另一方面，我们要承认差异、尊重差异，为每位学生的个性化发展和高精尖创新型人才培养创造条件。

第五，教育公平具有客观现实性。教育公平的发展受制于社会客观现实，社会政治经济制度、文化背景、技术、人口等客观现实条件深刻制约着教育公平的发展。党的十九大报告指出，我国社会的主要矛盾已经转变为人民日益增长的美好生活需要和不平衡不充分的发展之间的矛盾。社会主要矛盾在教育领域表现为教育需求增长与教育供给不足的矛盾。一方面，人民对于优质教育的需求越来越强烈，希望能够同等公平地享有均衡、高质量的教育；另一方面，客观现实因素导致优质教育资源供给不足，这种矛盾决定了教育公平一旦脱离经济、政治、文化、科技、人口等客观因素的发展水平与现实情况，便失去了可行性。我们需根据本国国情制定相应的教育公平评判标准，不能只盲目地关注理想的教育公平而忽视其客观现实性，在评判把握教育公平的过程中应以社会客观现实因素为依据。

三、城乡教育公平

城乡教育公平概念中包含城市和乡村两个空间维度。城市与乡村都是人类赖以生存发展的空间实体，它们作为一种非均质的政治、经济、文化空间存在。城市与乡村的分化不是从来就有的，而是随着人类的进步、生产力的发展和社会生产关系的变革产生的，是社会经济发展到一定阶段的产物。我们在对城乡教育公平概念进行把握之前，需要对"城市"和"乡村"的概念和特点进行了解。

（一）城市的含义

"城"和"市"最初在我国是两个不同的概念，"城"在古代指在一定地域范围内用作防卫的墙垣，是一个政治和军事兼备的概念；"市"指商品交换的场所，是一个经济概念。随着商品经济的发展和人们交换范围的扩大，"城"和"市"才最终结合，"城市"一词得以出现。"城市社会学之父"路易斯·沃斯指出，"城市是生活的、不均衡的、独特的，且具有相对高密度的、永久性的村落"[1]。"城"和"市"从最初意义上看都是从乡村中孕育出来的。

城市大致经历了三个发展阶段。第一个阶段是原始农业文明时代，城市是统治者的属地和堡垒，森严的城堡、威严的皇宫、高耸的城墙、深邃的护城河是城市的象征，普通人只是以被统治者的姿态出现，他们为统治阶级服务。第二个阶段是近代工业文明时代，城市是产业中心和生活中心，城市居民更多意义上是生产要素之一。第三个阶段是后工业文明时代，城市是文化、信息和生活中心，高楼大厦、公共基础设施是城市的表征，不同城市因其地缘环境、产业布局、人口结构等差异形成不同的文化、特色，现代意义上的地标建筑物成为城市特有的名片，彰显着现代城市特有的魅力。从统治者的属地到产业中心，再到生活与文化中心，城市在一步步走向"以人为本"，并逐步向人类筑造城市的本真回归。

从城市的形成过程看，城市是一种以一定规模和密度的非农业人口和非农业产业集约的地域，也是一定层级地域内的社会发展中心。城市或是政治中心，或是经济中心，或是政治、经济和文化中心。城市教育具有政治、经济和文化等资源优势。相对于乡村而言，城市最根本的属性和特征是空间聚集性。城市集聚了大量的人口、资源和社会经济活动，成为人流、物流和信息流的聚集地。[2]因此，城市在人才、技术、交通、信息等方面都具有独特优势。在教育发展和普及方面，城市学校具有更多的优势，拥有更丰富的物质、人力和信

---

[1] Wirth L. Urbanism as a way of life. American Journal of Sociology, 1938, 44（1）: 1-24.

[2] 叶忠海. 创建学习型城市的理论和实践. 上海：上海三联书店，2005：11.

息资源，也更具规模效益优势。与农村相比，城市是文化教育资源高地，城市的孩子比农村的孩子拥有更多的文化教育资源、学习和成才机会。

（二）乡村的含义

乡村作为我国传统文化的自然载体，是我国传统生活方式保存得相对完整的地方，也是中华文化最广泛、最深厚的基础。乡村是主要从事农业生产的场所，主要依赖自然资源进行生产，且人口分布较为分散。

乡村具有如下特征：首先，乡村居民的生产活动多在户外田间，一般在土地上从事农业生产，人口密度较低。其次，从职业、血缘和心理等角度看，乡村人口在生产生活等方面均趋于同质化，且社会阶层区分层次较少。乡村成员职业结构比较简单，多数人从事农业生产，少数人从事非农产业。乡村村落大多由农民组成，以家庭、血缘关系为基础，随着人口增长和生产规模的扩大，人口逐渐向村落外迁移进而形成连村社区，但是乡村原本的同质性特征往往不会改变。连村社区有两三个单村社区，相距不远，在土地上连接交错，村民的血缘或社会交往密切，村民们守望相助，因而连村社区具有密不可分的特点。①再次，高度的自给自足性。乡村开展一些与农业及其生活有关的活动，为周围农家服务，村民们相互依赖，通过自己的生产劳动和努力来满足村落成员的需要。最后，乡村人口流动相对较小。由于乡村人口以农业生产劳动为主，且以家庭为单位世代相承，因此，乡村社会结构和生产生活相对稳定，无论是纵向或横向的人口流动都较小、较缓慢。

乡村因其独特的空间场域及特征使乡村教育具有自身的发展优势与劣势。乡村教育因接近自然和具有广阔的活动空间而具有探索实践的独特优势，却也会使乡村学校产生在校生人数少、规模效益低、信息闭塞、教育资源缺乏等问题。

事实上，随着我国城镇化进程的推进，城乡的界限已比较模糊，很难用一种很明确的标准将二者严格区分开来。本书中的城乡是指在当前发展阶段，仍具有城市和乡村主体特征的城市和乡村区域。为使研究更具确定性，本书中的城乡范围遵从行政区划的规定，"城"指城市，而非城镇，是指包括县城及以

---

① 韩明谟. 农村社会学. 北京：北京大学出版社，2001：82.

上城市型聚落;"乡"则与农村等同,是指县级以下的人口聚落空间,包括乡、镇、村。

(三)城乡教育公平的含义

城乡教育公平是把城市教育和乡村教育放在城乡教育的大背景、大系统中审视、反思、剖析城乡教育发展过程中的不均衡问题,以更深入地推进城乡教育高位均衡公平发展。城乡教育公平应致力于实现城乡学校校园环境一样美、教学设施一样齐全、公用经费一样多、教师素质一样好、管理水平一样高、人民群众一样满意,城乡教育更均衡,各类教育更协调,让每个孩子都能享受到适合自己自由、全面、健康、可持续发展的公平的教育。

就我国现实情况来看,教育差距仍然存在,不仅表现为城乡之间、地区之间、阶层之间的差距,还表现为不同教育类别之间的差距,如重点学校与非重点学校、普通教育与特殊教育、公办学校与民办学校的差距,并且不同社会群体在享有教育资源方面也存在较大差距,诸如家庭经济困难的子女、农民工子女、偏远地区的儿童、特殊教育系统的残障人群等多在教育上处于不利地位,因此难免会出现教育不公平的现象,进而制约和影响着我国教育事业的健康发展。

作为一个农业大国,城乡教育公平问题在我国表现得尤为突出,推进城乡教育公平进程对解决其他类型的教育公平问题、促进学生全面发展、推动教育事业健康发展、维持社会和谐稳定具有深远意义。

城乡教育公平除了包含教育公平的基本内涵外,与其他类型的教育公平相比,还具有如下特征。

(1)更具区域独特性。处在城市、乡村两个相对独立的地理区域内,受区域经济、政治、文化等诸多因素的影响,因此城市和乡村都有其独有的特征,因此,城乡教育公平更具区域独特性。

(2)更具复杂系统性。城乡教育公平问题是把城市和乡村两类相对复杂的教育公平问题放在区域城乡教育系统中进行考察,因此,城乡教育公平问题与其他类型的教育公平问题相比更具复杂性、系统性。

(3)更易受文化差异的影响。城乡教育公平问题反映的是处于城市文化、乡村文化两个不同文化圈中的教育公平问题，两个不同的文化圈具有不同的特点，处于两个不同文化圈的教育公平问题的表征、成因等也各有差异，对城乡教育公平问题的剖析、推进策略的研究等更容易受文化因素的影响。

（4）更具决定性。城乡教育公平问题具有基础性、复杂性、重要性等特征，决定了这一问题的解决将对其他类型的教育公平问题的解决具有决定性的影响，对进一步深化教育改革、推动教育事业整体健康协调发展、提升教育公平公正的品质具有更为深刻的意义和价值。

四、心智模式

心智模式（mental model）又称心智模型，由苏格兰心理学家克雷克（Kenneth Craik）于 1943 年提出，他指出心智模式是真实或想象的情境在人们内心的表征，人们常根据自己内心所建构的理解外界的"小型模式"来对事件进行解释、归因和预测。心智模式理论研究于 20 世纪 80 年代取得巨大进展，科学家将心智模式看作一种象征性系统，对于心智模式的定义也趋于一致，即人类理解复杂系统的心理模式或认知结构，具有描述系统目的和形式、解释系统功能和状态、预测未来系统状态的功能，即描述、解释和预测发生在人类身边事物的功能。[①]

根据学界对于心智模式的解释，本书尝试将心智模式的含义界定为，个体内心对于自我、他人、集体以及客观世界各个层面的体认及表征，它能够影响个体，使个体采取不同行为方式对外界事物进行描述、解释和预测。同时，心智模式也是一种学习者理解学习过程的认知图式，能够指导学习者的学习行动，反馈学习者的认知状态，动态表征学习者的学习过程。

心智模式是个体在与外界环境或外界刺激物的交互作用中所产生的内部心理表征，能够随外部事物的变化而改变，具有动态变化的特质。心智模式受到个体长期形成的生活方式、所处的生活环境等因素的影响，并随着个体经验的丰富与环境的改变而发生变化，具有相对稳定性。心智模式的稳定性具体表现

---

① 周立军. 心智模式与知识创造：一个认知的视角. 科技管理研究，2010（12）：227-229.

在个体的生活环境是相对固定的，个体受到生活环境内身心状态相对成熟稳定的成员的影响，能够在相同的、持续的刺激中形成稳定的思维观念；而心智模式的不稳定性则表现在个体的心智模式会随着个体身心的不断发展而趋于成熟，使个体超然于外界环境，形成独立的思考与判断能力，积极、能动地应对外界环境的挑战。同时，心智模式还具有个性化的特点，即心智模式是由个体自主建构而成的，不同个体的心智模式各具特色，与此同时，不同群体之间的心智模式有其群体差异，更具群体特色，如男生的心智模式更多地倾向于果断、坚韧，女生的心智模式更倾向于谨慎、细腻。

五、内生动力

人们的行为动机可以划分为内生动力和外源动力两类。其中，内生动力是行为机制的原动力，具体指因个体内部生存发展需要而产生的自发动力，是人们积极主动地认识世界、实践创新、完善自我的精神追求，是不断获取真知、探求真理、追求卓越的自觉意志和行为。对于学生而言，学生学习的内生动力是指由学生的内在需要自发产生的维持和推动学生学习的活动，并将学习活动置于一定学习目标下的动力机制，如学习兴趣、求知欲等。内生动力能够直接推动学生学习，使学生保持长久的学习兴趣和学习愿望，学生学习在内生动力的驱动下努力程度也会更高。

以布鲁纳、奥苏贝尔为代表的认知心理学家认为，学习是学习者内部心理结构的形成与改组。奥苏贝尔提出有意义学习的概念，认为有意义学习的实质是将新知识与已有知识建立起内在的、实质性的联系。内生动力在学生的有意义学习中起着重要、稳定的作用。根据奥苏贝尔的成就动机理论分类，我们可以将学生学习的内生动力分为两种类型：第一类是指对于学习活动或学习任务本身的兴趣。学生受好奇心、求知欲的驱使，探索未知领域，渴望了解和理解外部世界；第二类是指对于获得自我提高的倾向。人是积极的有机体，具有与生俱来的心理成长与发展的潜能，学生通过完成学习活动或学习任务产生胜任力与自我效能感，对于自己能够胜任的学习活动或学习任务而感到有信心，有着对自我理想状态的憧憬，实现这一理想状态后能够获得成就感和满足感，以及对于自己获得成长与蜕变的向往，这些都会促进学生进行有意义的学习。

内生动力对于学生学习具有促进作用，它能够决定学生的学习方向，改变学生错误的归因，使学生的学习行为指向具体的学习目标，能够提高学生学习的努力程度，使其承担相应的责任，通过不断的努力提升自我。

第二节　基于农村学生发展的理论透视与政策变迁

一、城乡教育公平理论透视与我国城乡教育公平政策变迁

（一）城乡教育公平的发展阶段

教育公平中应当始终贯穿着教育机会均等，城乡教育公平的着力点在于使农村学生与城市学生享有机会均等的教育资源与受教育条件，实现教育资源的优化配置。由于农村与城市的经济发展水平存在差异，城市学生所享受到的教育资源大多优于农村学生，因此，城乡教育公平的主要受益群体是农村学生。根据瑞典教育家胡森对教育公平阶段的划分，城乡教育公平可分为三个阶段，即起点公平阶段、过程公平阶段、结果公平阶段。[①]

1. 城乡教育起点公平阶段

城乡教育起点公平阶段旨在消除城市和农村之间由于地域、家庭条件、经济水平等客观因素的差异所产生的影响，确保每个农村学生都能享有和城市学生平等地受教育的权利与机会。由于我国区域经济发展不平衡，城乡经济发展不平衡的现象较为普遍，农村与城市之间存在着较为严重的教育失衡现象，城乡教育的起点存在差异可以说是一种常态化的社会、教育问题。因此，在各种社会和教育资源条件有限的情况下，城乡教育起点公平阶段的关注点不应是城乡教育起点是否存在差异，而应是如何处理城乡教育起点存在的差异。

教育资源配置失衡问题是由传统的教育资源配置模式引发的，也是城乡教

---

① Husen T. Social influences on education attainment. Research Perspectives on Education Equality. Washington：OECD Publications Center，1975：182-186.

育起点公平阶段所面临的主要挑战，主要表现为农村教育信息资源的缺乏和优质师资资源配置的失衡。一方面，传统的"校校建库"使得本就实力薄弱的农村学校在教育信息资源建设方面长期处于落后地位；另一方面，基于我国国情，城乡二元结构发展使城乡间教师均衡流动存在诸多困难。在城乡二元背景下，农村教育面临文化资本匮乏的困境，农村教师不得不面对诸如生活环境较差、职业发展受限、薪酬待遇较低等差异性劣势问题，这使得农村学校教师流失、农村优质教师稀缺成为一种常态。"教育生产主要包括实物资本、人力资本和知识资本三大要素，优秀教师作为主要的人力资本，同时承载了几乎全部的知识资本，而知识资本成为社会空间的重要构成因素，那么，乡村优秀教师的流失将导致乡村文化资本的进一步匮乏。"[1] "传统的教师轮岗、支教和挂职等方式未能从根本上解决乡村优质教师稀缺的问题，城乡师资水平差异仍然显著。"[2] "打破这种城乡之间空间生产的地理不平衡造成的教育生产不均衡，迫切需要优秀教师向乡村学校反向流动，以消解教育生产和社会生产上的城乡不平等。"[3]由此可见，实现城乡教育起点公平需要从源头上对教育信息资源和优质师资资源进行全面系统的优化，保证每个农村学生都能享受到公平优质的教育资源。

2. 城乡教育过程公平阶段

城乡教育过程公平阶段旨在让公平回归到教育教学过程本身，在教育教学过程中能够统一遵循育人为本、立德树人的教育理念，帮助城乡学生获得知识、品德、个性等全方位的提升与发展。从本质上看，城乡教育过程公平需要重点关注学生本身，尊重学生的身心差异，结合每个学生的特点提供适合其个性和成长发展需要的有针对性的教育，充分挖掘每位学生的潜能，充分发挥每位学生的特长。因此，实现城乡教育过程公平，一方面需要在教育过程中平等地对待学生，尊重每个学生的人格与需求，为学生提供树立自信与增强自我成

---

① 尹建锋. 城乡教师流动的空间正义及其实现. 教育研究，2020（1）：136-147.

② 熊才平，丁继红，葛军，等. 信息技术促进教育公平整体推进策略的转移逻辑. 教育研究，2016（11）：39-46.

③ 尹建锋. 城乡教师流动的空间正义及其实现. 教育研究，2020（1）：136-147.

长的动力；另一方面需要在教育过程中充分尊重学生的身心差异，结合不同学生的先天禀赋与发展需求，为其天赋与个性发展创造良好的环境。城乡教育过程公平强调尊重学生、平等对待学生，同时也要使学生掌握必备的基础知识与基本技能。由此可见，城乡教育过程公平的难点在于如何协调好城乡学生个性发展与整体发展之间的平衡。

城乡教育过程公平面临着两方面的挑战，一是教育需要真正做到关注城乡学生的身心差异，切实做到关注不同学生的认知水平、学习特点、学习需要；二是帮助学生学会结合自身的特点合理利用教育资源。需要注意的是，城乡教育过程公平不仅是教育单向的努力，还要积极引导城乡学生自觉主动地发挥自身的特长与禀赋。

3. 城乡教育结果公平阶段

实现城乡教育结果公平是城乡教育公平的终极目标，旨在使每个学生都获得全面的、个性化的发展。只有做到充分发挥每个学生的潜能，才可能实现真正的教育公平。教育结果公平应当体现在两个方面，分别是教育效果公平与教育质量公平，也就是说，不管是城市还是农村的学生在经过教育后都能够收获进步，在教育效果上获得平等，并使各年龄段、各学段的受教育者都能收获与自身潜能相匹配的发展，也就是在教育质量上获得平等。教育结果包含直接的教育产出和间接的教育影响。从广义的教育生态学来看，教育结果受自然环境、社会环境、文化环境和教育对象等因素的影响；从狭义的教育理论和实践来看，教育结果受学生个体、学校以及家庭等因素的影响。教育结果公平可以作为评价指标，以检验教育起点公平和教育过程公平的实现程度，而因材施教是实现教育结果公平的有效途径。①

信息化社会的发展、科学技术的快速创新与普及为现代社会的教育教学提供了强有力的技术支持，新技术、新媒体的出现为教育教学带来了技术性变革，同时也给城乡教育结果公平带来了挑战。由于经济发展水平存在差异，城市在新技术的使用上比农村更加便利，某些农村还存在缺乏技术支持的问题，

---

① 辛涛，黄宁. 教育公平的终极目标：教育结果公平：对教育结果公平的重新定义. 教育研究，2009（8）：24-27.

或存在即便有技术支持也不会使用的问题，而城市在一定程度上却存在着滥用技术资源的现象。如果盲目地将新技术应用于课堂，课堂教学就会比较容易流于形式，缺乏对问题的深度思考。虽然技术活跃了课堂，便利了教学，但却有可能削弱学生学习的主体性，学生在学习中协作性的知识建构也可能会逐渐减少。此外，技术滥用也容易造成学生的学习情境脱离实际生活，如果学生在学习中失去了现实土壤的依托，将会阻碍学生实践能力、生活能力的提升。在庞杂多样的信息面前，学生可能会变得被动、不求甚解、对信息和工具过度依赖，其独立思考能力也会逐渐下降，此外对知识的内化吸收也可能会受到阻碍。

城乡教育结果公平所面临的另一个挑战表现在对教育评价缺乏客观性，各种教育质量、教育效果评价很大程度上依赖于主观经验，将考试分数作为对学生评价的重要依据，结果性评价居多，过程性评价欠缺，使得学生评价的客观性、科学性、准确性存在一定偏差。

（二）我国城乡教育公平的政策变迁历程

我国城乡教育公平的政策变迁经历了四个阶段，分步骤、有节奏地开展了扫盲教育、普及教育、全民教育与优质教育等一系列建设活动，逐步走上了具有中国特色的城乡教育公平发展道路。

扫盲教育始于改革开放初期，1986 年，我国颁布了对构建教育公平发展政策体系最具影响力的法律文件《中华人民共和国义务教育法》。伴随着改革开放以来一些关于教育体制改革的政策性文件（1983 年《中共中央、国务院关于加强和改革农村学校教育若干问题的通知》、1985 年《中共中央关于教育体制改革的决定》等）的出台，我国开始在城乡推行扫盲教育，并从目标、内容、形式及参与主体等方面对普及教育做出规定，在普及初等教育的基础上逐步普及中等教育。这一时期属于教育公平发展的构建阶段，我国力图通过开展义务教育来对广大青少年、壮年群体进行全面系统的扫盲，使青少年、壮年会读、会写、会用、会讲。同时，这一阶段还采取了"一堵、二扫、三提高"等具体举措：其一，针对潜在文盲，开展小学普及教育，采用多种形式，组织学龄儿童入学；其二，针对现有文盲，对青少年、团员、党员、干部群众以及农业技术人员开展教育，提高其工作与学习能力；其三，针对已脱盲人员开展继续教育，使这部分人员能够逐步达到初中毕业水平。

党的十四大报告提出，必须把教育摆在优先发展的战略地位，努力提高全民族的思想道德和科学文化水平，这是实现我国现代化的根本大计。基本普及义务教育是教育公平发展的基本要求，普及教育阶段是从基本普及义务教育着手来实现教育公平的。1993 年，我国发布了《中国教育改革和发展纲要》，以其作为指导，我国又陆续颁布了一系列指导性文件以保障义务教育的普及、促进教育公平，如我国于 1995 年发布的《中华人民共和国教育法》对保障义务教育的顺利实施起到了重要作用。

21 世纪初，九年义务教育基本普及，青壮年文盲基本扫除。为了巩固教育公平发展的重要成果，国家更加关注全民教育的实施情况，保障教育入学机会的公平，通过合理配置教育资源，支持农村地区、边远地区教育发展等方式，促进义务教育的均衡发展，为人民提供接受教育的机会。2003 年，《国务院关于进一步加强农村教育工作的决定》开始将教育公平的关注点转为发展农村教育，以促进全民教育的实施和实现教育入学机会的公平。全民教育阶段主要采取了三方面的政策举措以促进城乡教育公平。首先，通过发展教育促进城乡教育公平。一方面，在农村整合优质教育资源，统筹发展基础教育、职业教育和成人教育，使农村地区人人都能够有接受教育的机会；另一方面，关注农村困难家庭适龄儿童的入学问题，采取免除书费与学杂费、提供助学金、鼓励社会团体和个人捐资助学等方式，保障农村困难家庭孩子的顺利入学。其次，通过发展职业教育促进城乡教育公平。建立和完善职业教育学生资助制度，使更多偏远地区、中西部农村地区的贫困家庭的青少年有机会接受职业教育。最后，中央及地方财政加大对农村贫困家庭和城镇低收入家庭子女的资助力度，学校安排相应比例的奖助学金并适当减免贫困家庭学生的学费，金融机构为贫困家庭学生提供助学贷款。

我国教育公平发展政策经历了近 40 年的构建、完善与巩固阶段，教育公平发展政策在教育现代化建设的新时期步入了新阶段。在这一阶段，教育公平发展工作的重点从普及教育、全民教育转向优质教育，政策内容的着眼点不仅在于教育机会公平的实现，而且关注教育过程公平和结果公平的实现。国家逐步向农村地区、偏远地区重点倾斜教育资源，统筹城乡教育发展，全面实施城乡九年义务教育，加快发展职业教育。这一阶段陆续颁布了一系列促进城乡教育公平的政策文件：2013 年的《教育部关于进一步做好村小学和教学点经费保障工作的通知》；2014 年的《教育部办公厅 国家发展改革委办公厅 财政部办公厅关于制定全面改善贫困地区义务教育薄弱学校基本办学条件实施方案的通知》《中央编办 教育部 财政部关于统一城乡中小学教职工编制标准的通知》；2015 年的《乡村教师支持计划（2015—2020 年）》《教育部关于进一步做好全面改善贫困地区义务教育薄弱学校基本办学条件有关工作的通知》；2015 年的《国务院关于进一步完善城乡义务教育经费保障机制的通知》《国务院关于统筹推进县域内城乡义务教育一体化改革发展的若干意见》《教育脱贫攻坚"十三五"规划》。该阶段是城乡教育公平政策文件发布较为密集的时期，发文量大，政策内容更加注重城乡教育过程和结果的公平，注重全面推进城乡教育公平。

全面推进城乡教育公平，集中体现在城市与农村教育机会、教育过程、教育结果等方面的公平上。首先，促进城乡教育公平的精准实现，保障不同地区、不同家庭的适龄儿童拥有公平接受教育的机会。教育资源向农村、偏远地区倾斜，完善国家资助家庭经济困难学生的政策，解决农民工随迁子女平等接受教育和参加中高考的问题。其次，关注教育过程公平实现的科学性，强调共享优质教育资源。一是培养建设高素质教师队伍，为乡村偏远地区提供优质师资；二是将"提高质量、共享公平"作为统筹城乡教育的基本原则，使城乡学生共享优质教育；三是发挥信息技术优势，扩大优质教育资源的覆盖范围。最后，保障教育结果公平的有效实现，让城市和农村的每个学生都能获得符合自身实际情况的发展，使每个学生都有成长为能够为社会建设和国家发展贡献力量、具有高度责任感与使命感、具有丰富创造性和实践能力的优秀人才。

二、心智模式理论透视

农村学生在学习过程中由于空间环境的差异具有不同的心智模式，根据福柯的"异质空间"理论,"异质空间就像一面镜子一样同时映照出真实的与虚幻的两个世界,使各种不相容的异质因素得以同时性、并置性地呈现"①。农村学生的心智模式因受地域与文化环境等空间因素的影响而存在一定的局限性,如部分农村学生的信息获取相对滞后、片面,这导致其心智模式发展受到阻碍。因此,在加快推进农村教育的进程中急需紧跟时代发展的步伐,改善农村教育文化资本匮乏的情况,为农村学生心智健康成长创造有利的环境,从空间意义上丰富农村学生的知识想象,推动农村学生心智模式实现转型。

(一)心智模式的构成要素

心智模式可以从认知框架、思维模式、行为导向以及决策能力四个维度对农村学生产生影响。

1. 认知框架

美国语言学家菲尔墨将认知框架定义为"由概念组成的系统",它为人们提供了观察世界的认知方式。心智模式不同的个体在对同一事物进行认知的过程中,往往会产生不同的感受,甚至获得截然不同的结论。因此,认知框架对学生学习内容的表征与建构起着重要的作用,同时,认知框架的转变也将影响学生的学习观念、学习态度等。

认知框架具有动态性和典型性两大特征。认知框架的动态性可以理解为伴随个体知识储量和内容的变化而引起的个体对于周围事物认知的改变。人们通过日常生活中的交流和学习不断丰富自己的阅历,充实自己的经验,将自己的所闻、所见、所感内化于心,形成系统的认知框架,这种认知框架又会随着个体生活阅历的增加而不断丰富、重组,因此具有动态性的特点。认知框架的典型性是指个体在处理事件的过程中,往往提取使用自己认知框架中已有的经验,参照过往经验来应对相似刺激、解决相似事件,形成一套习惯化的行为方式。

瑞士著名心理学家皮亚杰于 20 世纪 60 年代初创立了发生认识论,形成了

---

① 施庆利. 福柯"空间理论"渊源与影响研究. 山东大学硕士学位论文,2010.

极具特色的认知发展观，对学生认知发展、教育等相关理论体系产生了深远的影响。皮亚杰的认知发展理论认为，包括人在内的所有生物都有适应和建构两种倾向，这也是认知发展的两种机能。发展的实质即同化和调节。人的心理、智力、思维既不源于先天遗传的成熟，也不源于后天习得的经验，而是来源于主体的动作。动作是人们感知的源泉和思维的基础，其本质是主体通过动作来完成对客体的适应，人类所有的心理反应归根到底都是适应，通过适应来实现人与环境的平衡。同化和调节正是适应的两种类型。

皮亚杰认为，人们对环境做出的适应性变化并不是消极被动的，而是内部结构积极建构的过程，即人们的认知是在已有格局（schema）的基础上，通过同化、调节和平衡，从低级向高级不断发展的过程。他认为，人的认识结构涉及几个基本概念，即格局、同化、调节、平衡。格局是认识结构的起点和核心，通过婴儿开始的各种活动，格局就逐渐分化为多数格局的协同活动，并能建立新的格局和调整原有格局，对外界刺激在进行新的各种水平的同化。格局这种不断扩展，使得结构越来越复杂，最终形成逻辑结构。同化指个体在面对一个新的刺激情境时，往往会把这个新刺激整合到自己已有的格局之内，就像消化系统将营养物吸收一样，使之成为自身的一部分，从而拓展和丰富原有格局。通过同化过程，个体对新刺激做出反应，个体的认知结构随之得到完善。同化不能使原有格局改变或创新，只是格局量变的过程，无法实现格局的质变调整，只有自我调节才能起到如此作用。调节是指当个体不能利用自身认知结构中的已有格局来解释、接受新刺激时，往往会通过改变其认知结构来适应新刺激的影响，也就是通过改变自身认知结构中的原有格局，以寻求与外界环境相适应。个体对新环境的适应包括同化和调节两种作用和机能。通过同化和调节，个体认知结构不断发展，以适应新环境。皮亚杰把适应看作智力的本质。通过适应，同化和调节达到相对平衡。由此可以看出，平衡指个体通过同化和顺应达到自身与环境的平衡，当个体认知结构中已有的格局不能解决当前所面临的问题时，不平衡状态就产生了。皮亚杰认为，同化和顺应过程对于个体认知能力的发展是非常重要的，如果失去了平衡，就需要改变行为以重建平衡。但平衡是相对的，不是绝对的。平衡这种连续不断的发展，即个体整个心理智力的发展过程。①

皮亚杰认为，发展是一个建构认知的过程，是个体在与外界环境的相互作用中实现的，皮亚杰以运演（operation）作为个体思维发展的标志划分出了个体认知发展的四大阶段：感知运动（0—2岁）、前运演（3—6岁）、具体运演（7—11岁）、形式运演（12—15岁）四个阶段。②其中，与本书所研究的农村学生发展、教育联系最为密切的是具体运演阶段与形式运演阶段。

具体运演阶段是一种与真实、具体的事物相关的、可逆的心理活动，该阶段的学生具有简单的抽象逻辑思维，能够运用逻辑思维解决具体问题，但其在运用逻辑思维的过程中需要借助具体事物的支持。具体运演阶段学生的思维具有以下特征。第一，去自我中心性（去中心化）。所谓去自我中心，是指学生能够接受别人的看法，能够协调自己的观点与别人的看法，并能够设想他人处境，从多个角度出发来观察和理解世界。去自我中心是学生社会化发展的主要标志。第二，守恒。守恒是指学生认识到客体在外形上发生了变化，但特有的属性不变。处于具体运算阶段的学生的最突出的特点表现为能够理解守恒的概念。第三，去集中化。去集中化是指学生在做出判断时能够同时考虑多个维度，这是学生思维成熟的最明显的特征。第四，可逆性。可逆性是指学生已初步形成逆向思维，能够从问题的对立面进行思考探索。皮亚杰认为，可逆性是学生思维发展中最重要的特征。第五，分类。分类是指根据事物的属性特征进行简单归类。第六，序列化。序列化是指学生能够根据大小、重量、体积或其他一些特性对一系列要素进行心理上的排序，且能够顺利完成排列任务。

形式运演阶段是学生思维发展趋于成熟的阶段，该阶段的学生思维发展水平已接近成人，他们具有抽象逻辑思维能力，能够理解符号的意义，能够进行直喻和隐喻，能够对事物做出一定的概括。在形式运演阶段，学生的思维具有以下特征。第一，命题推理。命题推理，即学生的思维活动以命题形式进行，可以不以现实或具体的材料为依据，仅凭一个命题就能够进行推理，他们不仅能思考命题与经验之间的关系，而且能推断命题与现实之间的关系，并能推论

---

① 皮亚杰. 发生认识论原理. 王宪钿，等译. 北京：商务印书馆，1985：3-4.
② 皮亚杰. 发生认识论原理. 王宪钿，等译. 北京：商务印书馆，1985：5.

两个或多个命题之间的逻辑关系。第二，假设-演绎推理。假设，即学生不仅能够通过经验归纳的方式进行逻辑推理，而且能够从假设的命题出发，运用逻辑推导出另一命题，通过演绎的方式运用一般原理推演出特殊情况，并进行具体分析。第三，类比推理。类比推理，即学生能够理解类比关系。第四，可逆与补偿。可逆与补偿，即学生不仅具备了逆向性思维，还具备了补偿性思维。例如，对于天平平衡的问题，学生不仅能通过加减砝码（可逆思维）来实现天平平衡，而且能通过移动使天平更重一侧的砝码靠近支点，也就是通过缩短力臂（可逆思维）的方式实现天平的平衡。第五，思维的灵活性。灵活性，即学生不再刻板地恪守规则，而是能够灵活地应对规则。

根据心智模式认知框架的相关理论，我们可以发现，由于农村地域环境的限制，农村学生所接触的信息大多与周围的生活环境有关，信息获取渠道较为狭窄，这会导致农村学生获取格局的手段与途径较为单一，将新知识进行同化与调节时容易局限于已有认知结构中，长此以往将大大降低学习效率。同时，农村学生的家长的文化素质相较城市而言普遍偏低，甚至有些家长不具备辅导孩子学习的能力，农村学生受到周边环境的影响，认知框架难免会存在一定的局限性。因此，转变农村学生的认知框架、改善农村学生的周边环境有助于提高其认知水平，有助于提高农村学生学习的自主性、主动性，使其积极地参与到学习活动中来。同时我们需要看到，农村学生在认知发展过程中是存在个体差异的，因此在教学过程中应保证教学方式与学生认知水平相适应。

2. 思维模式

心理学将思维定义为借助语言、表象或动作实现的、对客观事物概括的和间接的认识，这是认识的高级形式。[①]人们能够通过思维来理解和认识那些不能被直接感知的事物，把握事物间的联系与事物的发展进程，也能够通过思维将同类事物的共同特征和本质特征抽取出来加以概括，总结得出相应的结论。

思维过程一般包括分析与综合、比较与分类、抽象与概括、系统化与具体化。分析与综合是思维的基本过程，分析是指在头脑中把事物或对象分解成各

---

① 彭聃龄. 普通心理学. 4 版. 北京：北京师范大学出版社，2012：280.

个部分或属性。例如，把一株植物分解成根、茎、叶、花。综合是指在人脑中把事物或对象的个别部分及其属性合为一体。例如，把几块木板搭成一张桌子。比较是指在人脑中把各种事物或现象加以对比，来确定它们之间的关系与异同。没有比较就没有鉴别，只有通过比较，人们才能区分出事物间的异同点，鉴别事物的优劣，也才能正确地识别事物，将其归于一定类别之中。通过比较的方式能够促进学生对知识的理解与掌握，提升教学的效果。分类是指按照事物的异同，把它们区分为不同种类的思维过程。比较是分类的基础，根据事物的共同点可以把事物归并为较大的类，根据事物的差异则可以将事物划分为较小的类。抽象是在人脑中提炼各种事物或现象的共同、本质特征，舍弃其个别、非本质特征的思维过程。例如，总结得出"有羽毛""是动物"是麻雀、鸽子、鸡、鸭的本质特征，在抽取过程中舍弃掉"会不会飞""颜色""大小"等非本质特征，这就是抽象的过程。概括是人脑把事物间共同的、本质的特征抽象出来加以综合的过程。例如，人们把那些"有羽毛的动物"统称为鸟类，就是概括的过程。概括分不同的等级和水平，经验概括是初级水平的概括，科学概括是高级水平的概括。系统化是指人脑把具有相同本质特征的事物归纳到同一类别系统中去的思维过程。具体化是指人脑把经过抽象概括后的一般特征和规律推广到同类的具体事物中去的过程。

思维的基本形式包括概念、判断、推理。概念是人脑反映客观事物本质属性的思维形式，是思维的最基本形式，是构成人类知识的最基本的部分。用概念去肯定或否定事物是否具有某种属性的思维形式，即判断，它是事物之间的关系在人脑中的反映。推理是从已知的判断中推出新的判断的思维形式。

人们在对客观事物进行反复思维的过程中形成了所谓的思维模式。有学者将思维模式定义为"思维的一种程序，长期稳定而又普遍起作用的方法、思维习惯；是思维形式和思维结构中的规律性，可以把它看作是思维定式和'内在化'认识运行模式的总和"[①]。可以看出，思维模式的形成与个体日常生活中的所遇、所见、所感息息相关，城乡二元结构也会造成城市和农村学生在思维

① 楚渔. 中国人的思维批判——导致中国落后的根本原因是传统的思维模式. 北京：人民出版社，2010: 1.

模式上的差异。

心智模式理论认为，学生的思维活动应当基于自身的经验主动地创造，从外部世界获取信息并进行解读，通过合理的假设、想象，在对特定的规则与逻辑进行推论的基础上做出决策和判断。在农村学生心智模式发生转型过程中，可以培养其分析、发散、创造性思维，改善其观察、判断和行动方式，从而使其更好地进行思考、获取知识。

3. 行为方式

心智模式不仅影响着人们对于世界的理解，而且影响着人们采取行动的方式，是人类行为的先导。心智模式通过对作用于人们的外界环境信息的处理，形成一套个体特有的行为方式。根据行为主义的观点，有机体的行为是刺激-反应的联结，行为主义学习理论的核心观点认为，学习是有机体在一定条件下形成刺激与反应的联系，从而获得新经验的过程。斯金纳在其经典的迷箱实验中得出结论，他认为学习实质上是一种反应概率上的变化，强化是增强反映概率的手段。人的一切行为几乎都是操作性强化的结果，人们有可能通过强化作用的影响去改变别人的反应。在教学方面，教师充当学生行为的设计师和建筑师角色，把学习目标分解成多个小任务并且逐个予以强化，学生通过操作性条件反射逐步完成学习任务。

行为方式便是个体在长期生活中形成的相对稳定的行为的外在表现方式，是一个人固有的活动方式。行为方式的形成需要多个要素共同存在、相互关联，具体的要素主要包括：客观环境、需要、动机、手段。环境对个体的影响是不容忽视也是不可避免的，个体自出生就身处环境之中，受到社会环境、家庭环境等多方面的影响，这种影响大都是潜在而不自知的。受环境的影响，个体的思维方式、行为习惯、自我实现等方面都会存在差异，主要表现在个体需要的满足上。由于环境的局限，与城市相比较，农村学校在教学方式、手段、组织形式等方面缺乏现代化的支持，一些乡村地区、边远地区的教学环境更是不容乐观，这些地区多以传统的"传递-接受"式的方式进行教学，学生学习的需要和动机因呆板的灌输受到抑制，这将容易扼杀农村孩子的想象力与创造力，使农村学生的个性发展受到约束。将心智模式放在教育领域加以思考，亟待解决的问题是我们如何使一个具有鲜明个性的孩子能够既系统地接受公共经验、公共规范、公共文化，又能够在个体社会化的过程中依然保持鲜明的个性，在社会化的同时依然保持良好的个性化发展。

受家庭环境、地域条件和文化氛围的影响，多数农村学生在心智模式转型的过程中，能够更好地总结规律，探索新的行为方式，在实践与思考的基础上，形成自身独特的行为方式，特别在学习领域，心智模式的转型能够改善农村学生的学习行为，使农村学生能够更加理性地探索、获得知识，提高学习能力。

4. 决策能力

决策能力是"决策主体根据决策任务的具体情境，将碎片化的知识整合为系统化的知识，在此基础上结合已有的策略性知识和博弈意识，自主地做出决策行为的能力"[1]。决策能力是心智模式的重要组成部分，对于农村学生的发展来说也较为关键，它能够促使农村学生将所获取的知识、经验进行系统整合，并结合自身情况进一步做出自我规划。决策能力的提高可以帮助农村学生在自我成长、自我发展的过程中更加统筹、清晰地做出决策。波尔（Christopher Ball）认为，决策能力涉及四方面内容，即关于决策的元认知知识、使用有效的决策搜索策略、对"概率"的调和、个人决策风格和自尊。[2]心智模式不同的个体在策略应用、自我决策能力评估、决策过程中的独立判断与风险评估等方面会有所差异。

决策能力具有如下特征。首先，主动性。它是学生针对目标主动采取的行动。其次，有效性。它是学生进行有效学习所必需的。再次，过程性。它涉及学生的整个学习过程。最后，整合性。它是一系列的规则、方法、技巧及调控方式的综合。

---

[1] 李阳杰. 决策能力：儿童应对复杂情境的关键因素.教育研究与实验，2019（3）：26-31.

[2] Ball C，Mann L，Stamm C. Decision-making abilities of intellectually gifted and non-gifted children. Australian Journal of Psychology，1994，46（1）：13-20.

（二）国内外关于心智模式的形成与培养理论

1. 加里培林的五阶段模式

苏联心理学家加里培林最早对心智技能进行系统研究，他于 1959 年提出了心智动作按阶段形成的理论，将心智动作的形成分为以下五个阶段。[①]

第一，活动的定向阶段（准备阶段）。该阶段的主要任务是使学生预先熟悉活动任务，了解活动对象，知道将做什么和怎么做，构建关于认知活动本身和结果的表象，以便完成对它们的定向。

第二，物质活动或物质化活动阶段。物质活动是借助实物进行活动的，物质化活动是指借助实物的模型、图片、样本等代替物进行活动。该阶段的主要任务是引导学生通过从事物质活动或物质化活动，掌握活动的真实内容。

第三，出声的外部言语活动阶段。该阶段的特点表现为心智活动不直接依赖物质或物质化的客体，而是借助出声言语的形式来完成。

第四，无声的外部言语活动阶段。该阶段的特点表现为从出声的外部言语向内部言语转化，增加了更多的思维成分。

第五，内部言语活动阶段。该阶段的特点表现为心智活动完全借助内部言语完成，高度简要、自动化，是很少发生错误的熟练阶段。在这一阶段，心智活动以抽象思维为主体。

2. 安德森的三阶段论

认知心理学家安德森认为，心智技能的形成需经过三个阶段，即认知阶段、联结阶段、自动化阶段。

在认知阶段，学生要了解问题的结构，即起始状态、要达到的目标状态，以及从起始状态到目标状态所需要经历的步骤。对于复杂的问题而言，要了解问题的各个子目标及达到子目标所需要经历的步骤。

在联结阶段，学生应用具体的方法来解决问题，主要表现在把某一领域的描述性知识转化为程序性知识，并能在不断解决具体问题的过程中，形成一套合乎规范的行为法则。

---

① 胡忠光. 教育心理学. 北京：教育科学出版社，2011：143.

在自动化阶段，学生获得了大量的行为法则并不断完善这些行为法则，使行为过程中所需的认知投入减少，且不易受到干扰。在这一阶段，整个心智模式的操作过程更为简洁、高效、流畅。

3. 冯忠良的三阶段论

我国教育心理学家冯忠良通过教学实验，在加里培林和安德森等学者研究的基础上，提出了原型定向、原型操作、原型内化三阶段论。

原型定向是了解心智活动的实践模式，了解"外化"或"物质化"了的心智活动方式或操作活动程序，了解原型的活动结构（动作构成要素、动作执行次序、动作执行要求），从而使主体知道该怎么做，并明确活动的方向。原型定向阶段也就是使主体掌握操作性知识的阶段，这一阶段相当于加里培林的活动的定向阶段。

原型操作是依赖智力技能的实践模式，把学生在头脑中建立起来的活动计划以外显的操作方式付诸实践，这一阶段相当于加里培林的物质活动或物质化活动阶段。

原型内化是指心智活动的实践模式向头脑内部转化，由物质的、外显的、展开的形式转变成观念的、内在的、简缩的形式的过程。原型内化阶段是心智技能形成的高级阶段，这一阶段相当于加里培林理论中三小阶段的结合，即出声的外部言语活动阶段、无声的外部言语活动阶段和内部言语活动阶段。

（三）心智模式成熟的标志

1. 心智活动的对象脱离了支持物

在心智模式成熟的初期，学生必须借助具体、形象、直观和明显的支持物进行操作，如实物、出声言语、动作和表象等，而在成熟阶段，内部言语成为心智活动的主要工具，学生能够运用科学的概念、规则以及理性的思维方式全面地分析问题、科学地应对问题、成功地解决问题。

2. 心智活动的进程压缩

在心智模式成熟的初期，学生心智活动的开展是全面的、完整的、详尽的，而在成熟阶段，学生整个心智活动进程已能够高度简缩、合理省略，思维变成了记忆，学生以检索记忆中信息的方式解决问题，心智活动实现高度自动化。

3. 问题解决的高效率

心智模式属于一种产生式系统，是将一种"如何做"的规则呈现系统移植、内化，从而形成固定的操作程序的过程，学生心智模式成熟后，在面对同一复杂情境与相关问题时，能够做到举一反三、触类旁通，快速、高效地解决问题。

三、内生动力理论透视

内生动力指激发个体学习兴趣和维持个体学习活动，并将学习活动引向一定学习目标的动力机制，是直接推动学生学习的内部动力。这种动力机制表现为推力、拉力、压力三种因素之间的相互作用。学习需要与内驱力是内生动力的主要体现，学习需要是一种学生在学习活动中感到有某种欠缺而力求获得满足的心理状态，学习需要主要包括学生对学习的兴趣、爱好和信念等。内驱力是一种在有机体需要的基础上产生的内部推动力，属于一种内部刺激，能够推动有机体采取相应行动。

关于内生动力的研究主要集中在心理学与教育心理学领域，并形成了一系列具有代表性的理论。马斯洛的需要层次理论是内生动力研究领域较具影响力的理论。他指出，人类有七个方面的基本需要，包括四种低层次的需要和三种高层次的需要。其中，生理需要、安全需要、归属与爱的需要、尊重需要为低层次的需要，又称为缺失需要；求知与理解的需要、审美需要、自我实现的需要为高层次的需要，又称为成长需要。马斯洛认为，低层次需要与高层次需要之间并不是对立的，二者之间存在相互衔接的关系，需要层次越低，需要欲望就越强，人们只有在满足低层次需要的基础上才能产生对于高层次需要的追求，且需求欲望会有所降低。低层次需要越是获得满足，对高层次需要的需求程度就会越大，人们只有在缺失需要得到满足的基础上才能实现对于成长需要的追求。因此，学生感到不安或无能为力的时候，就会缺失强烈的动机去追求较高的目标。

学习动机强化理论将强化视为引发内生动力的根本原因。某种学习行为与刺激因强化而建立起联系后，行为与刺激便会形成一种连带关系，后者的出现将会激发前者的发生，当这种刺激是学生所想要的时候，学生的某种被强化行为的发生频率将很可能会提高，强化包括奖赏、表扬等形式。如果学生的学习行为得到了强化，如因取得好成绩而得到家长和老师的表扬，他们将会获得较强的学习动机；如果学生的学习行为没有得到强化，如因成绩差没有获得表扬，那么他们的学习动机将会减弱。如果学生因为成绩差受到了批评或惩罚，则有可能产生逃避学习的动机。学习动机强化理论在现实教育教学中受到广泛关注，但是该理论有其片面性，它仅从学习者的学习行为来判断其学习动机，过分强调学生的学习行为是为了获得某种外部奖励，而忽视了学习者学习的自主性与能动性，因此学习动机强化理论在激发学生学习动机方面具有一定的局限性。

20 世纪 70 年代，美国著名心理学家班杜拉在其著作《思想和行为的社会基础》中提出了自我效能感理论。自我效能感指人们对自己是否能够完成某一成就行为的主观判断。[①]该理论认为，人们的行为受行为的结果和先天因素的双重影响，行为的结果因素就是通常意义上的强化，它把强化分为三种：直接强化、间接强化、替代性强化。行为的结果是否使行为主体满意决定着主体今后是否还会做出一致的行为。与学习动机理论不同，班杜拉否认强化是行为再次发生的根本原因，而认为其根本原因是个体因经验认识到行为与强化之间存在的关系后，对行为结果的再次期待。当个体既对结果产生期待，也对自己的能力有高度信心时，今后类似行为发生的概率会大大增加。个体自身行为的成败经验、替代性经验、言语劝说、情绪唤醒是影响自我效能的主要因素。自我效能决定人们对活动的选择以及对该项活动的坚持度、面对困难时的态度、新行为的获得、活动时的情绪等。当个体自我效能感较高时，个体会倾向于提高

---

① 陈琦，刘儒德. 当代教育心理学. 2 版. 北京：北京师范大学出版，2007：220.

自身的技能；当个体自我效能感较低时，个体则不愿意投入到新的学习任务中去。自我效能感强的学生会主动地选择具有挑战性的任务，在学习中遇到困难时也愿意付出更多的时间和努力；而自我效能感弱的学生容易因为自我怀疑而不愿意面对有难度的学习任务，甚至轻易放弃他们的学习。较强的自我效能感有助于激发学生学习的内生动力，所以对于在研究内生动力的产生与提升时如何提高学生的自我效能感将会有一定的帮助。

根据社会心理学家韦纳的研究理论，归因理论是指对学生学习时内生动力的发生进行归因的理论。归因理论的指导原则是寻求产生学习行为的基本动因，在日常学习生活中，学生为他们在学习中的成功与失败寻找诸如能力、努力、态度、知识、运气、帮助、兴趣等方面的原因。韦纳认为，能力高低、努力程度、任务难度和运气好坏是人们在解释成功或失败时所知觉到的四种主要原因。他将四种主要原因划分成三个维度：控制点、稳定性、可控性。控制点分为内部的和外部的两类，目的在于区分某一原因是主体内在控制的还是外界控制的。稳定性可分为稳定和不稳定两种，目的是区分某一原因是否容易发生变更。可控性分为可控制和不可控制，目的是区分如果某一类型原因产生的结果无法满足主体期望，主体能否通过自身努力进行控制性更改。学生如何看待自身成功或失败的原因决定了他们是否选择和能否承担某项学习任务。当学生把自己取得的成功归因于自己的能力时，在未来就会更乐意去选择类似的挑战；反之，当学生把自己取得的成功归因于运气时，则会在未来的挑战中持怀疑的态度。归因理论指导教师在激发学生内生动力时，要懂得帮助学生正确分析自己学习中成功与失败的原因，帮助学生对自己的学习成果进行正确的归因。

美国认知教育心理学家奥苏贝尔将内驱力归为成就动机，他认为成就动机属于社会动机的一种，学校情境中的成就动机至少应包括三种内驱力，即认知内驱力、自我提高内驱力、附属内驱力。认知内驱力是指学生渴望了解知识，要求掌握知识、系统地阐述并解决问题的倾向。一般来说，认知内驱力多半从好奇的倾向中派生而来，奥苏贝尔认为，认知内驱力在有意义的学习中是最稳定且重要的动机。自我提高内驱力是指个体要求凭借自身才能和取得的成就而赢得相应地位的愿望，与认知内驱力不同，自我提高内驱力并非直接指向学习任务本身，它把成就看作赢得地位与自尊心的根源，属于一种外部动机。附属内驱力是指学生为了获得家长和教师等的赞许或认可而努力学习的一种需要，它在儿童早期表现得最为突出，儿童努力获得学业成就，主要是为了满足家长的期待，并得到家长的赞许。进入儿童晚期和少年时期，附属内驱力的强度有所减弱，来自同伴和集体的赞许和认可逐渐替代了对长者的依附，赢得同伴的赞许在这期间成为一种强有力的动机因素。进入青年时期，认知内驱力和自我提高内驱力成为学生学习的主要动机，学生的学习目的在于满足自己的求知需要，并从中获得相应的地位和威望。

第 三 章

农村学生心智模式
及内生动力现状调查

第一节　调查的准备与实施

一、调查目的与对象

（一）调查目的

（1）了解农村学生心智模式及内生动力机制现状。

（2）对其中存在的突出问题进行归因分析。

（二）调查对象

1. 调查对象选取

本研究选取小学四至六年级学生为调查对象，为了准确呈现农村学生的心智模式及内生动力机制现状，笔者同时选取城市学生与其对比。其中，城市学生样本来自河南省某市的几所重点小学，农村学生样本来自该市下属的几所乡镇小学。

2. 调查对象基本情况

调查对象的基本信息包括性别、年级、生源地、学业成绩（班级内）四项，详见表 3-1。

表 3-1　调查对象描述统计一览表

人口学变量	选项	频数	百分比/%
性别	男	462	52.6
	女	416	47.4
年级	四年级	188	21.4
	五年级	387	44.1
	六年级	303	34.5

续表

人口学变量	选项	频数	百分比/%
生源地	城市	429	48.9
	农村	449	51.1
学业成绩（班级内）	优秀	135	15.4
	中等偏上	348	39.6
	中等	280	31.9
	中等偏下	96	10.9
	很差	19	2.2

二、调查工具设计

此次调查选用的工具是自编的小学生心智模式及内生动力机制问卷。问卷的设计思路有两条主线：一条是理论主线，通过文献研究，将以往心智模式及内生动力机制的研究结果予以综合吸纳，再结合对小学生心理特点的把握，确定问卷的几个维度和影响小学生心智模式及内生动力机制的因素；另一条是实践主线，通过与一线教师、学生访谈，调查目前城市与农村小学生的实际生存状态，细化各维度的操作性指标。在多位教学经验丰富的小学教师的帮助下，经过几次修改，最终形成附录一，也就是"小学高年级学生学习兴趣与动力调查问卷"。

问卷共30道题，题型分为三类：第一类是描述性问题，答案各选项只做频率统计，不计分数，包括第5、6、7、8、9题（共5题）；第二类是量表式问题，每道题计分数，共20题（表3-2）；第三类是开放式问题，内容为"请简述对你影响最大的激励（或刺激）你发奋学习的事件，以及它是怎样影响你的"，旨在调查农村学生的学习动力源。

表 3-2　量表式问卷题目分类

测量对象	维度	对应题号
认知方式	自我效能	15、24、**26**、33
	目标定向	10、11
行为能力	内生动力	12、14、**19**、20、22
	学习能力	16、18、**20**、21、25、31
社会支持		13、17、32

注：字体加粗、加下划线的题号为反向题。

三、调查实施

（一）问卷的发放与回收

本次调查共发放问卷 956 份，回收问卷 935 份，回收率为 97.8%。其中有效问卷 878 份，有效率为 93.9%。

（二）问卷的信度

采用 SPSS 20.0 对 32 项数据进行分析，结果显示本问卷的内部一致性系数为 0.721，高于最低标准 0.7，说明信度良好。

（三）问卷的效度

本问卷的效度检验主要是从内容效度来考查的。一方面，在设计阶段就得到了有关专家的指导，他们对问卷的维度、题目设置、语言表述提出了修改意见，在一定程度上保证了问卷内容的合理性；另一方面，采用 SPSS 20.0 分别对认知方式和行为能力的各维度进行相关性分析，以及对社会支持与这些维度的相关度进行分析。结果显示：各要素之间的双变量 p 值都等于 0.000，两者呈显著相关（表 3-3），表明问卷内容效度良好。

表 3-3　问卷中各要素的相关性（ N =878 ）

比较维度		自我效能感	目标定向	内生动力	学习能力	社会支持
自我效能感	Pearson 相关性	1	0.397***	0.574***	0.742***	0.419***
	p		0.000	0.000	0.000	0.000
目标定向	Pearson 相关性	0.397***	1	0.332***	0.391***	0.318***
	p	0.000		0.000	0.000	0.000
内生动力	Pearson 相关性	0.574***	0.332***	1	0.579***	0.383***
	p	0.000	0.000		0.000	0.000
学习能力	Pearson 相关性	0.742***	0.391***	0.579***	1	0.364***
	p	0.000	0.000	0.000		0.000
社会支持	Pearson 相关性	0.419***	0.318***	0.383***	0.364***	1
	p	0.000	0.000	0.000	0.000	

***表示在 0.001 水平（双侧）上显著相关。

第二节 农村学生心智模式及内生动力现状分析

一、描述性题目分析

采用 SPSS 20.0 对问卷中的描述性问题进行频率统计。我们从这些数据中可以明显看出，农村与城市小学高年级学生在心智模式、内生动力方面的共同点和差异性。

（一）农村、城市小学高年级学生心智模式及内生动力的共同点

研究发现，农村与城市学生心智模式方面有着以下共同点，这是由他们所处的年龄阶段决定的。

1. 日常学习依赖父母胜过依赖老师，有一定的自主学习能力

在第 5 题中（表 3-4），49.2%的农村学生和 46.4%的城市学生由父母为他们的学习做主，而由老师做主的占比较小（13.6%的农村学生和 9.1%的城市学生）。这与小学阶段的学习特点相吻合，小学生每天在校学习时间比初中生、高中生短得多，而且放学后在家里写作业的过程中需要家长的辅导，因此小学生在学习方面对父母的依赖远超过老师。与此同时，36.1%的农村学生和43.6%的城市学生认为，可以为自己的学习做主，占比仅次于"父母"选项，而且在第 8 题中（表 3-5），26.1%的农村学生和 31.7%的城市学生认为激发学习动力主要靠自己，这都说明小学高年级的学生已经具备一定的自主学习能力。

表 3-4 第 5 题 谁为你的学习做主（N=878）

生源地		频率	百分比/%
城市	老师	39	9.1
	父母	199	46.4
	自己	187	43.6
	其他人	4	0.9
	合计	429	100
农村	老师	61	13.6
	父母	221	49.2

续表

生源地		频率	百分比/%
农村	自己	162	36.1
	其他人	5	1.1
	合计	449	100

表 3-5 第 8 题 你觉得如何才能更好地激发自己的学习动力（N=878）

生源地		频率	百分比/%
城市	身边榜样带领	129	30.1
	长辈指导	81	18.9
	家庭教育	59	13.8
	基本靠自己	136	31.7
	其他	24	5.6
	合计	429	100
农村	身边榜样带领	81	18.0
	长辈指导	136	30.3
	家庭教育	88	19.6
	基本靠自己	117	26.1
	其他	27	6.0
	合计	449	100

2. 学习态度端正，认知思维较为理性

在第 6 题中（表 3-6），72.8% 的农村学生和 63.1% 的城市学生认为学习成绩的决定因素来自"认真"和"努力程度"，比选择"聪明"和"兴趣"的占比高得多。在第 9 题中（表 3-7），当自己学习成绩下降时，62.6% 的农村学生和 72.0% 的城市学生认为是由于"自己不努力，学习习惯不好"。这都说明小学高年级学生的学习态度较为端正，能正视自己的问题，认知思维已经开始趋于理性。

表 3-6 第 6 题 你认为学习的决定因素是（N=878）

生源地		频率	百分比/%
城市	聪明	44	10.3
	兴趣	79	18.4
	认真	98	22.8

续表

生源地		频率	百分比/%
城市	学习能力	35	8.2
	努力程度	173	40.3
	合计	429	100
农村	聪明	25	5.6
	兴趣	57	12.7
	认真	112	24.9
	学习能力	40	8.9
	努力程度	215	47.9
	合计	449	100

表 3-7　第 9 题　你认为什么因素最容易使学习成绩下降（N=878）

生源地		频率	百分比/%
城市	父母不关心自己的学习	50	11.7
	自己不努力，学习习惯不好	309	72.0
	课程多、难，适应不了	40	9.3
	老师讲课枯燥乏味、难以理解	30	7.0
	合计	429	100
农村	父母不关心自己的学习	77	17.1
	自己不努力，学习习惯不好	281	62.6
	课程多、难，适应不了	41	9.1
	老师讲课枯燥乏味、难以理解	50	11.1
	合计	449	100

3. 兴趣对学习的影响很大

在第 6 题中（表 3-6），两地学生在选择学习成绩的决定因素时，兴趣均排在第三位，比"认真"和"努力程度"稍低，而学习过程中，两地学生最看重的都是"听课时的兴趣"，由此可见，对于小学高年级学生来说，兴趣是激发他们学习积极性的最好诱因。这给老师和家长指明了改进教育方法的方向。

（二）农村、城市小学高年级学生心智模式及内生动力的差异性

1. 农村学生心智模式不如城市学生成熟

在第 6 题中（表 3-6），讨论学习成绩的决定因素，农村学生选择"认真"

和"努力程度"的比例比城市学生高出将近 10 个百分点（农村 72.8%，城市 63.1%）。而相应的，农村学生选择"兴趣"和"聪明"的比例比城市学生低得多，尤其是选择"聪明"的学生占比约为城市学生的一半（农村 5.6%，城市 10.3%）。这说明农村学生过于关注努力，往往忽视对自我潜能的开发。

在第 7 题中（表 3-8），询问学习过程中，你最看重什么，农村学生选择的比例从高到低依次为"自己已有经验知识""能够掌握相关概念、定义、公式"，最后是"在玩耍和活动中体验和感受知识"；而城市学生则最先选择"在玩耍和活动中体验和感受知识"，其次是"自己已有的经验知识"，最后才是"能够掌握相关概念、定义、公式"。从中可以明显看出学习技巧的高下，城市学生明显比农村学生"会学习"。有些城市学生处于"学中玩"（也可以说是"玩中学"）的状态，思维灵活，更加注重知识与生活的联系，主动对知识进行理解和运用。相比较而言，农村学生的学习方式和思维则比较固化，过分重视书本，联系生活、运用知识的能力不足。

表 3-8　第 7 题 学知识的过程中，你最看重的是（N=878）

生源地		频率	百分比/%
城市	在玩耍和活动中体验和感受知识	116	27.0
	自己已有的经验知识	100	23.3
	能够掌握相关概念、定义、公式	54	12.6
	听课时的兴趣、状态和认真程度	159	37.1
	合计	429	100
农村	在玩耍和活动中体验和感受知识	71	15.8
	自己已有的经验知识	98	21.8
	能够掌握相关概念、定义、公式	74	16.5
	听课时的兴趣、状态和认真程度	205	45.7
	合计	449	100

2. 农村学生内生动力较城市学生弱

1）农村学生学习自主性明显弱于城市学生，较多依赖师长

在第 5 题（表 3-4）"谁为你的学习做主"中，除二者共同的最高选项"父母"外，农村学生选择"自己"的占比（36.1%）低于城市学生（43.6%）。同

时，在第 9 题（表 3-7）"你认为什么因素最容易使学习成绩下降"中，选择"自己不努力，学习习惯不好"的农村学生比例（62.6%）比城市学生（72.0%）低近 10%，差距较大，而选择"父母不关心自己的学习"的农村学生比例（17.1%）高于城市学生（11.7%）。

农村与城市学生学习的自主性差距在第 8 题（表 3-5）体现得更加明显。在第 8 题（表 3-5）"你觉得如何才能更好地激发自己的学习动力"中，二者虽然选择"基本靠自己"的比例都比较高，但数值有差异，农村学生的比例（26.1%）明显低于城市学生（31.7%）。二者的第二大选项更不同，农村学生选的是"长辈指导"（30.3%），而城市学生选的却是"身边榜样带领"（30.1%），"长辈指导"仅排第三位（18.9%）。

以上数据说明，被调查的城市小学高年级学生已经有了较强的自我意识，更加认同"我"是学习的主要责任人，也已经能够有意识地寻找榜样（知识面广、眼界宽）并善于吸取榜样的优点用于自我强化。而被调查的农村学生在这些方面与城市学生相比稍显不足。

2）农村学生对目前的学习状况的满足感高于城市学生

在第 23 题中（表 3-9），农村学生对自己目前学习状况的满意度比城市学生高。其中，完全满意的占 29.0%，比较满意的占 31.2%，合计为 60.2%，而城市学生完全满意的只有 13.5%，比较满意的占 36.6%，合计为 50.1%。这说明农村学生对自己的学习要求不高，容易满足，其奋斗目标并不高远。

从以上两方面可以看出，农村学生的内生动力不足。

表 3-9　第 23 题　你是否对你目前的学习状况感到满意（*N*=878）

生源地		频率	百分比/%
城市	完全不满意	30	7.0
	比较不满意	76	17.7
	一般	108	25.2
	比较满意	157	36.6
	完全满意	58	13.5
	合计	429	100

续表

生源地		频率	百分比/%
农村	完全不满意	16	3.6
	比较不满意	59	13.1
	一般	104	23.2
	比较满意	140	31.2
	完全满意	130	29.0
	合计	449	100

二、量表性题目分析

采用 SPSS 20.0 对问卷中的量表性问题进行分析。这里需要说明的是，第 11—33 题属于典型的利克特五点等级量表打分题目，第 10、12、23 题虽然不是，但由于这些题目的选项也是按程度从低到高递增的，因此也可以用利克特五点等级量表计分，但不同题目设置的选项数目不同，导致不同题目的总分不等，因此选项数目不同的题目的得分没有可比性。

（一）农村学生自我效能感明显偏低

运用独立样本 t 检验，对自我效能感维度进行差异性分析，结果见表 3-10、表 3-11。

表 3-10 数据显示，农村、城市学生的自我效能感存在显著差异（$p=0.026$）。表 3-11 中，农村学生自我效能感均值（3.54 分）低于城市学生自我效能感均值（3.69 分）。继续分析各题得分差距，我们可以发现存在的明显问题：农村学生在学习方面的自我效能感并不比城市学生差，他们也相信自己有能力考好，也善于自我强化。但是，农村学生在自我评价和人际交往方面缺乏自信，"别人说我笨时，我会怀疑自己"和"我觉得我在班里是个受欢迎的人"，这两道题的得分，农村学生比城市学生低。这反映出农村家长和老师往往过于看重学习成绩而忽视对孩子情商方面的培养，对孩子的鼓励和赞赏还不够，导致孩子缺乏自信。

表 3-10 自我效能感差异性检验（N=878）

比较项		方差方程的 Levene 检验		均值方程的 t 检验						差分的 95% 置信区间	
		F	p	t	df	p 双侧	均值差值	标准误差值		下限	上限
自我效能感	假设方差相等	2.261	0.133	2.193	949	0.029	0.101 33	0.046 21		0.010 64	0.192 02
	假设方差不相等			2.226	549.796	0.026	0.101 33	0.045 52		0.011 92	0.190 74

表 3-11 自我效能感各题得分（N=878） 单位：分

题目	均值	
	城市	农村
考得好了我会自己奖励自己	3.55	3.50
我相信我有能力考好	3.97	3.96
别人说我笨时，我会怀疑自己	3.73	3.51
我觉得我在班里是个受欢迎的人	3.49	3.17
总计	3.69	3.54

（二）农村学生目标定向意识明显偏弱

运用独立样本 t 检验，对目标定向维度进行差异性分析，结果见表 3-12、表 3-13。由表 3-12 可知，城市学生和农村学生的目标定向意识存在显著差异（双侧检验 p=0.001）。同时表 3-13 的结果显示，农村学生在目标定向两道题的得分都比城市学生低，尤其是第 10 题"仔细想想，在此之前你是否确定了自己的人生目标"的得分比城市学生低，说明部分农村学生只知道埋头学习却没有抬头看路，还没有树立理想。这个事实与上一部分描述性题目的分析结果相吻合，农村学生的生活环境相对闭塞，眼界和知识面较窄，导致农村小学高年级学生依然对老师、家长保持着心理上的依赖，如果老师和家长恰恰缺少对孩子的理想教育和目标引导，那么出现这样的结果是必然的。

表 3-12 目标定向意识差异性检验表（N=878）

比较项	方差方程的 Levene 检验		均值方程的 t 检验							
	F	p	t	df	p 双侧	均值差值	标准误差值	差分的 95% 置信区间	
								下限	上限
假设方差相等	30.418	0.000	3.373	876	0.001	0.099 22	0.029 41	0.041 49	0.156 94
假设方差不相等			3.394	833.717	0.001	0.099 22	0.029 23	0.041 84	0.156 59

表 3-13 目标定向各题得分（N=878） 　　　　单位：分

题目	均值	
	城市	农村
仔细想想，在此之前你是否确定了自己的人生目标	2.68	2.56
我认为人生目标与学习有着非常重要的关系	2.87	2.80
总计	2.78	2.68

（三）农村学生内生动力不足

运用独立样本 t 检验，对内生动力维度进行差异性分析。由表 3-14 可知，农村学生和城市学生的内生动力存在差异（双侧检验 $p=0.057$），虽然差异未达显著程度（双侧检验 p 略大于 0.05），但是表 3-15 中各题的得分呈现高度一致性（农村学生的各题得分均低于城市学生），因此两表数据结合依然能够有力地说明问题，即农村学生的内生动力整体不足，比城市学生弱。

表 3-14 内生动力差异性检验表（N=878）

比较项	方差方程的 Levene 检验		均值方程的 t 检验							
	F	p	t	df	p （双侧）	均值差值	标准误差值	差分的 95% 置信区间	
								下限	上限
假设方差相等	5.914	0.015	1.909	876	0.057	0.095 95	0.050 26	0.002 71	0.194 60
假设方差不相等			1.912	875.737	0.056	0.095 95	0.050 19	0.002 56	0.194 46

表 3-15 内生动力各题得分（N=878） 　　　　单位：分

题目	均值	
	城市	农村
我遇到挫败时常会怀疑自己的能力	3.58	3.49

题目	均值	
	城市	农村
我会因为老师或家长的批评而气馁	3.76	3.69
消极情绪出现时，我可以通过合理方式排解它	3.94	3.89
我知道学习是非常有用的	4.52	4.34
即使学习是困难的，我仍要学习	4.27	4.17
总计	4.01	3.92

1. 农村学生耐挫力较弱

该维度的前三道题目实际上是对耐挫力的测试，而这三道题目农村学生的得分均比城市学生略低，虽然每道题的均分差距都未超过 0.1 分，但这背后所反映出的问题却不容忽视，那就是农村家庭教育在一定程度上存在问题。

在过去很长时间里，大众的普遍意识是农村学生比城市学生能吃苦、耐挫力强，正所谓"穷人孩子早当家"。但是近年来，一方面，大量农村劳动力进城造成留守儿童增加，因此有些农村儿童父母教育缺失，隔代教育往往会出现祖辈对孩子溺爱的问题；另一方面，虽然农村的物质生活水平不断提高，但是精神文明发展却相对滞后，造成部分农村家长对孩子怀有一种补偿心态，即"我小时候吃不饱穿不暖，我要让我的孩子吃得好穿得好"，这直接导致某些农村家长越来越溺爱孩子，忽视对他们耐挫力的培养。反观城市，在职场上拼搏的家长往往深知社会竞争的残酷与压力，因此多数人不会因为物质条件的优越而溺爱孩子，反而更加注重培养孩子的耐挫力。

2. 农村学生已经受到"新读书无用论"的侵害

在内生动力的五道题目中，城乡学生得分差距最大的是"我知道学习是非常有用的"，这除了能够说明农村学生内生动力不足外，还反映出一个严重问题：他们已经受到"新读书无用论"的侵害。对此本书将在归因分析中进行深入研究，在此不展开讨论。

从以上分析可以看出，农村学生比城市学生内生动力偏弱，究其原因，家长要承担主要责任。

（四）农村学生学习能力偏弱

运用独立样本 t 检验，对目标定向维度进行差异性分析，结果见表 3-16、表 3-17。表 3-16 显示，第 16、18、21 题，城市学生和农村学生的得分无显著差异（双侧检验 $p>0.05$），这三道题目体现的是学生的常规学习习惯，但是第 31、20、25 题却存在显著差异（双侧检验 $p<0.05$），这三道题体现的是学生的探究精神和自主性。从表 3-17 的得分我们可以看出，部分农村学生的学习能力普遍弱于城市学生，他们思维不够活跃，不愿意创新，学习方法不够灵活，欠缺主动性，甚至没有想过为自己寻找榜样以激励自己的学习。总而言之，农村学生的自我强化能力明显不足，结合上一部分描述性题目的分析结果可以看出，他们的学习方式相对刻板，偏重一味地刻苦努力，却忽视对学习方法的总结，也不善于进行自我强化、自我教育。这个情况也折射出农村教育质量的不良，教师偏重"鱼"而非授"渔"。

表 3-16　学习能力各题得分差异性检验表（ N =878）

题目		方差方程的 Levene 检验		均值方程的 t 检验						差分的 95% 置信区间	
		F	p	t	df	p 双侧	均值差值	标准误差值		下限	上限
第 16 题	假设方差相等	0.031	0.861	0.943	876.000	0.346	0.057 63	0.061 12		0.177 59	0.062 34
	假设方差不等			0.943	874.557	0.346	0.057 63	0.061 11		0.177 57	0.062 32
第 18 题	假设方差相等	2.983	0.085	0.978	876.000	0.328	0.065 00	0.067 00		0.066 00	0.196 00
	假设方差不等			0.978	875.494	0.328	0.065 00	0.066 00		0.065 00	0.196 00
第 20 题	假设方差相等	0.001	0.978	2.183	876.000	0.029	0.084 00	0.039 00		0.009 00	0.160 00
	假设方差不等			2.185	875.520	0.029	0.084 00	0.039 00		0.009 00	0.160 00
第 21 题	假设方差相等	6.678	0.010	0.253	876.000	0.801	0.019 00	0.075 00		0.128 00	0.166 00
	假设方差不等			0.253	874.130	0.800	0.019 00	0.075 00		0.128 00	0.166 00
第 25 题	假设方差相等	26.698	0.000	2.820	876.000	0.005	0.153 47	0.054 43		0.046 64	0.260 30
	假设方差不等			2.835	846.059	0.005	0.153 47	0.054 14		0.047 20	0.259 74
第 31 题	假设方差相等	1.345	0.246	3.068	876.000	0.002	0.209 00	0.068 00		0.075 00	0.342 00
	假设方差不等			3.068	874.111	0.002	0.209 00	0.068 00		0.075 00	0.342 00

表 3-17　学习能力各题得分（N=878）　　　　　单位：分

学习能力维度	题目	均值	
		城市	农村
第 16 题	上课时老师经常与我们互动	2.71	2.76
第 18 题	我在学习过程中能开动自己的脑筋	3.96	3.90
第 20 题	我会因为老师或家长的批评而气馁	1.54	1.46
第 21 题	学习中出现问题我会从多方面进行分析，总结经验	3.78	3.76
第 25 题	我会行动起来去追赶榜样，以他的标准来要求自己	3.55	3.39
第 31 题	我通过学习能够学到新知识、新技能	3.94	3.73
	总计	3.25	3.17

（五）农村学生处于弱势社会支持地位

第 32、13、17 题调查的是学生所得到的社会支持（第 32 题体现家长、第 13 题体现学校管理、第 17 题体现教师），运用独立样本进行 t 检验，并对这三道题进行差异性分析，结果见表 3-18 和表 3-19。

由表 3-18 可以看出，城市学生和农村学生从家长和学校那里得到的支持存在显著差异（p 双侧 <0.05），而来自教师的支持不存在显著差异。表 3-19 显示，农村家长对孩子学习的关心程度比城市家长低，同时农村学校对教学的重视程度也比城市学校低，这是造成农村学生内生动力不足的外部原因。

表 3-18　社会支持各题得分差异性检验表（N=878）

比较项		方差方程的 Levene 检验		均值方程的 t 检验							
		F	p	t	df	p 双侧	均值差值	标准误差值	差分的 95% 置信区间		
									下限	上限	
学校	假设方差相等	11.168	0.001	2.059	876	0.040	0.109	0.053	0.005	0.214	
	假设方差不相等			2.065	869.991	0.039	0.109	0.053	0.005	0.213	
教师	假设方差相等	0.121	0.728	0.946	876	0.344	0.048	0.050	0.147	0.051	
	假设方差不相等			0.947	875.835	0.344	0.048	0.050	0.147	0.051	
家长	假设方差相等	32.040	0.000	2.979	876	0.003	0.142	0.048	0.048	0.235	
	假设方差不相等			2.996	843.258	0.003	0.142	0.047	0.049	0.234	

表 3-19　社会支持各题得分（*N*=878）　　　　单位：分

社会支持	题目	均值	
		城市	农村
第 13 题	学校对教学很重视	3.61	3.50
第 17 题	老师对学生很有耐心	3.53	3.58
第 32 题	父母非常关心我的学习	3.63	3.49
	总计	3.59	3.52

分析上述问卷可以看出，被调查的农村学生的心智不如城市学生成熟，其内生动力也稍显不足。他们在学习方面较多依赖老师、家长，较缺乏自主性、主动性，不善于独立思考，归因方式较差；他们的学习方法还比较落后，仍停留在被动学习的层面，更为认真、努力、刻苦和注重对知识的识记，而忽视对知识的运用和对学习方法的探索；他们的耐挫力弱于城市学生，而且目标理想不够明确，也不太注重榜样的力量，学习可以改变命运的意识较为薄弱，这导致他们的内生动力比城市学生弱。

以上这些问题是由学生所处的生活环境和学习环境造成的，农村家长对学生学习的关心程度远低于城市家长，而且学校教学水平不高、教学方法陈旧也是农村学生不如城市学生"会学习"的重要原因。

三、关键性事件分析

问卷中开放式问题的内容为"请简述对你影响最大的激励（或刺激）你发奋学习的事件，以及它是怎样影响你的"。城市学生和农村学生虽然有效答题率相当，但在答题质量方面，农村学生明显较差，写"无""没有""没有目标"等的农村学生（27 人）比城市学生（16 人）多。

对有效答题情况进行汇总后，我们发现，学生所答关键性事件可分为以下四类：自身动力（实现目标理想、自己没考好、报答亲人）、负面刺激（师长批评、别人嘲笑、父母不和、父母打孩子等）、正面激励（父母鼓励、奖励、信任、关心，以及同学友谊等）、榜样影响（钟南山、霍金、周恩来、雷锋、励志书籍、励志电影），具体如表 3-20 所示。

表 3-20　关键性事件答题情况分析（N=878）

类别	典例	人数/人	
		城市	农村
自身动力	实现目标理想	36	39
	自己没考好	10	13
	报答亲人	10	11
正面激励	父母鼓励、奖励、信任、关心，以及同学友谊等	47	40
负面刺激	师长批评、别人嘲笑、父母不和、父母打孩子等	11	18
榜样影响	钟南山、霍金、周恩来、雷锋、励志书籍、励志电影	27	12
	总计	141	133

影响城市学生和农村学生学习动力的关键性事件来源有所不同，对比分析可以发现有以下几个问题。

（一）农村学生知识面较狭窄

表 3-20 中，选择榜样影响的城市学生 27 人，而农村学生只有 12 人，差距较大。其中，城市学生写的榜样有钟南山、霍金等，而这些人在农村学生给出的答案中却未被提到，农村学生写的榜样只有周恩来及雷锋。另外，看励志书籍的城市学生也比农村学生多，一些城市学生通过看励志电影来激励自己，而农村学生却未提到。这在一定程度上可以看出，农村学生知识更新速度较慢，知识面较为狭窄。

（二）农村学生的社会支持度较低

城市学生受到的正面激励源多于农村学生，而农村学生受到的负面刺激源多于城市学生，尤其是两者的家庭环境存在较大差距，甚至有的农村学生直接写"父母文化低，不能给我辅导""生活艰难"等，而且农村学生写到父母打孩子的频次高达 8 人，而城市学生只有 2 人。

（三）农村学生的抱负水平较低

虽然从数量上看，农村学生的自身动力并不差，但是我们通过研究具体内容会发现，农村学生的抱负水平较低。城市学生的答题内容中，有的写"长大以后想建希望小学",还有的写"外国天天欺负我们,我们一定要超越他们""通过学习钟南山爷爷的事迹,我立志将来要成为一名科学家",等等,这些农村学生都未提及。

（四）农村学生缺乏自信

在本题所有答题内容中,农村学生中提到"笨"的有4人,其中"老师说我笨"1人,"觉得自己笨"3人。而城市学生中没有一例提及觉得自己笨,有1人提到别人说自己笨。另外,对于外界的质疑,城市学生和农村学生的反应是截然相反的。比如,城市学生写道,"上学时别人说我笨,但我用自己的努力打了他们的脸",但是农村学生写的却是"别人说我笨的时候,我会怀疑自己是不是很笨""我太笨了,别的小朋友不太笨"等。

第三节　农村学生心智模式及内生动力较差的原因分析

一、社会层面

（一）农村文化资本匮乏

制度化文化资本在现实生活中可具体表现为父母的学历水平。在农村小学有部分留守儿童,农村留守家庭一般是由祖孙两代人组成,祖辈多为年迈力衰、知识贫乏、教育观念落后的老人。因此,他们在对孙辈的教育明显有心无力,只能尽最大可能保证孙辈的人身安全。农村老人是占有制度化文化资本最少的群体,在他们生活的年代,由于种种原因,他们受教育程度不高,因此他们的制度化文化资本较差。再加上农村学生父母的缺位,整个家庭文化传承受到阻碍,这也直接影响着留守儿童的发展。制度化文化资本薄弱还表现在农村小学教师身上。有些农村小学的教师是从民办教师和代课教师转变而来的,学历普遍不高,但年龄偏大,他们较少接受正规培训、继续深造的机会也较少,所以部分教师的制度化文化资本的占有量也不高。这种状况不利于教师知识水平的提高,也不能满足学生的求知欲望,很容易使教师自己和学生同社会不断更新的知识系统脱节。

（二）农村教育投入不够

1. 财政经费

在国家财政投入方面，有些地区农村中小学公用经费不足。按规定，学生缴纳的杂费应全额用于公用经费支出，不足部分由县级财政预算安排。但在一些经济欠发达地区，不仅财政预算内基本没有安排公用经费，连杂费收入也常被用于发放教育津贴、补贴和改造危房、偿还债务等，导致一些农村中小学无法正常运转。一些农村学校危房改造中，所发放的专项补助不够，资金缺口较大，且没有稳定的来源。另外，我国建立"以县为主"的农村义务教育管理体制后，基本确保了中小学教师工资按照国家规定的标准按时足额发放，但在某些地区仍然存在拖欠教师津贴、补贴的现象，加之"普及九年义务教育"欠债严重，造成地方政府和学校的负担沉重。欠债问题已经影响到某些学校的正常运转，个别地方甚至出现债主封校门、校长被打等现象。因此，国家和各级财政部门应保证农村地区的教育资金投入，为农村学校的教育发展提供资金支持。

2. 师资力量

一些农村学校存在师资老化、优秀师资严重不足，特别是缺乏艺术课、信息技术课等课程教师。一些师范毕业生和优秀教师不愿到农村任教，即使一些在农村任教的教师，也想方设法调到条件更好的城市学校。农村学校存在人才进不来、流失率高、结构老化等问题。分析原因，除了编制限制外，根本原因在于农村教师待遇低和生活工作条件差。部分农村学校位于偏远地区，交通条件差，生活出行非常不方便。除了上述原因，农村教师在评职晋级方面的机会也比城市教师少得多。有些农村教师工作负担较重，尤其是村小，多数是教师包班教学，甚至出现一名教师教多个年级课程的现象。近几年，随着国家推进义务教育均衡发展的不断深入，农村在师资力量上得到加强，基本上能够满足正常的教学需要，但师资水平与城市学校相比仍有较大差距。农村学校的一些优秀教师经常向城市学校流动，使得农村学校教师以参加工作时间不长的新教师和年龄较大的教师为主，导致农村学校整体教学水平低，农村学生心智模式的成长也受到限制。

3. 教学设施

改善教学设施能够有效促进学生的学习与个体发展，然而在一些农村学校中，由于经费不足，不能引进先进的教学设备用于学校建设，使得学生学习环境较城市学生差。农村小学学生通常不多，学校基础设施也不太完善。在当前对于农村学校的经费投入当中，只有少数学校有能力拿出一定的经费去提升校园基础设施，大多数学校的日常教学设施得不到保障。随着我国经济的飞速发展，我们身处信息时代，进行信息化教育也是对学生未来踏入社会的有力支持。如果班级之中配有投影教学设备，学生就能够看到更多与学习相关的信息，能够大幅度提高教学效率，但是一些农村学校缺乏此类先进的教学设备，在调研中发现，有的地区甚至没有完整的学习体系的书籍。在某些农村学校，教学设施较为贫乏，如缺乏图书馆、阅读室、实验室、微机室等，甚至有的学校连计算机、操场都没有。一些学校的体育课形同虚设，还有一些学校没有音乐老师和美术老师，学生学习内容较为单一，学习资源匮乏。没有优质的教学人才和配套的教学设备，就难以对学生进行有效培养，整体教学设施贫乏、落后容易造成农村学生的整体发展落后于城市学生。

（三）新读书无用论有所抬头

新读书无用论盛行于近几年，之所以加上"新"字，主要为了区别前些年流行的读书无用论，由于社会的转型变革，教育的社会分层功能逐渐弱化，出现很多新的情况，人们习惯把发生在 21 世纪初的读书无用论思潮称为新读书无用论。新读书无用论不是对知识本身的否定，而是对读书所带来的收益持否定态度，过高的教育支出与教育回报率低之间的矛盾较为突出。新读书无用论的出现是有多方面原因的，具体如下。

1. 大学毕业生就业压力大

受我国现阶段的经济与社会发展水平的限制，由于社会的转型变革，教育的社会分层功能逐渐弱化，在社会上形成了"读书无用论"的现象，这一社会现象是造成农村小学生学习动力不足的重要因素。小学生由于年龄较小，因此在许多问题上思考得不成熟，对社会的认识也会存在一些偏差，小学生往往不能像成年人那样思考问题，其思维能力、对事物的看法和对社会的认识都还不成熟。随着科技的进步，机械化程度的逐渐提高，社会分工日渐合理化，社会出现部分剩余劳动力，特别是近年来出现大学生就业难的现象，使得部分学生产生"读书不如不读书""文化层次高的不如文化程度低"的"知识贬值"的错误认识，这些现象在很大程度上造成他们学习动力的不足。

2. 就业机会不公平

就业机会不公平体现在城乡家庭间的不平衡。大学生主要在城市就业，而大学基本地处城市，城市学生在就业机会上往往有天然的优越性。城乡之间的劳动力市场分割依然存在，两者流动机会不平等，农村流动人口与城市居民共同的劳动力市场并未完全形成。现实中还存在部分城市对城市居民就业和再就业的特殊优惠政策，造成竞争环境的行政干预和事实上的不平等就业，这是一种变相的和更为隐蔽地保护本地居民就业和排斥外来劳动力的间接性雇佣不公。但是传统教育并不能改变这种城乡之间存在的不平等，有些农村学生家长把"能识文断字就行""金钱至上"的思想灌输给自己的孩子，孩子的学习欲望降低，从而导致农村学生学习内生动力较低。党的二十大报告明确提出"实施就业优先战略"，并把促进高质量充分就业作为就业工作的重中之重，强调要"统筹城乡就业政策体系，破除妨碍劳动力、人才流动的体制和政策弊端，消除影响平等就业的不合理限制和就业歧视，使人人都有通过勤奋劳动实现自身发展的机会"①。

3. 就业薪资收益过低

学生读书的主要目的之一是毕业后找到合适的工作，但是很多学生毕业后到大城市发展，有些学生实习期工资低，不足以负担自己的日常开支，有些学

① 习近平. 高举中国特色社会主义伟大旗帜 为全面建设社会主义现代化国家而团结奋斗——在中国共产党第二十次全国代表大会上的报告. 北京：人民出版社，2022：47.

生甚至无法在大城市自足，更有甚者会身兼多职以维持自己的生活。然而部分城市学生有舒适的住所、家人的关心，更有亲戚朋友的关系网，这些都是农村学生所不能比的。近几年来，家长对于孩子的教育越来越重视，多数家长希望在孩子学成步入社会之后能够得到更好的经济收入，然而很多时候事实却是残酷的，不少大学生步入社会后，并不能够给家庭带来利益，有些学生还要找家里人要钱来维持自己的生活。大学生越来越多，就业压力也越来越大，工作收入未达到预期，一些消极思想随之出现，因此农村学生学习内生动力水平较低。

4. 读书不是唯一的出路

接受教育不管是对于国家来说还是对于个人来说都是非常重要的，然而随着社会的发展，工作方式变得更加多元化，很多没有很高知识文化水平的人能在社会发展的潮流中找到合适的机会来发家致富，反观一些有学识的人却挣钱不多，这难免让一些人产生消极想法，甚至认为读书是没有大作为的，因此，新读书无用论产生。当今社会，很多人喜欢去发展自己的兴趣爱好，如一部分人会利用自己的兴趣爱好去做直播视频等；有些人凭借自己的手艺就可以提高生活水平；还有一些人一切向钱看，却不注重提高自己的文化素养。有些农村家庭由于经济条件较差，需要年长的孩子工作赚钱贴补家用，甚至孩子初中未毕业就开始外出工作，在工作的过程中，他们学到一些生存技能，也发展了自己的人脉，在这种情况下，一些人就认为，与其在学校学习，不如早日进入社会。新读书无用论在口耳相传过程中，使得一些农村学生学习内生动力不足。

二、学校层面

（一）传统的教育思想在农村根深蒂固

1. 传统思想观念盛行

我国传统教育的主流思想更加看重学习的责任，甚至认为真正意义上的学习是痛苦的。在这种教育思想的影响下，学生认为学习就是为了达到父母和老师的要求，也是为了承担起自己作为一名学生应该承担的责任，在这种压力下，学习过程就变成非常痛苦，长此以往，学生学习也渐渐地依赖外部学习动机，有压力的时候学习，没有压力的时候便会松懈下来。四川师范大学教育科学学院的游永恒[①]进行的学生学习动机的研究发现，随着学生年龄的增长，学生的内部动机呈现逐步减弱的倾向，他们对学习的兴趣越来越低，厌学的情绪却日渐增强。造成学生学习动机随着年龄增长减弱的原因是越来越重的课业负担以及越来越多的考试，在这种一考定终身的应试教育模式下，学生学习的主要目的是在考试中取得好成绩，不辜负老师和父母的希望。

2. 以旧"三中心"思想为主导

在旧"三中心"（教师、教材、课堂）思想的指导下，教师居于主导地位，课堂上强调知识的单向传授，方式也是灌输式教育，学生只能被动学习；旧"三中心"强调教师、教材的重要性，而忽略了学生的实际需要；旧"三中心"把教师的"教"作为手段，注重学习的形式，而且老师教多少，学生学多少，致使学生沦为学习的机器；在旧"三中心"思想指导下，学校安排课程和组织教学大多根据教师的讲课进度，较少考虑学生的实际学习需要，导致学生学习动力不足。

3. 教师观念落后

旧"三中心"教育思想之所以在农村如此根深蒂固，很大一部分原因在于教育者的年龄结构不合理。农村教师年龄普遍偏大，年轻教师由于编制、物质、环境设施等原因不太愿意前往农村学校任教，导致农村教师出现断层现象，特别是小学教师队伍良莠不齐。当今社会，知识更新迅速，农村老龄教师往往凭借经验进行教学，并且认为年轻教师缺少教学经验，培养不出好学生。对于新时代的教育方式，他们往往存在抵触情绪。另外，由于旧的教育体制存在问题，一些学历较低的教育者对于新时代的文化知识学习兴趣不高，他们在教育学生时喜欢采取"忆苦思甜""严师出高徒"的教育方式。再加上农村设施设备不完善，教师接触到最新书籍的机会少，所以自身能力的提高较为缓

---

① 游永恒. 论学生学习动机的功利化倾向. 四川师范大学学报（社会科学版），2003（2）：59-62.

慢，导致其学生的心智模式发展较慢、水平较低。

（二）农村地区教学水平低，课程设计和教材设计缺乏吸引力

1. 教学水平有限

教师教学水平不高，讲课缺乏吸引力，使学生学习兴趣不高。毋庸置疑，随着我国教育改革的不断深入推进，教育教学水平得到了较大幅度的提高，但仍有部分教师由于自身因素，思想素质和教育教学水平不高。这些教师在教学过程中往往无法有效激发学生的学习兴趣，导致学生的学习动力不足。

2. 课程结构和教材设计缺乏吸引力

学生内部学习动机不足还与课程设计和教材设计密切相关。农村学校现在突出的问题是课程结构不够合理，真正根据学生个人发展的需要而设置选修课程的学校还太少，学生很少有自己的发展空间。这样，他们在学习上很难找到自己的兴奋点。由于教材难度不断加大，一些学生在学习过程中饱受挫折，他们的学习兴趣和成就动机往往受到一次次打击，在这种情况下，其内在动机不断减弱甚至可能消失。课程设计及相关的教材设计在很大程度上影响到学生主动性的发挥，加上课程内容难度大、考试要求高，就只好由教师采取直接灌输的方法进行教学。一些学生的学习动机越来越多地受到外部压力的影响，缺乏"我要学"的内在追求。另外，一些农村教师在授课方式上比较落后，不能够带给学生新的想法和思路，所以学生在课堂上容易出现注意力不集中、无精打采的情况。

3. 理论与实践脱节

理论和实践往往是相辅相成的，两者结合，可以设计出更加吸引人、更能够符合当前时代教育方式的课程与教材，此类课程只有与教育实践相互依托、相互配合才能达到预期效果。由于农村建设性不足，很多时候理论知识难以在实践中得到应用。近些年，国家教育事业发展迅速，国家给予优秀教育实践者相应的奖励，教育理论工作者不断增多，研究成果丰硕，但是在这些理论成果中，对农村教学理论的研究相对较少，并且研究者所构造的概念性科学、逻辑

大多是自我理解的，并非从教学实践中得出，这种理论研究往往解决不了实际问题，所发表文章和所出版教材中关于课程的设计是与实践脱离的，根本无法得到实际应用。许多教材缺乏针对农村教学的课程设计，多是照搬几年前的城市教材，导致农村教学活动的理论和实践难以统一。

（三）农村地区教育教学评价方式单一

1. 评价方式单一

以分数为核心的评价方式存在两个突出问题。第一个问题是，从横向来看，学生可展示其才能的领域太少。这种评价方式对品德、学生的个性及创造性关注较少，使得一些学生认为分数就是一切，其余都是次要的。第二个问题是，从纵向来看，这种评价方式会让大部分学生成为"失败者"。这种模式下，名次在前几名的学生才是学习的成功者，而排名中下等的学生则是学习的失败者，这样必然会让部分学生产生挫败感，从而失去学习的积极性。可见，这种单一的评价模式大大降低了学生学习的成就感，在学习压力逐渐增大的同时，内部学习动机逐渐减弱就成了一种必然的现象。

2. 缺少过程性评价及课外评价

评价也是为了把学生引向更好的教育方向，保证学生有良好的学习习惯，且具有较好的综合素养。对于学生的评价除了结果性评价还有课堂上的过程性评价，"过程"是相对于"结果"而言的，过程性评价是对学生的学习情况进行判断，找到其学习过程中存在的问题，如学生是否认真做了课堂笔记等，对老师所教授的内容是否有足够的兴趣，等等。另外，过程性评价还可以是将学生过去的学习情况与现在的学习情况进行比较，实时关注学生的进步情况，对学生个体进行比较，从而获得其全面的学习情况。

课外评价，即学生在完成课堂学习后在课下对学习是否持积极的态度。现如今评价方式多种多样，然而一些农村教师只在乎自己的课上得怎么样，学生是不是听话，成绩是不是够好，以至于学生往往只在意成绩。一些农村教师很少进行家访，即使进行家访，面对学生家长时也多是对学生提出批评。课外评价应着重分析学生的学习情况和存在的问题，教师应建议家长与学校配合，使学生更加乐观积极地去学习，这样的学习才能更加高效。另外，学生参加课外活动，如获得某项竞赛大奖等，也可列入学生评价中。

农村教育中，过程性评价及课外评价还存在较多问题，因此应加强这两种评价，同时，丰富多样的、有针对性的评价比农村传统的单一性评价更加有效。

3. 师生情感交流少

近年来，国家越来越重视教育，尤其注意对人才的培养，在这种情况下，教育主管部门、学校等对教学质量也愈发重视。农村学校中，一些老师为了提高升学率和学习成绩，想尽办法逼迫学生学习，导致部分学生认为读书是为了满足老师的要求。某些教师缺乏对学生的循循善诱、耐心指导；缺乏对学生进行思想疏导，也不会关注学生人生理想、正确价值观的树立；缺乏对学生情感的关注，师生之间的情感交流通常较少。这样容易让部分学生产生逆反心理，认为学习是为了满足老师的要求，从而导致学生学习的内生动力减弱。

三、家庭层面

（一）一些农村家长认为读书无用

在部分农村地区，"重男轻女""父母在，不远游""子承父业"等封建思想仍然根深蒂固。一些家长不太重视对子女的教育，即使子女具有继续深造的潜力且家庭经济较为富足，他们也倾向于让子女进城务工，甚至有些农村家庭无法认识到学习对改变家庭命运的重要性。这些农村家长对子女教育不够重视主要表现在，从小没有对孩子给予正确的价值引导。这些家长平时放纵孩子，对孩子的学习也不过问，顺其自然，认为孩子能上到哪儿就上到哪儿，导致孩子对上学没有兴趣，更谈不上树立远大的学习目标。另外，受家庭环境的影响，一些农村家长外出打工或者离异，造成留守的单亲儿童增多。这些孩子由于长时间脱离父母的陪伴和教育，通常与爷爷奶奶或其他亲属生活，缺乏有效的管教，容易出现心理问题，进而导致部分孩子厌学甚至辍学。

（二）农村部分家长受教育水平偏低

1. 无力辅导学生

目前，我国农村部分家长文化水平较低，教育孩子的方法简单粗暴，缺乏家庭教育方面的基本知识，无力对孩子进行辅导，甚至有的家长缺乏对家庭教育的重要性的认识，对孩子的教育无心过问；有的家长对子女溺爱，出现了照顾过度、期望值过高等情况。这些都是造成部分学生出现心理问题的重要原因，导致我国农村学生的心智模式没有城市学生成熟。有的家长外出打工，留守子女长时间与父母分离，得不到他们的关爱，更无从谈及家长对孩子的辅导。

2. 缺少科学的教育方式

每个孩子的性格特点不一样，智力水平也不同，爱好也存在差异，然而在某些农村家庭中，家长常说的一句话就是"为什么别人家的孩子都那么优秀"。有的父母不关注孩子的思想动态，认为"不打不成才""棍棒底下出孝子"。或许这类教育方法让孩子暂时顺从，在短时间内虽然有效，但家长的无知却给孩子留下了难以磨灭的伤痕，造成孩子心理不平衡，没有安全感。有的家长却对孩子采取放任自流的态度。有些农村家长常年在外打拼，只管孩子的吃穿住行，对孩子的学习置若罔闻。有的农村家长不管辅导资料的好坏，只管统统买回来让孩子学习，却缺乏对孩子学习的监督。一些家长甚至无法为孩子提供最基本的学习环境。这些都导致学生学习的内生动力日益减弱。

3. 过多干涉学生

随着社会竞争日益激烈，一些农村家长或多或少地认识到知识的重要性，所以能够做到对子女的学习进行监督，却忽视了对子女的情感关怀和道德品质方面的教育。某些家长认为孩子只有学习好，才有好的出路、好的前途。然而作为小学生，他们无论是在身体上还是在心理上都还比较脆弱，如果家长只是一味地督促孩子学习而忽略孩子的情感需求，孩子的心理压力往往就会比较大，容易使孩子产生厌学情绪，从而失去学习的动力。

（三）家庭条件限制阻碍学生发展

1. 学生缺乏陪伴

在农村，有些青壮年到城市务工，因此便出现了一些留守儿童。由于这些留守儿童在缺乏父爱母爱的环境中成长，长期情感缺失和心理失衡容易导致留守儿童心理不能健康发展，如出现厌世自闭、逆反、空虚、焦虑、偏激、胆怯等心理健康问题，进而造成他们学习内生动力的不足。这种情况在农村小学生群体中占有较大比例。这类孩子在生活学习中往往缺乏热情和爱心，逆反心理重，进取心、上进心不强，道德品行较差，常伴有违规、违纪甚至违法的情况。面对生活和学习中的问题与困难，他们不像其他孩子那样有父母的指导，而只能依靠自己解决。由于他们出现了某种心理健康问题，因此他们学习的内生动力严重不足。

2. 农村家庭人口普遍较多

有些农村家长受教育程度较低，他们意识不到学习对生产生活乃至子女一生的重要意义，因此农村学生辍学现象屡见不鲜。当然还有其他一些原因导致学生辍学，如因兄弟姐妹多而经济困难、重男轻女等，且这些因素都与家庭经济息息相关。由于在农村，生儿育女的成本低以及"多子多福"思想观念的存在，很多家庭里会有两个孩子甚至更多。在一个家庭之中，孩子数量多，如果财力和耐心有限，家长在照顾孩子的时候肯定就会出现照顾不周的情况。又因为有的农村家长在外打拼，他们把孩子都交给爷爷奶奶或者其他长辈照顾，孩子得不到应有的来自父母的关爱，在学习和生活上有些时候得不到家人的支持，有的孩子逐渐养成小心谨慎的性格，在日常生活中表现得较为自卑，心智成长与城市学生有较大差距。

四、个人层面

（一）部分农村学生的不良心理因素

1. 以偏概全，认知出现偏差

目前，很多学生看待问题喜欢从自己的角度出发，由于认知的有限性，他们往往看到的只是自己想看到的，而其他的很多信息则被过滤掉了。这就容易导致很多学生看问题的时候以偏概全，过分夸大或者缩小事实，甚至稍有瑕疵便会认为是糟糕至极，他们习惯用贴标签的方式来认知人或事，在学习上和生活中只能看到自己或者自己小团体的利益，一旦遇到困难或者挫折，情绪就会产生较大的波动，不能以正确的心态去面对自己遇到的各种事情。这种现象在农村学生的身上表现得比较明显，因为部分农村学生较少接触认知方面的知识，也较少受到关注，认知偏差在一定程度上会降低他们学习的内生动力。

2. 抗挫能力弱，易自暴自弃

有些农村学生的心理素质较差，他们怕苦怕累，耐挫能力较弱，一旦遇到困难就容易灰心丧气、萎靡不振，缺乏坚忍不拔的意志，在情绪上不能很好地控制自己。例如，部分学生一旦因考试成绩不理想而被老师或家长批评，就会认为自己学习能力差，认为自己一无是处，从而失去对学习的信心，不愿意继续努力学习，也更害怕在学习上再遇到困难和挫折。因此，这些学生在学习上容易自暴自弃，抱着得过且过的心态度日。抗挫能力对学生的学习态度和学习动机都会产生较大的影响。抗挫能力强的学生会越挫越勇；反之，抗挫能力弱的学生就会逃避，从而失去学习的动力。

3. 学习心理障碍的影响

部分农村学生缺乏学习的动力，并不是因为他们没有学习的兴趣，也不是因为他们害怕在学习中吃苦受挫，而是相对于城市学生来说，他们容易产生某种学习心理障碍，从而影响学习成绩，降低学习动力。这些学习心理障碍主要有三种类型：一是语言接收和表达方面的学习障碍；二是阅读和书写方面的学习障碍；三是数学方面的学习障碍。这些学习心理障碍会影响他们的成绩和自信心，进而影响他们的学习动力。

（二）部分农村学生缺乏合理的目标、计划

1. 目标模糊

高尔基认为，一个人追求的目标越高，其才能就发展越快，对社会就越有

益。①目标是激发人的积极性、产生自觉行为的动力。学生时期处于憧憬未来的最佳时期，但是很多学生的学习目标和生活目标都是模糊的，缺乏长远、清晰的规划。一些学生在学习过程中没有设立近期目标和长远目标，对学习没有兴趣，不知道自己到底是为了什么学习，或者有了目标，也没有迫切地希望通过自己的努力去实现它，学习只是为了应付家长和老师。如果缺乏目标或目标定位不合理，就很难激发学生的上进心，因为没有目标就缺乏行动动力，目标定位不合理，学生就会认为即使努力了，也无法实现目标，从而失去奋斗的动力。这种情况在部分农村学生身上体现得较为明显，因为他们接触的世界比较狭小，他们往往缺乏探索的欲望和好奇心，觉得自己即使努力了也和周围的人差别不大，所以不愿意去畅想未来，更不愿意去为了目标而努力学习。

2. 缺乏计划性

虽然确定了比较合理的目标，如果缺乏行动规划，学习也会缺乏动力，会使部分学生在学习和生活中缺乏信心和内驱力。一些农村学生虽然有目标，但是不擅长制订学习计划，且很难得到他人科学的指导，这就在一定程度上减弱了他们实现目标的动力。缺乏有效的学习计划会降低学生学习的效率，影响其学习效果，进而对其心理产生不良影响。

3. 目标功利化

近些年，受西方国家某些不良价值观念的冲击，有些学生的价值取向趋向功利化。在农村，尤其是偏远农村地区，一些学生对物质的追求较为急切，因此往往把追求名利当作自己的目标，甚至有的想一步登天，这种功利化的学习目标和态度会严重影响他们的健康成长。一旦在学习中遭遇失败，这些学生很容易丧失信心。这种功利化的学习目标虽然可能在一定时间、一定程度上能够增强学生学习的动力，但这种动力持续性不强。

（三）部分农村学生学习方法欠缺，归因方式不当

1. 缺乏科学的学习方法

众所周知，做什么事情都要有科学合理的方法才能做到事半功倍，尤其是

---

① 转引自惠兰."浸悟·灵悦"：成长教师 成就学生. 基础教育参考，2014（4）：47-48.

在学生学习过程中，科学合理的学习方法会让学生更好、更快地掌握所学知识，一种好的学习方法会大大提升学生的学习效率，甚至会达到事半功倍的效果。而从目前的现状来看，一部分农村学生仍在盲目地学习，他们没有认识到科学合理的学习方法的重要性，以至于他们付出的努力很难收到相同的回报，如果学习没有成就感，他们就会渐渐丧失信心。这在一定程度上也会影响农村学生学习的内生动力。

2. 归因方式不当

韦纳认为，人的个性差异和成败经验等影响着个体的归因；人对前次成就的归因将会影响到他对下一次成就行为的期望、情绪和努力程度等；期望、情绪等对个体行为有很大的影响。[①]学生学习的动力在一定程度上受其归因方式的影响，如果一名学生把考试的失败归结为外在因素，如运气不佳、任务难度大等，那么他们会对下次的行动产生成功的期望；反之，如果他们把自己的失败归结为自己的能力不足，那么他们就会认为自己下次还会失败，因为能力差是很难改变的。因此，相较于城市学生，一些农村学生往往比较自卑，认为自己能力不强，这种不当的归因方式降低了他们对学习成功的期望。

3. 自控力差

有些农村学生缺乏良好的生活和学习环境，他们容易受周围环境的影响，较难抵制外在的诱惑。由于某些外在因素的影响，有些农村学生的自控力较差，他们缺乏合理的规则意识，甚至有些学生经常是三天打鱼两天晒网，很难形成长久的动力。斯坦福大学关于"棉花糖实验"的研究结果显示，并不是所有智商高的孩子都能达到预期目标，自控力在此过程中起着重要作用。[②]自控力是一个人心理成熟程度的体现。如果一个人自控力差，那么他往往也不会形成好的学习习惯，因此自控力对学习有很大的影响。

---

① Weiner B. An attributional theory of achievement motivation and emotion. Psychological Review，1985，92（4）：548-572.

② 转引自方兆玉. 棉花糖实验 自控力强更能通向成功. 上海教育，2017（14）：27.

第四节　改善农村学生心智模式及内生动力的措施

一、社会层面

（一）政府要加大对农村基础文化设施的投入力度

科学技术的快速发展促使生产自动化程度逐渐提高，进而呈现出逐渐代替人力劳动的趋势，这种情况在农业生产中体现得较为明显。科技的发展使农民的经济生活水平有了较大幅度的提升，他们拥有了更多的空闲时间，但是农村文化建设还有待进一步提升，以便能够与经济发展相匹配。受文化体制不健全、文化基础设施较为薄弱、对农村文化骨干缺乏有力培训等因素的影响，我国部分农村地区文化资本还是相对匮乏的。

心智模式是个体内心对于自我、他人、集体及客观世界各个层面的体认与表征，能够影响个体描述、解释和预测外在事物的方式，因此具有不稳定性。心智模式是在与外界环境或刺激物的交互作用中所产生的内部表征，随外部事物的变化而改变，处于动态变化的状态。因此，重视农村基础文化建设，为农村学生营造良好的文化氛围，将对农村学生心智的建立和发展产生潜移默化的影响，同时，政府也要充分结合农村自身特色背景，发挥农村社会独特的优势，构建具有乡土文化特点的教育模式。

政府要加大对农村文化设施的投入，在基础文化设施方面满足人们的需求。目前，农村地区文化资本匮乏的原因主要还是经济比较落后，因此，要增加农村的文化资本，首先就要提高农村地区的经济水平。经济资本是文化资本的基础，并且可以转化为文化资本。政府应进一步推动农村经济的发展，因为只有经济水平有所提高，农村居民才会有更多的时间和精力提升自身的文化水平。其次，政府还可以通过一些具体的措施增加农村地区的文化资本。例如，在农村建设文化广场，并配备相应的器材，为生活在农村的人们提供进行文化活动和文化交流的场所。有些地区可以根据自身的特色，发展能够凸显农村特色的文化活动，因地制宜地开发旅游资源。最后，可以在农村定期举办讲座，邀请专家向人们普及教育方面的知识，加深人们对教育的认识。这些具体措施要根据当地的实际状况而定，以最大限度地增加农村文化资本。对于农村学生来说，我们要注重丰富农村学生的课余生活，建设公共图书馆及自助图书馆，以帮助学生拓宽知识面，这样做也有利于增加农村的文化资本。

（二）政府要加大对农村学校教育的投入力度

加强农村教育是促进农村建设的关键环节。但是目前，农村学校却面临着一些问题，如出现了学生人数减少、办学条件落后、农村教师流失等问题，这也是长期阻碍农村学校教育发展的问题。农村学校的设施设备等是农村教育发展的基础和前提，如果学习和生活环境较差，那么会对农村学生的心智及内生动力的发展产生消极影响。因此，国家要采取措施加强农村学校建设，以便为学生的学习和生活提供更好的环境。

首先，政府要加大对农村学校基础建设的投入力度。虽然政府近年来出台了一系列政策，强调要将资源向农村地区和西部偏远地区倾斜，但从整体上看，对农村学校基础建设的投入力度仍然不够。因此，政府应建立专项基金来支持农村教育事业的发展，以实现农村小规模学校的有效运作，[①]同时，政府要健全基础教育管理体制，地方政府应根据当地的实际情况保证本地区各个学校的教育经费足额到位，并且要设置严格的检查管理制度，保证经费投入和使用的公开透明，使教育经费真正用到学校的建设和维护上、用到每个学生身上。加大教育投资是提高农村教育水平的最直接、最有效也是最基本的做法。其次，从更加宏观的角度来看，政府要加大对现代教育理念、思想、理论、模式及方法等隐性教育资源在农村的传播力度，具体可以从两个方面入手：其一，增强农村教育的信息化和现代化，通过信息化建设，帮助农村教师树立正确的、先进的教学理念，使教师在掌握信息化技能及提高信息化素养的过程中，汲取更多的现代教育思想、理念、方法。其二，搭建教学交流平台，加强

---

① 李跃雪，邬志辉. 城镇化背景下乡村教育发展策略：国际经验与启示. 比较教育研究，2016（3）：15-19，25.

城乡教师之间的沟通和交流，以培养推动乡村振兴发展的优秀人才。①

（三）改善农村学校的师资状况

在新时代背景下，优秀的农村教师队伍对于弘扬农村文化、培养人才、振兴农村起着至关重要的作用。首先，农村有属于自己独特的自然环境、历史与文化生态。当前学界都倡导城乡一体化，但需要明确的是，城乡一体化不是完全抛弃农村文化，使农村全盘接受城市文化，而是要加强城乡之间的互动，利用城市的优秀教育资源来带动农村教育事业的发展，走以城带乡的乡村教育振兴之路，为农村学生提供适合其自身发展需要的优质教育，建设能够凸显自身特色的乡村教育。其次，农村教师在学生心智的健全和内生动力的培养过程中发挥着不可替代的作用。教师在教学过程中可以通过合理的引导，帮助学生建立对于自我、他人、集体以及客观世界等层面的体认与表征，以形成独特的心智模式。同时，具有良好师德和高素质的教师能够在教学及生活中给学生以启发，为学生树立良好的榜样，激发学生的内生动力。

当前，在乡村振兴的背景下，农村教师面临着乡村学校建设与乡村社会建设的双重需求，因此他们肩负着重要的任务，而乡村教师职前培养阶段却呈现无根性、同质化水平高与技能弱等倾向，需要政府相关部门以教学质量为核心，从职业伦理、教学环节与师生发展三个维度完善教学标准，通过加强制度建设、强化师资培训、营造宽松环境等措施，保障教学活动有序实施，并促进卓越农村教师的培养。为了建设稳定、高素质的教师队伍以及提高农村教师的专业素养和教学技能，地方政府可以针对本地区的特点，对当地教师进行有区别的专业培训。同时，我国应建构全过程定向的师资培养体系，让优秀师范毕业生回到他们的家乡从事教书育人工作。此外，我国还应建立健全乡村教师终身培养机制，以便让农村教师能够为农村教育事业的发展持续发力。我国也应建立更加合理的教师激励机制，充分调动农村教师的工作积极性，激发农村教师想要自我提升的动力。农村教育与城市教育存在诸多差异，因此应给予农村

---

① 陈俊. 乡村振兴战略下农村教育发展现状及应对策略探究. 山东农业工程学院学报，2021（6）：90-94.

教育更大的选择权，使其根据自身的教育现状进行合理调整，做到国家、地方和学校的三级管理。农村学校应鼓励教师开发校本课程，既可以为教师能力的进一步提升提供机会，也可以使农村学校教育更加适合学生的身心发展特点。农村学校还要变革只看分数的评价机制，在当前素质教育理念的引领下，要更加注重学生的全面发展。

（四）防止读书无用论在农村蔓延

在某些地区，老一辈的农村人心中读书无用论的观念一直存在，同时也由于近几年自媒体行业的兴起与火爆，很多知识水平较低的人通过从事自媒体工作获得名利，使得这一风气在社会中再次传播开来。老一辈人经历了生活的困苦，把物质作为人生的追求，而忽视了教育所带来的长远利益。父母受教育程度越低，往往就愈发不重视对子女的教育，加之父母本身也无法为子女提供学习上的帮助，因此读书无用论很容易传递给下一代。甚至个别家长拒绝为下一代的求学之路提供资金及其他物质上的帮助，甚至强制其子女辍学打工以补贴家用。陈超凡等研究发现，家庭收益对土地的依赖程度越高，越认同读书无用论；相反，家庭生活条件越好、收入越高的家庭越认为读书有用。[1]在这种情况下，便出现了贫困代际传递的现象。此外，高校的扩招以及当前社会存在重视文凭的现象，造成毕业大学生的数量增多，那些没有机会上名校的农村学生在毕业后依然面临着严峻的就业压力，甚至会在求职过程中遭受某些不公平待遇，从而加剧了"读书无用论"和"上学不如打工挣钱"的不良风气的蔓延，严重影响农村教育事业的发展。[2]虽然普及义务教育、保障青少年的受教育权能够在很大程度上提高农村青少年的认知水平和思维能力。在文化氛围相对薄弱的农村地区，某些青少年存在主观能动性不强的情况。青少年的心智发展具有不稳定性，会随外部事物的变化而改变，且容易受到外界环境的影响。因此，防止读书无用论在农村蔓延，能够在一定程度上推动农村青少年心智健康发展。

---

① 陈超凡，岳薇，汤学黎. 教育信息化与乡村贫困文化消解. 中国电化教育，2021（6）：75-82.
② 陈超凡，岳薇，汤学黎. 教育信息化与乡村贫困文化消解. 中国电化教育，2021（6）：75-82.

　　首先，建议政府适当降低各级教育的成本，特别是要控制高等教育的费用，要让家长能够支付得起学生的教育费用。因此，在基础教育阶段，政府应尽量向学生提供扶助政策，尤其是要对贫困家庭的孩子给予必要的扶助。在高等教育阶段，政府应加大补助力度，学校也可通过各种方式向学生提供勤工俭学的机会，以帮助经济困难的学生顺利完成学业。同时，学校还要努力提高学生素养，以保证学生毕业以后可以胜任工作，尽快融入社会，如果家长的投资可以获得相应的收益，那么读书无用论自然会消亡。此外，政府应加强促进就业公平方面的政策的制定和实施，保证农村学生毕业后可以享受到与城市学生相等的待遇。

二、学校层面

（一）改变传统的教学思想和教学模式

　　我国传统的教学理念往往把学习成绩看得尤为重要，以旧"三中心"思想为主导，注重强调教师在教学过程中的主导作用，认为评价一个老师的标准就是讲课水平和对学生的严格程度，而把学生看作学习过程的旁观者，完全忽视学生的感受和兴趣需要等，这容易让学生对学习产生畏惧心理。同时，传统的教学理念比较重视教材的作用，而忽视实践活动课程的作用，强调知识的单向传授，教学方式也是灌输式的，学生只能进行被动的学习，导致学生学习动力低下，进而造成学生内生动力不足，对学习无法保持长久的兴趣。内生动力对于学生学习具有促进作用，它能够激发学生的学习动机，使学生的学习行为指向具体的学习目标，能够增强学生学习的努力程度，改善学生的学习行为。

　　如今，单纯的依靠传统的教学思想和教学方法是无法培养出具有竞争力的人才的，因此，教师的教育理念也要跟随时代发展做出相应的改变。首先，教师需要更新自己的教育理念，改变教师讲、学生听和记的教学方式，改变传统的教学理念，把学生看作学习的主体，将"快乐学习"和"游戏教育"融入教学过程中，让学生对学习秉持积极的态度，培养学生对学习的兴趣，提升其学习的内生动力。其次，教学要遵循学生的身心发展规律，因人而异，探寻符合学生实际的教学方法，提高教师的教学效率和学生的学习兴趣。最后，要加强教师培训。政府要完善教师入职前、入职后的培训，加强城乡教师之间的沟通交流，使农村教师接受先进的教学理念，城乡各学校之间在保持各自独立的基础上也要加强交流与合作。

（二）提高农村学校的教学水平，开发校本课程

我国城乡二元结构造成了资源配置的失衡，东部沿海城市经济比较发达，教学资源相对丰富，西部偏远地区则相对封闭，与外界交流的机会较少，经济发展较为缓慢，各类资源较为贫乏。城乡之间发展的不均衡在教育领域就表现为城乡教育发展的不公平，具体体现在教育权利、教育机会、教育投入、教育资源配置等方面。城乡教育发展不公平问题的存在会对当前我国教育公平政策的顺利实行产生重要影响。提高农村学校的教学质量是解决城乡教育不公平问题的关键，而教师的教学水平又是影响学校提高教学质量的重要因素，要保证教学质量，就要先保证学校教师的数量。同时，合理的教师专业、年龄结构等是提高教学质量的前提条件。

近年来，国家实施了一系列相应的政策以改善农村教育，如实施公费师范生教育、特岗教师计划、乡村教师补贴等措施，这些措施对于农村教师队伍的建设和扩充产生了显著效果，农村教师数量相比之前有了较大幅度的增加。[1]但目前在部分农村，仍然存在教师教学质量参差不齐、整体水平偏低，具有硕士研究生及以上学历的教师偏少的情况。

学校应该注重提高本校教师的教学能力，建立相应的竞争机制，改变农村教师"安逸"的思想，激发其自我提升的动力。例如，学校可以举行校内教师技能大赛或者相关部门可以组织不同学校间的比赛，这样做能够在一定程度上激发教师的上进心。学校还可以鼓励有能力的教师开发适合本校实际情况和学生身心发展特点的课程或者教材，这样不仅有利于发挥教师的才能，还可以吸引学生加入进来，有利于激发学生的能动性。同时，在当前强调全面发展和素质教育的背景下，农村学校要注重中小学语数外和音体美等不同科目的全面发

---

[1] 郝文武. 推进农村教育现代化亟需全面优化教师队伍结构. 中国教育学刊，2020（9）：32-37.

展。首先要转变理念，注重对于音体美教师的培养和合理配置，加强音体美教师队伍建设。农村学校应积极鼓励和支持教师进修和参加培训，解决"挂名教师"或"名义教师"的问题。其次，农村学校也要注重教师的专业化发展，只有教师的专业能力和素质与社会发展相匹配，才能使农村学生接受高质量的教育。最后，学校还要定期举办学习研讨会和专业培训活动等，以此提高教师的专业素质和专业能力，全面评估本地区的优势和劣势，并将优势与教学结合起来，发展具有本地特色的农村教育。

（三）加强理论与实践的联系

在我国传统的教育理念中，系统知识占据教学的主要位置。学校的课程开发和设置是以学生掌握系统知识为目标的；教师一直都把系统理论知识的传授作为教学的重点；学生也把掌握知识的程度作为检验学校教学效果的唯一评价指标；家长认为，学生的考试成绩就完全代表学生在学校的表现和学生的发展情况。这种以系统知识为核心的理念，造成了教育发展的不均衡和学生发展的片面性，阻碍了教育公平的实现。学习是为了培养学生的健全心智，让学生对学习产生内生动力，学生通过学习可以将知识进行整合、迁移和应用。知识的应用可以促进知识迁移的发生，增强基本知识和基本技能的应用是促进知识迁移的有效手段。同时，应用知识的过程中存在着知识迁移的情况，知识迁移是保证知识得到成功应用的重要条件。所以，在教学过程中，教师应该注意把各独立学科的教学内容整合起来，鼓励学生将所学到的知识运用到其他学科中，增强各学科之间的横向联系。教师可以通过提问、提示等方式鼓励学生利用已有的知识去理解新知识，并尽可能地运用丰富的案例帮助学生把所学知识运用到实际情境或实践中。

在教学过程中要加强理论和实践的联系，注重培养学生问题解决的能力。要培养学生问题的解决能力，首先是要让学生掌握专业理论知识，同时，教师在教学过程中要注重程序性知识和陈述性知识的传授。其次，教师在教学过程中可以向学生传授问题解决的通用方法和解决问题的思维方法，并定期开展研究性学习活动，这有利于充分发挥学生在学习过程中的主动性和能动性。最后，教师要多鼓励学生进行实践，通过实践来验证猜想和理论知识。教师应让学生了解思维定式、功能固着、酝酿效应等对解决问题有什么影响，这有利于学生突破其阻碍性、打开思路。学习知识的目的最终还是要回归实践，只有实践之后，才能对知识有更深刻的理解。农村地区虽然没有城市那样完备的基础设施，但农村地区在场地、物种方面比较有优势，农村教师应该充分利用这些优势，引领学生把自己学习到的理论知识运用到实践中。理论和实践的联系不仅可以激发学生的求知欲，还能让学生明白知识的重要性。

（四）建立多元化的教育教学评价机制

虽然我国经过了多年的课程改革，但课程改革的试验区基本上都是一线大城市的重点学校，改革的目标具体包括以下几个方面：在课程目标方面，树立三维目标观，要注重培养学生正确的价值观，让学生获得必备的知识和技能；在课程结构方面，树立综合课程观，强调课程的综合性和均衡性；在课程内容方面，树立学生生活观，要加强课程与学生生活和兴趣的联系；在课程实施方面，树立自主学习观，教师要激发学生主动参与实践的积极性，培养学生动手能力和收集处理信息的能力；在课程评价方面，树立发展评价观，要通过评价促进学生和教师的发展。而在某些偏远的农村学校仍然采用的是传统的教学方式和评价机制，以学科知识为传授重点，不注重培养学生的动手能力、与人沟通交流合作能力，在这种教育环境和背景下，学生对学习缺乏兴趣和内生动力，不利于学生心智和内生动力的发展与提高。

虽然"分数决定一切"的评价理念已经受到批判，但是在某些农村地区，学校基本上还是靠分数去评价学生，农村学生其他方面的能力没有得到充分开发。因此，为了改变这种现状，学校需要适当调整当前的评价体系。在新时代背景下，要注重发挥评价的积极作用，通过评价促使教师积极改进教学方式，以促进学生的发展，要改变传统评价机制过于强调甄别与选拔的功能，制定多元化的教育教学评价机制。评价机制要从终结性评价转变为发展性评价、形成性评价相结合。首先，学校可以记录学生平常的表现，以此作为评价的一部分，还可将学生的其他才能纳入评价机制。其次，可以增加评价主体的多元性，除了教师的评价，还可以引入家长的评价。评价主体的多元性和评价方式的多样化可以全面地反映出每个学生的发展状况，为学生的进一步培养指明方向。评价指标要多元化，把课程和教学的评价对象扩大为包括课程开发过程的评价、教师组织实施的评价、学生才能的评价、学业成绩的评价、课程决策与管理成效的评价等，进而促进评价功能的转变，由重视区别优劣转向重视激励、反馈、改进。

三、家庭层面

（一）转变家庭教育观念，提高家长素质

父母是孩子的第一任老师，家庭是一个人接受启蒙教育的场所，其对学生的影响将伴随学生的一生。习近平同志也曾多次强调家庭教育的重要性。2018年，习近平同志在全国教育大会上论及家庭教育对孩子成长和教育的重要价值，他强调"家庭是人生的第一所学校，家长是孩子的第一任老师，要给孩子讲好'人生第一课'，帮助扣好人生第一粒扣子"①。家庭教育作为教育事业的重要组成部分，对于学生心智模式等的形成具有重要作用，意义重大。但目前在某些偏远的农村地区，有些家长的受教育程度较低，其教育理念相对落后。甚至有些家长认为，学校应该承担教育学生的全部责任，家长的主要职责就是为学生提供必要的经济生活条件。家庭教育环境差、父母对子女的功利化教育目标、教育方式不科学等是当前农村家庭教育中存在的主要问题。

父母的素质是影响孩子自主发展的重要因素。鉴于以上存在的问题，我们应根据农村实际情况，创办家长学校，学校应该配备相应的专业师资队伍，向家长传授科学的家庭教育理念，改变其唯书唯上的理念，不要给学生额外增加过多的心理压力和负担。家长要重视学生的全面发展，要改变过去只重视智育，而忽视德育、体育、美育等的理念。同时，家长学校也可以向家长传授我国优秀的传统家庭文化，如《颜氏家训》《温公家范》《曾国藩家书》等都强调

---

① 习近平全国教育大会重要讲话金句速览. http://politics.people.com.cn/n1/2018/0910/c1001-30284629.html，2018-09-10.

家庭教育对学生成长和发展的积极作用。《颜氏家训》中提到"人生小幼，精神专利，长成已后，思虑散逸，固须早教，勿失机也"①。该书强调要重视儿童的早期教育。《温公家范》中提出"为人母者，不患不慈，患于知爱而不知教也"②。该书强调家庭教育的重要性。《曾国藩家书》中提出"人之气质，由于天生，本难改变，惟读书则可变化气质"③。该书强调读书的重要性。我国传统的著作中有很多关于家庭教育的内容，可作为家长学校的教学内容，以使家长转变教育观念，逐步提升家庭的教育质量。

此外，当地政府及相关组织机构可以定期组织开展家庭教育讲座，以讲述成功的家庭教育实例和经验为主，从而达到宣传先进的家庭教育理念、营造家庭教育氛围、促进农村家庭形成良好的教育环境的目的。讲座还可以分享国外先进的家庭教育理念，如芬兰将家庭教育列入学前教育，开展家庭教育已经成为父母的责任和义务，芬兰还强调父母对孩子的陪伴，鼓励孩子参加阅读、户外活动等。

家长也需要学习如何做更好的父母，和孩子一起学习、一起进步。此外，当地政府及相关组织机构还要努力转变家长的教育观念，提高家长对家庭教育的认识，使其做好与孩子的思想沟通和情感交流，以便于孩子在家庭中愉快、健康地成长。

（二）加强家校交流，建立互通机制

党的十九大报告中指出，我国社会的主要矛盾已经转化为人民日益增长的美好生活需要和不平衡不充分的发展之间的矛盾。在新时代，要破解社会主要矛盾，教育发挥着至关重要的作用。家庭教育作为教育的一种重要形式，也应该受到关注和重视。我国当前在家庭教育方面的研究和关注度相对薄弱。而家庭教育是学校教育、社会教育的重要纽带，加强家校交流，建立互通机制，有利于农村孩子的健康成长和自主发展。家庭和学校只有实现真正的对话才能给学生提供更加全面的教育，学生不只是智育的发展，更重要的是要成长为一个

---

① 颜之推. 颜氏家训（勉学篇）. 檀作文译注. 北京：中华书局，2007：110.
② 司马光. 温公家范. 王宗志，王微译注. 天津. 天津古籍出版社，2016：52.
③ 曾国藩. 曾国藩家书. 张宏伟译注. 北京. 中国华侨出版社，2014：236.

德智体美劳全面发展的、能够适应未来社会发展的终身学习的人才。家庭教育的顺利开展需要学校教育的配合以及社会各方力量的支持，需要提高家庭与学校、社区的合作水平，形成家庭、学校与社会协同创新发展的新格局，推动全社会范围内形成教育合力。①学校是学生接受教育的主要场所，要发挥其主导性作用，要向家长宣传科学的家庭教育理念，帮助家长正确开展家庭教育活动。比如，定期开展家长会，帮助家长解决近期家庭教育中遇到的问题和困惑；协助办好家长学校，为家长提供科学恰当的家庭教育知识；充分利用社区已有教育资源，充分发挥社区教育功能，如营造良好的社区教育环境、成立家长学习小组、建设专业化的家庭教育指导队伍、定期举办形式多样的交流活动等。同时，完善捐赠机制，充分利用社会力量以发展家庭教育。在社会及学校中形成良好的氛围，以吸引更多的家长积极主动学习相关的知识。

家庭教育是教育的基础，学校教育更需要家庭教育的配合和支持，只有家长的大力配合，学校教育才能完成教育任务，才能更全面、更健康地培养人才。因此，家长要积极配合学校和教师的工作，改变孩子进了学校就完全由教师负责的传统观念，多向学校了解自己孩子的发展动态，形成家校合力。家长主动与学校老师进行沟通和交流，多与其他家长相互分享教育经验，不断丰富家庭教育理论知识，并加强与子女的沟通和交流，多去了解学生的内心想法，这些都有利于家庭教育的顺利开展。新时代背景下，要加强家校合作，形成家、校、社区教育合力，进而在整个社会中形成一种重视教育、重视家庭教育的社会氛围，建立科学有效的互通机制，不断深化家庭教育理论研究，形成一套科学有效的家庭教育理论体系，丰富我国关于家庭教育的理论研究，深化我国关于家庭教育的实践活动。

（三）增加陪伴孩子的时间，关注孩子心理发展

习近平同志指出，"家庭不只是人们身体的住处，更是人们心灵的归宿"②。因此在新的时代背景下，我们要倡导教育回归家庭，要发挥家庭教育对于学生

①　王振存，周岸. 新时代家庭教育问题及应对策略. 中国教育科学（中英文），2019（4）：50-58.

②　习近平：推动形成社会主义家庭文明新风尚. http://www.xinhuanet.com/politics/2016-12/12/c_11201035 06.htm，2016-12-12.

心智模式和内生动力培养的积极作用。但是部分农村家长的生活压力较大，因此陪伴孩子的时间相对较少，尤其对孩子的心理发展状况关注不够，不能及时发现孩子成长过程中存在的问题。

作为农村家长，首先需要提高对陪伴的重要性的认识，自己有空闲时多陪孩子做游戏、聊天等。尤其是学生进入青春期，其在身体和心理方面都会发生显著的变化，在这个过程中，学生更加渴望的是家长能平等地对待自己，这就需要家长转变角色，由之前的领导角色向引导辅助角色转变。家长要给予学生足够的心理发展空间，让学生感受到家庭的宽容，同时也要有的放矢，尊重学生的意愿，发挥家庭教育的引导作用。其次要多关注孩子的心理状况，不要仅仅关注孩子的身体发展情况，心理发展情况也至关重要，遇到问题及时解决，这样不仅可以促进孩子身心健康发展，也对建立和谐亲密的亲子关系有很大帮助。在家庭中，父母可以为子女创设良好的成长环境，引导学生树立正确的人生观和价值观，培养学生判断是非的能力，建立自我同一性。再次，建立民主平等的家庭关系。在和谐友爱的家庭氛围中成长的孩子，会更加积极乐观地面对生活。同时，父母应给子女树立榜样，这也能增强学生的内生动力和思辨意识，建立学生自我发展的责任感。最后，家长要密切关注学生的心理发展状态，父母相较于老师其实是更能观察到孩子的心态变化的，在家庭中，父母要多与孩子进行沟通，及时观察和注意孩子心态的变化，并进行积极的引导和调整，对孩子给予更多的耐心和关爱，尊重他们的自尊心。父母是孩子最好的老师，父母的言行举止都会给孩子造成潜移默化的影响。在当前信息快速发展的时代，家长可以利用外部条件为孩子创造一种良好的成长环境，可以通过家校合作，引导学生树立正确的人生观和价值观，可以通过搜索与家庭教育相关的知识，以提升自身素质。

四、个人层面

（一）树立正确的学习观

建构主义认为，学习不只是由教师向学生传递知识，而是学生构建自己知识的过程。学生在学习过程中不是被动的，而是应积极主动地参与其中。但目前，部分农村学生把读书当作脱离农村的一种途径，或者是把读书当成改变家庭经济条件或社会地位的工具，这种读书观是有一定问题的，但是对于学生个人来说，这种功利的读书观很容易给学生造成较大压力，并且容易使学生形成学习懈怠，这不利于学生形成积极的内生动力。

因此，树立正确的学习观至关重要，学生首先要把学习当作自我提升的一种途径，并且积极发掘学习的乐趣，这样学习动力才会更加持久。学生要认识到学习是自己主动建构知识的过程，学生在学习过程中处于主体性地位，学生需要在已有知识的基础上建构自己对于新知识的理解，要主动地对信息进行选择和加工。其次，学习不是一个个体性的、单独的活动，而是一个学生之间相互沟通交流、分享经验的过程。在实际的学习过程中，学生之间共同分享资源和学习经验有利于顺利完成学习任务。最后，学习不是脱离实际单独存在的，而是与实际生活密切联系在一起的。知识只有通过实际情境中的应用活动才能真正被人理解，学生也才能真正掌握相应的知识，因此学习活动应该与实践活动结合起来。

（二）树立正确的归因观

正确的归因可以帮助学生形成内生动力，对学习产生兴趣和好奇心，保持长久的学习兴趣和学习愿望。学生学习在内生动力的驱动下，其努力程度也会更高。

人们关于自己行为的归因是复杂的，容易受到他人的有关信息、先前的经验、自我知觉以及学生自身性格等的影响。根据韦纳的归因理论，成就的获得有赖于对过去成功或失败的归因。一个人对自己行为结果的解释会反过来激发其动机，影响其行为和情感反应。根据韦纳的观点，如果学生把自己学习的成功或失败归结于自己的努力程度，那么学生会提高努力的程度，以获得学习上的成功。如果把学习的成败归因为自己的能力时，那么学生很容易放弃自己的努力行为。成败归因理论更倾向于强调内部的、稳定的、可控的维度的归因。总而言之，只有把自己的失败归结于外部不稳定的且可以改变的因素时，学生的学习动力才会增强，因此，学生个人需要正确看待成功与失败，要相信自己的能力，进而才会产生更强的学习动机，形成积极的内生动力。

（三）制定科学合理的学习目标和计划

科学合理的学习目标和计划有助于激发学生的学习动机，使学生获得持久的动力。作为学生，首先需要根据自己的实际情况设定可以通过自身努力实现的目标，并根据该目标制订切实可行的学习计划，只有这样才能促发真实的驱动力。其次，要学会把长远的目标划分为一个个小目标，通过这些小目标的实现获得学习的成就感，进而激发自己一步一步地前进。同时，在学习过程中，学生可以利用元认知策略来增强学习效果，即可以在进行某项活动之前先预计结果，并选择解决问题的方法；可以在实际的认知活动过程中，根据认知目标及时评价自己认知活动的结果与不足，及时进行反思，进而正确地评估自己达到认知目标的程度；也可以在学习过程中及时进行自我调节，如发现问题，应及时采取相应的补救措施。

第 四 章

基于农村学生发展的对策

教育属于重大民生问题，尤其是基础教育更是与亿万中国人息息相关。为了有力地推动推进农村教育，党和政府做出了一系列的努力，《国家中长期教育改革和发展规划纲要（2010—2020 年）》和《中国教育现代化 2035》等多个教育文件都旨在缩小城乡教育差距，建立城乡一体化义务教育发展机制。我国在财政拨款、学校建设、教师配置等方面向农村倾斜以建立健全农村教育保障体系，并力图建立城乡教育对口联系机制，全面推进义务教育均衡发展，这些努力已初显成效。现阶段，适龄儿童都基本入学接受九年义务教育。农村学校中，校园日益变美，硬件设施日趋完善，师生比日渐符合国家要求，一切都向着好的方向发展。党的二十大提出更加明确、更加全面的要求，即坚持教育优先发展；办好人民满意的教育；全面贯彻党的教育方针，落实立德树人根本任务，培养德智体美劳全面发展的社会主义建设者和接班人。[1]如何培养德智体美劳全面发展的社会主义接班人成为教育领域关注的核心问题，其中如何提高城市学生和农村学生心智力、内生动力就成为我们关注的重要问题。

学生的发展是一个漫长、复杂的过程，在这个过程中学生并不是完全依赖外在的理论教导与技术知识的灌输，更多的是一个自我理解、自我消化、自我升华的过程，即通过反思性实践提升自我、自主发展，最终逐渐形成比较稳定的认知图式。作为独立个体的学生，心智力、内生动力的发展对其一生的影响不可估量，但是现阶段，特别是农村学校大都比较重视智力教育，而忽视对学生心智力和内生动力的培养。准确客观地把握当下农村学生的发展动态是有效促进其全面发展的实践起点，促进农村学生的全面发展又是提高农村基础教育质量的落脚点。小学高年级学生学习兴趣与动力调查问卷结果显示，农村学生心智不如城市学生成熟，农村学生内生动力较城市学生低，主要表现在农村学生学习自主性明显弱于城市学生，过于依赖师长，农村学生目标期望低于城市

① 习近平. 高举中国特色社会主义伟大旗帜 为全面建设社会主义现代化国家而团结奋斗——在中国共产党第二十次全国代表大会上的报告. 北京：人民出版社，2022：33-34.

学生，容易满足，农村学生目标意识明显偏弱。农村学生内生动力不足，主要表现在农村学生耐挫力较弱，容易受到新读书无用论的侵害。同时，农村学生学习能力较弱。因此，学者应聚焦学生心智力、内生动力的发展，将之作为研究的突破口，以无差别地培养学生，并将之作为逐渐缩小城乡教育差距的重要举措。下面，我们拟基于农村学生的发展构建农村教育推进策略。

第一节　改善学生心智模式

"心智模式"的概念由克雷克（K. Craik）于 1943 年提出，它是人们在大脑中构建起来的认知外部现实世界的"模型"，它会影响人们的观察力、思考力及行动力。它作为一种认知图式，居于心理因素，即"认知、情感、意志"三要素的首位。这就意味着，心智模式是影响学生发展的关键性因素之一，因此它也是影响城乡教育差距的重要因素。学者王鉴忠等根据个体的心智模式处于开放状态还是处于封闭状态，大致将其划分为以下两种类型：成长型心智模式，即一种潜藏于人们心中的处于开放状态、稳定的、具有持续生命力的认知模式；退化型心智模式，即一种处于封闭或半封闭状态，以及缺乏持续生命力的认知模式。[①]显而易见，成长型心智模式更有利于学生的长期发展，故改善学生心智模式，并帮助学生形成成长型心智模式是每一位教育工作者的努力目标。针对此，本节从关键性事件、培养自控力、运用意志力干预和培养注意力四个方面，探寻改善农村学生心智模式的有效策略，以期帮助农村学生形成成长型心智模式，进而逐渐缩小城乡学生差距。

一、关键性事件助推学生成长型心智模式的形成

农村地区衍生出的乡村文化，与当今社会的主流文化还有一定的差距，且乡村文化在一定程度上制约着村落物质文明、政治文明和精神文明的发展。[②]

---

① 王鉴忠，宋君卿，曹振杰，等. 企业管理人员成长型心智模式对职业生涯成功影响的研究. 管理学报，2015（9）：1319-1327，1336.

② 王振存. 城乡教育公平论——基于文化视阈的研究. 北京：人民教育出版社，2016：81-82.

与此同时，随着我国经济的高质量发展，农村地区外出务工人员不断增加，由此引发的留守儿童问题日益凸显。这些因素在一定程度上导致部分农村学生心智力与城市学生存在一定差距，心智力对人发展的重要性不言而喻，同等智力条件下，心智力成为影响人能否成功的重要因素。因此，为了缩小城乡学生心智力水平的差距、促进城乡教育公平发展，各级教育工作者需要重点关注农村学生心智力的发展。

每个人在其一生中都会经历数不清的事件，一些事件可能被遗忘，而有些事件则可能深深地印刻在记忆里，成为其成长过程中的关键性事件，并影响着当事者的知情意行。关键性事件是指能强化当事者的原有认知或引发当事者认知冲突的事件。[①]对关键性事件的深入挖掘及反思，通常能够引起当事者认知行为的改变。在学生的成长过程中，总有很多能够引起他们产生共鸣、深思、厌恶等的事件，某些事件让他们记忆深刻，甚至会影响他们的日常学习、生活。同样，不断成长的学生也会遇到各种各样的关键性事件，因此在对学生进行教育的过程中，无论是家长还是教师，都要抓住这种教育机遇，并以关键性事件为载体引导学生进行积极的反思，进而改善学生原有认知、帮助学生建立积极乐观的心理机制、养成理性处理事情的良好习惯，最终帮助学生形成成长型心智模式。由于部分农村家庭教育意识不足以及对父母角色认识不到位，因此学校教育工作者更应该利用关键性事件帮助农村学生形成成长型心智模式，以缩小与城市学生的差距，进而推动城乡教育公平发展。基于此，本书提出以下对策以促进学生成长型心智模式的形成。

第一，积极创建课堂教学中的关键性事件，促进学生积极情感的觉醒。教师在教学过程中，应在逐步加深对学生了解的基础上，了解学生的优点和缺点。此后教师可以根据自己对学生的了解，积极创建关键性事件。这里的教育关键事件既可以是对大部分学生产生影响的关键性事件也可以是针对学生某些问题行为的关键性事件。在本书中，我们将课堂教学中的关键性事件定义为：经过精心设计或课堂即时生成的能促进学生心灵觉醒的、帮助孩子获得认知提升的、唤醒孩子积极体验的事件。创建课堂教学中的关键性事件很大程度上需

---

① 金丹华. 初中数学课堂关键性事件中的师生互动研究. 上海师范大学硕士学位论文, 2017.

要依靠教师的教育机智、教学智慧。有时教师的一个微笑、一句鼓励的话语等平凡的事件都可能成为影响学生心灵发展的关键性事件。例如，一节小学语文课堂上，老师正在讲授寓言故事《乌鸦与狐狸》，突然有个声音说："老师，我们在学习《乌鸦喝水》时，乌鸦那么聪明，现在怎么变笨了？"课堂上，学生提出疑问是一个很常见的情景，但是不同教师的处理方法会对学生产生不同影响。如果老师呵斥或不理睬这位同学，笔者认为，以后这个班级里学生课堂发言的积极性可能有所降低，同时教师这样做不利于学生想象力的发展。如果教师逐步引导学生找出原因，就会既能鼓励学生积极思考又能丰富学生的想象力，这节普通的课堂就会成为学生学习过程中的关键性事件，可以激励他们勤思考、多发问。因此，教师在课堂教学中应积极创建关键性事件，使这些事件影响学生的身心发展，帮助学生形成成长型心智模式。

第二，深度剖析关键性事件，引导学生正向思考。在学习及日常生活中，学生总会遇到一些令其印象深刻的事件，教师可以通过沟通交流，让学生说出令自己印象深刻的事件，并谈一谈自己的想法，然后教师通过循循善诱，深入挖掘事件的潜在意义，引导学生更加深入地思考，让这些事件成为能够影响学生认知的关键性事件。此外，教师还可以利用课余或班会时间，通过合适的载体，如优秀人物的榜样作用、身边的感人事件等，呈现一些能够引起学生共鸣的关键性事件。之后，教师可以让学生针对这些事件进行讨论，说出自己的真实想法，然后教师发表个人观点。针对正面积极的想法，教师可以进行鼓励、支持；对于负面消极的想法，教师不要直接批评、否定，可采取同伴博弈的方法，让这些学生认识到自己的缺点与不足，从而加深关键性事件对学生原有认知的影响或让学生形成新的认知，以帮助学生成长型心智模式的形成。

二、培养自控力以促进学生成长型心智的形成

《心理学》一书将自我控制能力归结为意志力的体现，是指在有外界诱因的情况下个体控制自己情绪和行为的能力。[①]它是人们自觉遵循的道德准则、

---

① 全国九所综合性大学《心理学》教材编写组. 心理学. 3 版. 南宁：广西人民出版社，1986：101.

行为准则，是理性的存在者——人"自己为自己立法"；人们对行为道德准则的遵守不是因某种外部力量迫使，而是人们自觉自愿的遵守，它是个人意志力的重要体现，是实现个人自我发展的重要保证。自控力是多维度、多层次的心理活动系统，体现了心理的整体功能，也是心理能动性的重要表现。[①]自控力的提升对学生的心智力、社会适应能力及人际交往能力均具有重要的影响，通过影响学生的学习习惯进而影响学生的学习品质，并对学生的终身发展产生重要意义。

随着信息技术的飞速发展，人工智能在日常生活中得到广泛应用，各种电子产品也在快速衍生，这在很大程度上改变了人们的生活方式，推动了社会的发展。但是多元智能时代，复杂的网络环境对正在成长的孩子来说却是一项巨大的挑战，手机、电脑、游戏机等电子产品对孩子们的吸引力、诱惑力远远超过了科学文化知识，网络上的信息促使很多孩子的心理年龄大于生理年龄。现阶段，农村留守儿童数量不断攀升，部分家长的教育观念比较陈旧：孩子只要成绩好，就不限制他们的课余行为。甚至有些家长认为，孩子成绩差是因为孩子不是读书的料，更是听之任之。因此，部分农村学生的学习较少受到家长的关注。笔者走访部分农村地区发现，很多农村学生的课余时间都是与手机、电脑等电子产品一起度过的。这直接影响着学生自控力和心智力的发展，进而对他们日后的学习、职业发展、生活产生不良影响。一般来说，对人们成功与否影响较大的因素就是心智力和自控力。自控力和心智力有正相关关系，即提高自控力的同时心智力也会得到一定程度的提升。学校和家庭是学生的主要生活环境。因此，我们拟从学校和家庭两个方面构建培养学生自控力的策略。

第一，指导学生制定合理的学习目标并引导其积极实施。问卷调查结果显示，部分农村学生目标意识明显较弱。众所周知，目标可以帮助人设定明确的行为方向，让自己充分了解自我行为的目的，可以帮助自己知道什么是最重要的事情，进而制订合理的计划，同时还可以作为衡量自我行为进展的尺度，测定自己的工作效率，减小无意义行为的概率，进而有利于提高自控力。同样，

---

① 张程程. 图画书主题活动对发展大班幼儿自控能力的实验研究. 天津师范大学硕士学位论文, 2018.

目标对于学生的重要性也是不言而喻的。学习目标对学生的学习起着导向、激励和评价的作用，同时目标可以分为长期目标和短期目标，对于学生来说，长期目标的时间周期可以是一学年甚至更长时间，短期目标的时间周期可以是一个月或者一个星期。为了实现自己所制定的目标，学生需要制订合理可行的学习计划，计划越细致越好，如果学生把每一个小时应该做什么都计划好，那么对于培养学生的自控力来说无疑是非常有效的。

SMART 原则[①]和多维度平衡原则能够帮助个体制定科学合理的目标，教师指导学生制定目标时也应该遵循这两项原则，此外还要考虑到学生的个体差异，如兴趣爱好、性格等方面。SMART 原则要求制定的目标是具体的、可量化的、可实现的，目标之间具有关联性以及目标的实现要有明确的日期。现阶段，我国教育目的的核心内容是实施全面发展的教育，即培养德智体美劳等全面发展的人，因此多维度平衡原则要求目标的设定要综合协调这几个方面，不能只考虑某一方面。农村地区的一些学生和祖父母等长辈生活在一起，这些长辈由于精力、能力等方面不足，对孩子的教育干预得较少。因此，制订好学习计划之后，教师还应及时地引导学生去实施，把计划贯彻落实，不能只是纸上谈兵，另外还需要进行阶段性的评价总结。学生不断实施学习计划的过程，就是培养自控力、提高自控能力的过程。

第二，父母树立良好的榜样。父母是孩子的第一任老师，同时也是陪伴孩子成长的人，家长在孩子的学习、生活中起着举足轻重的作用，尤其是初中生对父母的依赖性、模仿性都比较强，因此父母的作用更加凸显。原生家庭对孩子的影响是根深蒂固的，并伴随孩子的一生。在子女面前，家长应该树立榜样，父母自律的生活习惯对子女会产生积极的影响，孩子通常也会以父母作为榜样约束自己的行为。对此就要求父母要时刻注意自己的行为，反思自己的做法，对于自己做错的地方要及时改正，时刻监督自己。

随着经济的高速发展，农村地区很多家长外出务工，一年当中能够陪伴孩

---

① 　SMART 原则（S=specific、M=measurable、A=attainable、R=relevant、T=time-bound）是为了利于员工更加明确高效地工作，更是为管理者将来对员工实施绩效考核提供了考核目标和考核标准，使考核更加科学化、规范化，更能保证考核的公正、公开与公平。

子的时间较少。因此，在陪伴孩子的有限时间里，家长更应该注意自己的言行举止。家长应放下手机、电脑陪孩子一起读书、聊天、运动，规范自己的作息时间，早睡早起，展现出热爱生活、热爱劳动的积极的生活态度，积极创造轻松、温馨、和谐的家庭氛围。父母在无形中为孩子树立了榜样，使孩子在潜移默化中放下手机，改变不良的生活习惯，生活逐渐自律，慢慢地提高自控能力。

三、运用意志力干预以促进学生成长型心智模式的形成

凯利·麦格尼格尔在《自控力》一书中提到，所谓意志力，就是控制自己的注意力、情绪和欲望的能力。①对于一个人来说，意志力是一种为人处世的方式，人们可以通过它来指导自己的思想和行为，它是一种自我引导的精神之力。②意志力是个体确定目标并根据目标有意识地调节和支配自己的行为，通过克服困难实现预定目标的心理过程。它在实践中具有坚韧性、稳定性和进取性，能推动实践顺利进行。个体意志力的强弱直接影响学生学业成就的大小，以及他们的职业生涯是否顺畅，同时意志力和学生的心智力发展息息相关，对学生成长型心智力模式的形成具有一定的促进作用。

中小学时期，学生正处于学知识、长身体的重要阶段，这个阶段是一个苦乐交织的过程，是一个充满各种不确定性的过程，在这个过程中，学生会遇到各种困难挫折，以及各种荆棘拦路。处于这个阶段的学生，他们意志品质的坚韧性还不强、恒心还不够，容易虎头蛇尾、见异思迁，要想顺利度过这一阶段，就需要加大力度培养他们的意志品质，使他们成为意志力强大的人。因此，培养学生意志力意义重大，基于上述研究，本书提出以下对策。

第一，唤醒学生的潜在意志力品质。美国著名的行为主义心理学家华生认为，给他一打健康的婴儿，不管他们祖先的状况如何，他都可以任意把他们培

---

① 凯利·麦格尼格尔. 自控力. 王岑卉译. 北京：文化发展出版社，2017：2-3.
② 弗兰克·哈多克. 意志力训练手册：没有意志力，就没有好习惯. 高潮译. 北京：中国发展出版社，2005：5-7.

养成从领袖到小偷等各种类型的人。①虽然华生在一定程度上夸大了外部环境对个人的影响，但不能否认处于成长时期的学生是不成熟的个体，他们的心理不强大、意志不坚定，容易受到外界的干扰，教育工作者可以根据学生的这一特性，科学合理地运用一定的手段，帮助学生塑造其优秀品质，纠正学生的不良行为，唤醒他们某方面潜在的品质。

中国文化历史悠久，有很多值得学生学习的名言警句、先进的人物事迹，在日常学习生活中，教育工作者可以适当地向学生灌输相关理念，以改变学生原有落后观念，让学生了解所有的成功都不是一蹴而就的，所有的鲜花与掌声背后都充满了艰辛与坚持。此外，教育者还应当鼓励学生积极参加体育锻炼，如长跑、游泳等以挖掘他们身体的潜能，培养他们坚持到底的品格，从而达到唤醒学生潜在意志力的目的。

第二，引导学生进行正确的归因。韦纳认为，人们对行为成败的原因分析可以归为六个方面：能力、努力程度、身心状况、工作难度、运气及外界环境。②这六个方面只有努力程度是可控因素，受个体自身的影响。一个人如果把自己的成功或失败均归因于自己的努力，那么下次完成任务时，他依然会付出自己最大的努力，不轻易放弃、不轻易言败，坚持到最后；相反，如果把成功或失败归因于能力太低、任务太重等原因，就会降低自己努力的程度，个体的意志力会逐渐下降，遇事退缩、胆怯。

基于此，对于学生这类不成熟的个体，教育工作者更应该积极引导学生正确地认识学习中的困难和自身存在的问题，深入分析出现困难和问题的原因。受原有经验和自身心理因素的影响，学生对行为结果进行归因时难免会出现偏差，如有些学生把学习成绩差归因为自己能力不足或者题目太难，而不是自己的努力程度不够，这会对后续的学生的学习产生不利影响，继而影响他们遇到困难、挫折时的态度——意志品格不良。所以，在日常学习生活中，教育工作者要引导学生进行正确、积极的归因，只有这样才能激发学生的斗志，使其顺

---

① 约翰·华生. 行为主义. 李维，沈烈敏译. 杭州：浙江教育出版社，1998：13.

② Weiner B. An attributional theory of achievement motivation and emotion. Psychological Review，1985，92（4）：548-573.

利克服学习生活中的困难和挫折。

四、培养注意力以促进学生成长型心智模式的形成

布迪厄认为，家庭资本可以分为经济资本、社会资本以及文化资本。①其中，经济资本和文化资本能够在一定程度上说明一个人的家庭背景。所有的这些资本都是慢慢积累起来的，甚至需要几辈人的努力才能够完成社会阶层的跃迁。我们提到教育与社会的关系时，常常强调教育的流动功能，也就是说，通过教育改变一个人的命运。社会阶层较低的人可以通过教育实现阶层的跃迁，较高阶层的人也可以通过教育来巩固自己的地位。改革开放初期，我国的各项事业总的指导思想是立足现实，效率优先，兼顾公平，在这一思想的指导下，国家全力发展经济，在教育领域则忙于恢复重建和发展重点学校，人们的教育需求还处于觉醒前期，对教育公平的要求还不那么强烈。②今天，我们提及教育公平问题时，也往往会提及公平和效率的关系，多数人仍秉持"效率优先，兼顾公平"的态度。③这一说法是从国家宏观的方面来说的，教育需要服务于国家的整体建设，所以效率要优于公平。我们关注教育公平，通常都是站在地区差异或者城乡差异的角度来看的。就其更微观的角度，教育公平似乎很少被人关注，原因在于每一个孩子都是一个独特的存在，即从个体差异的角度来制定公平的教育政策需要耗费较大的人力、物力、财力，并且个体间的教育结果是否公平不仅受教育制度的影响，还与每个个体的自我效能感有关。所以在以往研究的基础上，我们需要关注个人，即在个人本位的基础上谈教育公平，弥补个人教育结果之间的差距，实际上这就从微观的角度实现了教育的均衡发展。也就是说，我们需要关注每一名学生的差异性，尤其是注重对其注意力和心智力进行培养。

俄国教育学家乌申斯基把注意力比喻为"一扇门"，凡是外界进入心灵的

① 布迪厄，华康德. 实践与反思：反思社会学导引. 李猛，李康译. 北京：中央编译出版社，1998：161.

② 陈家斌. 中国弱势儿童教育发展三十年：回顾与前瞻. 河北师范大学学报（教育科学版），2009（7）：112-118.

③ 雷明全，刘智勇. 面对"新常态"需要重提"效率优先，兼顾公平". 武陵学刊，2019（6）：20-26.

东西都要通过它，如果这扇门半开半闭或者没有开启，外界的东西也就只能够进来一部分，甚至一点都没有进来。这样就会在很大程度上影响孩子的学习效果。每一个孩子的注意力的提升有其先天的因素，但更重要的是后天的培养。注意力是智力的五个基本因素之一，是记忆力、观察力、想象力、思维力的准备状态，可以分为有意注意和无意注意，所以注意力被人们称为"心灵的门户"。笔者认同学者赫永明的观点，注意力又可称为专注力，是孩子学习和做事能否成功的关键，而心智力是一切的源泉。[①]换言之，注意力是一个人最重要的心理品质之一，注意力关系着人的学习工作效率。著名教育家蒙台梭利认为，最好的学习方法就是让孩子聚精会神地学习。心智模式就是对待事情的惯性模式，它存在于人的内心深处，是人的思想所依据的"标准"，也就是我们生活中所说的"三观"——世界观、人生观、价值观。它以一种不易被察觉的方式决定一个人面对或处理事情时的思维模式与情绪模式。心智模式受到原生家庭、社会环境、人生成长等因素的影响。所以说，心智就是三观。就个体而言，三观受到其成长历程的影响，且一旦形成就很难被改变。盖瑞·祖卡夫从生物进化的角度论述培养成熟的心智对一个人潜能的重要影响，他认为，拥有良好的心智可以改变个体负面的消极情绪。[②]注重个体之间的教育差异是推进城乡教育均衡发展的重要推力，因此在课堂教学与日常生活中应努力做到以下几点。

第一，在孩子注意力发展的关键时期，应给予其适当的引导和帮助。3—6岁这个阶段，孩子生理和心理正在迅速发展，该阶段为孩子注意力发展奠定了基础。注意可以分为两种情况：一种是无意注意，一种是有意注意。3—6岁的孩子以无意注意为主，他们的注意力集中的时间不仅短暂，而且很容易被转移。[③]因此，对于3—6岁的孩子来说，我们应创设轻松有趣的氛围，吸引孩子的注意，耐心引导和帮助其提高注意力，逐步让其从无意注意转为有意注意。同时教会孩子怎样观察事物、如何思考问题等，让孩子在日常生活和学习中养

① 赫永明. 浅议如何培养小学生的注意力. 中国校外教育，2019（31）：33-34.

② 盖瑞·祖卡夫. 心智力. 郑军荣，袁伟译. 海口：海南出版社，2013：6-8.

③ 张旗. 学前儿童注意力不集中的原因及对策. 甘肃教育，2019（18）：130.

成认真、专注、爱思考的好习惯，从而提高孩子的注意力。

小学生的注意力发展是一个由无意注意向有意注意转变的过程，注意力随着年龄的增长而逐渐稳定。处于低龄阶段（3—6岁）的孩子的注意力主要由无意注意占据主导，随着年龄的增长以及大脑、身体的发育，学生逐渐有意识地调节和控制自己的行为，从无意注意向有意注意转变的过程，也是学生心智力逐渐提升的过程。对于处于低年级的孩子，其注意力水平直接关系到知识掌握的程度和学习以及生活习惯的养成，学习以及生活习惯的养成与其之后的人生发展密切相关。而对于教师而言，学生保持较高水平的注意力是教学有效性的重要保证。

第二，父母与老师要及时发现影响孩子注意力的不良行为，并进行科学指导和纠正。如果能及时矫正，孩子在入学后会彻底改掉注意力方面的不良行为。因此有效且有针对性的指导对孩子的发展起着举足轻重的作用。例如，教师可为孩子制订提高注意力的计划，同时进行有效的矫正教育，以提高孩子的注意力水平。

要提高学生的注意力水平，教师这一群体也发挥了不可忽视的作用。一方面，教师的教学方法、课堂管理水平等对于学生的注意力培养起着重要作用。首先，课堂导入是教师运用合适的教学语言或采用行之有效的教学行为来引起学生的学习兴趣，使之注意力集中于课堂之中。其次，教师在进行授课时应采用灵活多样的方法，通过采取合适的教学方法激发学生的学习兴趣，进而吸引学生的注意力。因此教师应善于选择合适的教学方法，以调动学生学习的积极性，引起并保持学生的注意力，进而促使学生心智力的提升。最后，有效的课堂管理既可以为学生营造一种和谐的学习氛围，又可以防止学生分散行为的发生。然而优秀教师多数会选择在城市等经济较为发达的地区，农村地区的一些教师由于没有接触过系统的教育培训，他们在教学时往往采用直接导入或没有导入的方式进行授课，他们的一些教学行为也往往会忽视对学生注意力品质的培养。农村学生注意力如果没有得到应有的培养，那么他们在以后的发展往往会受限。

第三，培养学生倾听、交流与分享的习惯。一些农村学生常常会自卑，不善于与他人交流。在这一方面，教师应该注意提升孩子的倾听技巧，做学生的良师益友。中小学阶段是培养学生良好学习习惯的重要时期，要让学生认识到不良习惯的危害，并帮助他们消除恶习，引导学生向同龄人学习。学生只有具备了良好的学习习惯，才能使之内化为他们的素养，他们也才能自觉地去学习、去融入集体、适应社会，进而服务社会。正所谓习惯成自然，学生的习惯一旦形成，要想改变很不容易。因此，提升学生的注意力水平、培养学生良好的学习习惯，对提高课堂教学效益起着举足轻重的作用，甚至会影响学生的一生。

在农村地区，学生父母外出打工比例较大，学生跟随祖父母生活，其心理需求往往得不到满足，这也会影响他们的注意力的发展，最终会导致其心智力发展受到影响。有研究表明，良好的家庭教育，不仅能够保障青少年的身心健康发展，而且能够帮助其有效应对各种生活事件，正确处理成长中出现的各种问题。[1]在家庭和谐氛围中成长的孩子，他们的情绪更加稳定，更加善于交流与分享；相反，在缺少父母陪伴的家庭中成长起来的孩子，他们情绪波动比较大，自身也更加敏感，注意力水平也比较低。

第四，培养学生对生命的敬畏感与理解，培养其关注人性的内在价值。父母要从小引导孩子理解生命的重要性。培养孩子正确的生命价值观，让孩子在生活与学习中都充满内生动力。这就要求父母不要在孩子面前抱怨生活没有意义，父母要给孩子树立榜样。教育不应只有功利化的目的，人性的价值正是通过他们的内在品性和外在言行体现出来的。通过教育，学生能够提升素质、规范言行，这正是人类区别于动物一个的主要标志。[2]随着社会经济的快速发展，人们可能更多地关注教育对人的体质、智力、技能等价值的提升，而往往忽略对人的品格、情感等的关注和培养。因此，如果教育定位产生偏移，就可能使教育逐渐疏离于人性。

如果教育忽视对人性价值的关注，就会产生一些不可估量的危害。从个体角度看，人性价值教育缺失会导致个体行为失范，甚至产生信仰危机；从社会

---

① 刘宗珍. 依法带娃：家庭教育的法律规制和实施路径. 中国青年研究，2022（11）：52-60.

② 马克思. 1844 年经济学哲学手稿. 中共中央马克思恩格斯列宁斯大林著作编译局编译. 北京：人民出版社，2014：53.

角度看，人性价值教育缺失会导致整体道德滑坡。关注学生的兴趣爱好可以更好地帮助孩子们实现自身人生价值。然而，部分农村地区的家长受其自身文化水平不高、信息不畅等因素的影响，导致他们更多地关注孩子们学习方面的情况，缺乏与孩子的沟通，更不关注孩子的兴趣爱好。

有些农村学生的家长，本身的文化水平不高，没有关注孩子的兴趣所在，更不具备儿童教育观，所以更无从谈及将其科学、合理地运用到教育实践中。此外，教育传统，不同阶层、不同背景的家庭占有的教育资源不同，学校教育、社会教育可能存在的隐形排斥与歧视，家长与孩子之间沟通不到位，也是人性教育价值缺失这一现象的原因所在。如果家长仅仅以自己的理解和意愿去关注、教育孩子，孩子往往是不会接受的，这种情况下，家长难免产生挫败感。在家长与学校的沟通中，教育制度的隐形排斥也会导致父母的无力感，在这种情况下，父母与孩子、父母与外界（社会、学校）可能无法形成一个有机整体。

第五，完善农村留守儿童家庭功能，家校合作共同培养儿童的注意力。农村留守儿童家庭功能弱化主要有以下几个原因。一方面，家长迫于经济压力外出务工或专注于务农而缺少对孩子的关注。蒙台梭利特别强调，一些成年人往往以物质（如糖果）奖励儿童，而儿童却看重生活本身的意义，渴望得到成人的关注与帮助。[1]但是，有些农村家长对孩子的需求只限于满足其衣食住行，而无暇顾及孩子的教育问题，甚至使孩子处于"教育真空"状态，这对儿童的生理、心理成长等都会造成十分不利的影响。另一方面，新读书无用论等观念造成的不利影响使得部分农村家长及其孩子对教育的期望值不高，然而教育观念会通过文化再生产实现代际复制，致使部分农村家庭缺乏投资教育的动力。其次，国家对部分农村地区学校经费投入还稍显不足，教师配置也不是很合理，部分农村学校信息也较为闭塞。因此，有些农村地区学校存在教师结构不合理、教育观念落后等情况。

家校如何实现合作呢？教育系统内部的各子系统（学校）之间应定期开展

---

[1] 玛丽亚·蒙台梭利. 童年的秘密. 马荣根译. 北京：人民教育出版社，2005：129.

交流活动，尤其在城市名校与农村学校之间要进行沟通交流。这样做有利于实现学校系统之间各种要素的流动与共享。农村地区的多数家庭面临不同程度的经济压力是现实情况，让年轻的父母为了孩子的教育放弃工作、到学校接受教育需要付出很大努力。但是，线上家校社会学习共同体的组建有利于打破时间及空间的限制，更有利于教育资源的整合。学校教育在学生青少年时期起着不可忽视的作用，学生在老师和同伴沟通交流的过程中会不自觉地流露出自己的兴趣爱好；自我意识逐步形成，个人尊严意识逐步建立，人生观和世界观开始形成。学校充分利用互联网与家长建立紧密联系。网络带来的最大的便利就是交流自由、资源共享。比如，每个家长都关注学校的公众号，每一个班都建立了自己的微信群、QQ 群、班级博客、班级邮箱等，这样做有利于家长和老师互相沟通，了解孩子的表现。学校教育、社会教育及家庭教育要形成一个统一的整体。学校教育在青少年时期起着不可忽视的作用。

总之，正如阿尔弗雷德·阿德勒所说，一切有关生命的问题还是得依靠合作的力量来解决，每一项人生使命都不得不在人类社会发展的框架里，通过谋求人类幸福来实现。[①]组建家校社会学习共同体有利于依靠合作来解决教的难题。事实证明，合作力是最好的竞争力。只要用心，就能营造良好的家校合作关系，就能使我们的教育更加成熟、更加科学。

第二节　提升学生内生动力机制

内生动力又被称作内驱力，最初出现在经济学领域，是指能够促进经济发展的各种资源，是经济发展的内生动力，后来该概念被扩展到其他领域，并不断发展和完善。由于研究领域和研究视角不同，不同学者对内生动力概念的理解也不尽相同。"内生动力"一词源于心理学，由内在动机、内在驱动力等概念演变而成。[②]从心理学角度来看，内生动力是指在有机体有需求的基础上产生的一种内部推动力，是在需要的基础上产生的一种内部唤醒状态或紧张状

① 阿尔弗雷德·阿德勒. 自卑与超越（完整全译本）. 曹晚红译. 北京：中国友谊出版公司，2017：34.
② 郑智勇，肖林，王书林. 回归内生动力：中小学校长交流轮岗的困境与思考. 教育评论，2018（7）：73-77.

态，是驱使有机体产生一定行为以达到满足需求的内部力量。1918 年，美国机能心理学代表人物伍德沃思首次将"内驱力"定义为激起行为机制的原动力。后来赫尔将内驱力的定义进一步延伸，将其定义为一种既能减退又能强化的普遍存在的能量或动力，即把内驱力逐渐扩展为包括行为在内的心理动力。①心理学将内驱力分为两个层次：第一层次是由饥饿、安全、睡眠等需求产生的生理内驱力；第二层次是由自尊、认可、独立、自我实现等需求产生的心理内驱力。我们一般会将生理内驱力称为第一内驱力，它是一种基本的、较低级的内驱力；将心理内驱力称为第二内驱力，它是一种后天的、较高级的内驱力，这种内驱力可以不断地促进人的成长与发展。内驱力具有内隐性和持久性的特征。内隐性是指内驱力是内化于人自身的，不能直接表现于外部，需要通过行为体现出来；持久性是指这种动力是由个体自身认同产生的，一经形成便很难消退。从哲学角度来看，内生动力是人的主观能动性，是主体认识客观世界并以认识为基础改造世界的能力。综上所述，内生动力是人发展的原动力，是激发人的行为、思想观念发生转变的根本动力。

学生的学习内生动力也是一种认知内生动力，是出于了解和理解事物、掌握和运用知识以及系统阐述和解决问题的需求而产生的内部力量。学生的自我发展需求是学习的原动力。马克思指出，人的发展需要是人为了提高自我、完善自我、增强自由个性而产生的需要。正是这些主体需要唤醒人行动的动机、意志，进而转化成现实的力量，成为人发展的重要动力。②笔者通过调研发现，现阶段部分农村学生学习内生动力不足。如何提升其学习内生动力，增强其学习的主动性和自觉性，在学习过程中不断自我驱动、自我实践、自我评价和自我反思是实现城乡教育公平过程中亟待解决的重要问题。对此，本节从目标达成与内生动力牵引机制、榜样作用与自我价值实现的动力机制、自我激励机制与外部激励机制相结合、逆境适应力与抗挫力提升机制等方面出发来探索如何建立提升学生内生动力的有效机制。

---

① 转引自佟亚丽. 专业技术人员内生动力与职业水平. 北京：新华出版社，2016：18-20.

② 马克思，恩格斯. 马克思恩格斯全集（第三卷）. 中共中央马克思恩格斯列宁斯大林著作编译局编译. 北京：人民出版社，1960：72.

一、目标达成与内生动力牵引机制

在优质教育资源有限且分布不够均匀，加之自身家庭环境、条件又不够有利的情况下，农村孩子的发展往往受到限制。而这种情况下，教师的专业素质、创新能力和自我突破意识以及学生的内生动力便在很大程度上决定他们能否很快走出这一困境。关注学生的"内生式"发展为有效推进农村基础教育指明了方向。有些农村地区，教师年龄偏大，他们的教育理念、知识和能力有可能无法适应新时代教育发展的需求，如果不及时充电以及更新自己的知识储备，不及时获取前沿的思想理念，就会导致知识老化、思想陈旧和僵化。[①]在学校资源配置不均衡的情况下，部分学校由于自我发展意愿不强和发展能力不足，其教育教学改革的动力和创造力缺乏"内生性"。校长及教师专业素质无法完全适应教育改革和转型发展的要求，使得学校间，乃至地区间的办学差距无法缩小。而内生式发展所要解决的问题便在于此。[②]对于一所学校而言，内生式发展不是无中生有的，而是自我导向性的发展。教育面对的是现实的人、具体的人。每一个人都有成长成才、全面发展的合理需要。对于某些农村地区的学生而言，他们的这些诉求与需要能否得到回应与重视，直接关乎教育的未来发展，甚至是国家的未来。也就是说，教育必须正视受教育对象的成长发展需要，重视其内生动力的培养。离开了对学生内生动力的关注，无疑将使教育成为无根之木，即导致教育脱离学生的现实需要，损害其生命力。因此，提升学生内生动力需要关注学生自身以及教师群体。

基于以上原因，从学生的角度来看，我们需要做到以下几点。

第一，明确学生学习的目的，促使学生学习目标的达成。动机缺失则会导致课堂效率低下，如果学生的学习动机不明确，那么学生的注意力就容易分散，课堂上不积极主动、勉强应付。严重的则会失去学习兴趣，甚至排斥学习。因此，教师在教学过程中应进行正确的引导和启发，以促使学生建立合理、科学的学习目标。首先，教师要阐述学习的价值，让学生明确学习目的；

---

① 杨新春. 如何有效激发教师队伍内生动力. 贵州教育，2020（1）：26-27.

② 刘理. 创新型人才培养的内生动力与政策支持. 中国高等教育学会，重庆市人民政府：中国高等教育学会，2011.

其次，教师可采用考核、评优等形式，营造一定的竞争氛围，从而使学生为达标或取得更好的成绩更加认真，以间接激发学习动机、激发学生学习的兴趣以及提升学生解决问题的成就感，教师要经常鼓励学生分享学习的心得，从学习的过程中享受快乐。其次，教师应根据学科的特点，结合学生的身心特点，增强学生的自信心，并提高其应变、自我控制和人际交往等能力，此外还应注意培养学生顽强拼搏、永不言弃的优良品质。明确的学习目的可以让学生在掌握必要的基本知识的同时，重塑健康心理，增强他们适应社会的能力。最后，将知识转化为能力需要学生通过不断的实践来实现，让学生学会运用所学知识去解决实际问题，这样有利于树立学生的自信心、增强学生的成就感，并激发其学习的动力。

第二，培养学生稳定的学习兴趣，促使学习目标的达成。在校园生活中，绝大部分学生都将自己的成功归因于兴趣。从这个层面上理解，教师在校园生活中应充分利用归因理论与相关方法帮助学生。心理学认为，兴趣主要来自于学生的成就动机，成就动机具有促使学生积极进取、主动探讨学习中存在问题的功能。学生如果能够掌握学习规律，在完成任务时就会充满信心，并力求获得优异成绩。教师应该更多地通过激发学生的成就动机来培养学生的学习兴趣，培养他们勤于和善于思考的精神，以期形成一种有着强烈内驱力的定向心理系统，并长久地调动和保持学习的积极性。

第三，构建多元文化融合的富有生命力的学校文化与课程。马克思指出，人的本质是一切社会关系的总和。[①]换言之，人的生存与发展离不开社会的支持，个人的发展与社会的发展息息相关，二者是相辅相成的关系。也就是说，每个人的发展是社会与国家发展的基础，社会与国家是个人发展的保障。学生是社会中的一员，他们的成长与国家发展紧密地联系在一起。换言之，学生是一个个完整的生命个体，是社会中重要的组成成员。社会要回应学生的诉求，关注学生所关心的事务，即学生个人的兴趣和社会发展趋势相结合。从宏观层面来讲，学校（尤其是农村地区义务教育阶段的学校）要做到扬长避短，构建

---

① 马克思，恩格斯. 马克思恩格斯选集（第一卷）. 中共中央马克思恩格斯列宁斯大林著作编译局编译. 北京：人民出版社，1994：976.

既能促进学生个性发展又具有区域特色的校本课程，这种课程既有利于学生放眼世界，掌握现代科学知识，又能立足生活，保持对乡土的亲近与热爱，使他们自己的思想与精神在现代与传统、城市与乡村的融合发展中获得提升。因此，需要重点做好：①结合乡村文化特点和地方特色开发校本课程，丰富学生的文化生活内涵。②结合乡村生产生活实际开发综合实践课程。两类知识的有机融合，不仅有利于建立教育生活世界与个人生活世界之间的联系，更有利于个体生命世界的整体培育，以及个体人格的健康发展。从微观层面来讲，每个学生的成长经历都是不同的，农村学生的成长经历更是不同于城市学生，教师要善于促使农村学生将自身独特的成长经历转化为财富，并增强他们可持续发展的内生动力。

学生内生动力的提升离不开教师的引导，即学生内生动力的提升与教师的工作热忱、对学生的教育态度等息息相关。学生内生动力的提升离不开具有强大内生动力的教师，从提升教师内生动力促进学生内生动力的提升的角度来看，可以从以下三个方面着手激发教师的内生动力。

第一，提高教师工资与生活福利待遇，以激发教师的内生动力。农村教师和城市教师在工资水平与福利待遇等方面仍然存在差距。面对部分农村教师不愿意在农村地区工作的现实状况，政府相关部门正在采取措施鼓励教师到农村地区教学，同时鼓励在农村地区教师继续以饱满的热情对待他们的工作。政府相关部门应注意从以下几个方面着手。一方面，确定合理的教师编制与岗位，使农村特岗教师有晋升空间，以此增强农村教师岗位的吸引力，并着力提升特岗教师的整体素质。另一方面，完善教师考核与评测机制，并建有相应的监督机制。这样做既可以激发农村教师的工作热情又可以保证教师评测的公平性与公正性。其次，建立教育系统领导干部、教师聘任制度和交流制。教育系统内部的各子系统（学校）之间应定期交流，这样做有利于实现学校系统之间要素的流动与共享。

第二，完善教师流动、引进与培训机制，激发其内生动力。为了建立一种科学、合理的教师流动机制，应设置合理的工作人员轮调周期，以确保教学活动能够正常进行。在特定的轮调过程中，必须认真安排，并采取适当的激励措施，以使更多的人能够参与进来。与此同时，对于教师队伍建设，可以拓宽农村教师引进思路，创新农村教师引进机制，并且不应拘泥于引进形式，实施引得进、留得住、用得住的教师引进战略，以吸纳一批高水平人才。

在教师培训方面，我们应关注教师的培训效果，并建立一种完善的教师培训制度。换言之，为了鼓励教师不断地提升自身业务水平，我们必须为他们建立一个平台。对农村教师进行培训是一项人才培养工作，即在农村教师现有知识水平的基础上对其能力进行强化提升，对农村教师进行培训要具有针对性，只有这样才能及时有效地满足教育对高素质人才的迫切需求。另外，还要优化教师的培训机制。首先，把对教师的培训纳入相关教育组织管理规划，并将培训活动制度化，增强教育领域人才主动接受培训和继续接受教育的意识。其次，建立多渠道、多层次、分类别的教师培训体系，调动各种培训资源，对现有教师有针对性地采取阶段性逐级培训的方式，以形成合理的人才梯队：对刚进入基础教育的毕业生进行新人训练；针对岗位特点对不同学科教师进行专项训练；对走上各级管理岗位的专业骨干进行管理训练；对高层次战略决策者进行专项训练。最后，积极探索灵活的培训方式，采取集中与分散相结合、长期与短期相结合、内部培训与合作培训相结合等方式，加大农村教师培训的广度和力度，如与高校建立战略合作联盟，通过联合办学、双向交流和定期举办研讨会等形式，为农村教师快速"充电"。

第三，健全农村教师激励、评价机制，提升教师内生动力。首先，坚持内在激励与外在激励相结合的原则，一方面，建立以社会力量为主体的奖励体制，并要充分发挥其外部激励作用，相关教育部门要根据不同领域、不同层次建立专项激励机制，尤其是对农村教育做出突出贡献的教师要给予相应表彰和奖励，使其感受到被认可和被尊重；另一方面，激励机制围绕个体成长、提升工作自主性和成就感的需要，为他们提供展现才华、发挥聪明才智的舞台，把他们的个体成长与组织发展有机地结合起来，以激发其创新的内驱力。其次，建立合理的考评制度，科学设立分类评价标准，努力破除"唯论文、唯帽子、唯职称、唯学历、唯奖项"等顽疾，构建以创新和实际贡献为导向的教育评价体系，建立以科学人才观为导向的着眼于创新性、创造力和创新成果的考核评价体系。过于强调量化考核指标可能导致教育内部有效交流的缺失，科学合理的工作绩效考核能够增强这种"必要的紧迫感"，宽松、平等和自由的工作氛围则能使教师专注教学研究。换言之，改变以往烦琐的考核评估程序，减少对各种报表的填写、资格的审查，创建宽松的教学环境，可以使教师将主要精力放在教学研究上。"十年树木，百年树人。"人才的培育是一个长期、系统的过程。教育的发展往往是在摸索中曲折前进的，学生的培育需要政府、社会、学校、家庭等各方面付出努力。简言之，政府要不断完善政策，创造更宽松浓厚的创新氛围，并给予更具有针对性的政策引导。此外，国家要优化学生的成长环境，积极努力制定科学合理的教育资源分配方式，赋予每个学生平等的受教育权以及教育机会，为农村地区的学生创设公平的、高质量的教育环境，助力于农村教育质量的提升，并为人的全面发展提供了物质、制度和法律保障；学校不仅要树立先进的人才培养理念，而且还要促进学生的个性化发展，进而帮助农村地区学生实现全面发展；家长要增强科学培养的意识，营造和谐温暖的家庭氛围，增进亲子感情，为学生的身心健康成长提供肥沃的土壤。

二、榜样作用与自我价值实现的动力机制

榜样是先进思想、高尚品德以及社会价值观的人格化、具体化和现实化。榜样作用是指榜样的言语、行为、人格特征等外部表现为观察者传递一定的信息，从而影响观察者的行为和心理的过程。[1]洛克认为，榜样比任何事物都更能温和而深刻地深入人们的内心。[2]美国学者自我效能理论创始人班杜拉也认为，青少年模仿榜样人物往往是发自内心的、自愿主动的，甚至是无意识，而非强制性的行为，并伴随着愉悦的情绪体验。[3]朱永新在《新教育之梦》一书中也提到，理想的德育应该注重为学生寻找生活中的榜样，用真实、感人的道德形象激励学生。[4]与此同时，习近平同志也多次在讲话中明确指出榜样教育

---

① 崔岩岩. 榜样作用的层次性分析. 广西教育学院学报，2010（2）：104-107.

② 约翰·洛克. 教育漫话. 3 版. 徐大建译. 上海：上海人民出版社，2014：75.

③ 转引自姚梅林. 学习心理学：学习与行为的基本规律. 北京：北京师范大学出版社，2006：265.

④ 朱永新. 新教育之梦：我的教育理想. 北京：人民教育出版社，2004：89.

的重要作用，如在会见第四届全国道德模范人物时，他指出，"伟大时代呼唤伟大精神，崇高事业需要榜样引领"①。榜样直击人们的心灵，影响着人们的思想、行为及价值观。在自我价值实现过程中，榜样所发挥的作用是毋庸置疑的，它能够通过与主体经验的内化相结合，更好地促进主体自身的发展和完善。同时，榜样与学生的内生动力是相辅相成的，榜样的力量可以帮助学生提升内生动力。对于农村学生而言，在大环境的影响下向榜样人物学习是维系自身发展的关键。

第一，榜样作用的外化与主体经验的内化充分结合。主体在原有知识经验的基础上，将榜样的行为与自身经验相比较，深刻理解和感受榜样人物的行为意义，进而对榜样人物持认可、肯定的态度。这即是榜样作用的起点。人的心理结构是一个有机统一的整体，认知居于核心地位，对榜样人物行为的认知离不开主体原有的认知结构。人生而具有向善性，追求真善美是人类普遍的价值取向，基于榜样人物行为所体现的社会价值和基本道德要求是人类共同提倡与追求的。因而，正是由于源自我们脑海中对榜样的认知，当一个人的行为事迹符合我们既定的评判标准时，榜样人物鲜活的行为举止直观地反映了抽象的评判标准，从而使人们树立了明确的价值观。

榜样激励的有效性很大程度上取决于能否与激励客体合理匹配。②这种作用是主体与榜样之间动态交互的结果，它离不开人的认同和模仿，更重要的是主体有意识地把榜样人物的优点内化为自身的一部分，进而实现自我价值。主体对榜样人物的认知和情感，经由实践的体验继而转化为内心较为稳定的个体价值观，这一过程是建立在个体直接或间接的模仿行为基础上的。对于个体而言，榜样人物在个体完善自我的过程中起引导作用，而自我价值是在榜样人物的行为标准下通过自身的努力和改变得以实现的。笔者对小学高年级学生学习兴趣与动力的调查结果显示，现阶段很多学生不具备成长型心智模式，他们在学习和生活中缺乏自信心，缺乏内生动力，不能积极主动地面对学习与生活，

---

① 习近平会见第四届全国道德模范及提名奖获得者. http://politics.people.com.cn/n/2013/0926/c1024-23050194.html，2013-09-26.

② 王隆渊. 谈榜样激励的有效性规律. 甘肃教育，2018（17）：23.

由此，帮助农村学生选取、树立榜样人物非常有必要。学生在选取榜样人物时要以自身的条件和发展目标为基准，以争取获得自身发展的最大可能性。

第二，优化榜样人物的选取标准，助力自我价值的实现。首先，榜样人物的选取应注重现实性。在选取榜样人物的过程中，个体应与现实生活相联系，尤其要与自我价值追求的目标相契合，从而拉近榜样人物与现实的距离。其次，榜样人物的类型应注重多样化。只有树立不同的榜样人物类型，才能从不同的角度助力自我价值的实现。在自我价值实现的过程中，需要个体从不同的榜样类型中汲取能量。最后，选取榜样人物应注重融合性。学者陈平认为，选取榜样人物的过程中应注意真实性、时代性和思想性[1]，也有学者提出选取榜样人物应注重坚持将还原真实性和突出先进性相结合、层次性和多样性相结合、时代性精神与传统美德相结合的原则[2]。基于此，选取榜样人物应遵循先进性、真实性、时代性、层次性和代表性的原则。因而在自我价值实现过程中，选取榜样人物要非常严谨和慎重，因为榜样人物指引着学习者的前进方向，良好的榜样人物形象更能助力自我价值的实现。因而要优化榜样人物的选取标准，选取符合自身发展的榜样人物。

第三，实事求是、切合个体需求选取榜样人物。个体通过模仿重要他人的行为举止以形成自己的特质，或者是受到他们的人格影响而力争向这些榜样人物学习。[3]将榜样人物的魅力内化为实现自我价值的动力，这将对自我的发展有很大的助益，在个体发展的过程中，内外部动力的结合将会推动个体的发展和完善。榜样人物的选取是为了更好地实现自身的发展，因此在选取榜样人物时要实事求是、切合个体需求。在分析、了解自身优缺点的前提下对榜样人物进行选取，这将会给自身的发展带来很大的助益，否则将适得其反。每一个个体都有其独特性，也都有其自身的闪光点，因而我们在选取榜样人物时，要立足于根本，着眼于自身发展的需求，选择适合自身的榜样人物。

个体发展是一个长期的过程，每一阶段的发展需求不同，因而所选取的榜

---

① 陈平. 论思想品德课榜样案例的选取原则. 广西教育，2015（9）：121.

② 李梦婕. 榜样教育研究综述. 晋城职业技术学院学报，2019（5）：73-77.

③ 朱龙凤，张献英. 榜样与自我效能感在个体观察学习中的作用. 社会心理科学，2016（1）：9-11.

样人物也是会发生变化的。若榜样人物的选取一成不变，这将会抑制自身的发展。因而，我们要根据个体发展的阶段和特征来选取榜样人物。由于个体的认知水平和每个阶段的发展特征存在差异，以及每个时期人生的追求不同，如在少年时期个体因对自身的了解不够完善，在行为和思想上会完全模仿榜样人物，这样反而会丧失自身的独特性，限制自身的发展。步入青年时期，个体对自我有了一定的认识和了解，在选取职业以及进行人生规划时，个体应立足于自身的水平和能力选取可以引领自身价值观的榜样人物。个体在选取榜样人物时应实事求是、切合自身的发展。在成长的过程中，树立正确的榜样对我们的人生发展有一定的指导意义，不同时期的榜样人物选择体现了我们的发展方向和人生抉择。对于农村学生而言，榜样人物选取的必要性是不言而喻的，当我们选取了正确的榜样，对我们的人生会产生积极影响，也会呈现出不一样的人生精彩。

三、自我激励机制与外部激励机制相结合

发展是人类最基本的心理需要，在发展的过程中自我激励与外部激励都能增强人们发展的内生动力，促进人们不断发展。德国人力资源开发专家斯普林格在《激励的神话》中认为，强烈的自我激励是成功的先决条件。美国哈佛大学心理学教授威廉·詹姆斯曾做过一项实验，结果发现，一个没有受到正确激励的人，仅能发挥其能力的百分之二三十；而受到正确激励的人，能发挥其能力的百分之八九十，甚至更高，即激励前后的功效相差三四倍。[①]现实生活中，我们也经常发现这样的现象，当一个人不愿意做或被迫做一件事情的时候，由于缺乏热情和动力，效率会很低。当一个人满腔热情一心想做一件事情时，哪怕有再多再大的困难，也会千方百计把它做成，这就是自我激励能量所带来的奇特效果。外部激励是通过奖励和惩罚的手段来诱发人的行为动机、诱导人的行为的，在个体为实现所追求的目标而努力的过程中，使其充分发挥内在潜力，能够有效调动人们的积极性以及限制其错误行为。在教育管理中，奖

---

① 转引自袁连升. 管理学原理. 北京：北京理工大学出版社，2017：176.

励激励主要是发挥管理中的正强化作用，达到鼓励先进、鞭策后进，引导全体同学共同进步的目的。惩罚激励主要是发挥管理中的负强化作用，即通过对违纪者和后进者某种行为的否定与限制以及严肃的处罚来约束、减弱乃至消除这种行为，进而达到教育学生、帮助学生进行批评与自我批评的目的。奖励和惩罚激励的实质是一样的，都是对学生的一种引导，目的都是鼓励学生去积极作为，限制学生的一些错误行为。基于此，自我激励与外部激励是学生健康成长的需要，是学生自我控制的需要，是学生自我提升的需要，两者相结合可以在最大限度地激发学生的潜能，提升学生的内生动力。

针对农村学生在自我发展过程中存在的人际关系挫折、情感挫折和学习挫折等问题，要基于内生动力机制对其进行转变。人的内生动机是自我决定理论的核心内容，人类的动机是内在的，但是却受到外界因素的影响。当个体认为行为是基于自身的需要、兴趣、情感和欲望时，内部动机就会激发个体的种种行为，使人愿意迎接挑战，并从中体验到满足感和成就感。人的外在动机是由个体通过自我调节对外在价值进行吸收并整合到自己的信念之中，并促进自我价值的实现。

第一，学校应坚持对学生进行自我激励教育，帮助学生学会运用自我激励的方法。在培养能够担当民族复兴大任的时代新人的过程中，国家要求青年学生能够获得德智体美劳全面发展，这就需要教育工作者不仅要对学生从文本角度进行激励教育，还要从人本角度开展差异化的自我激励教育，即以"自我需求发掘、内部标准建立、良性发展养成"为着力点，促进学生的全面发展。[①]自我激励教育以主体性教育为基础，教育工作者引导受教育者发掘自我需求，提升道德认知和体验，将道德准则内化为个人标准以调节自我行为，帮助受教育者形成以自我发展、自我完善为指向的动机系统。学校开展自我激励教育可以引导学生进行自我管理以实现自我良性发展，通过提高学生的自我约束力，帮助学生逐步具备为了目标而不畏困难、自我努力的精神。学校在开展自我激励教育的过程中，可以帮助学生明确自身特征，树立正确的目标；引导学生选

---

① 徐欣怡. 大学生社会主义核心价值观的培育和践行——基于自我激励教育的分析. 东华大学学报（社会科学版），2018（3）：155-157.

好参照标准，学会自我控制；督促学生不断自省，弥补自身不足。

作为正在成长中的学生而言，世界观、人生观、价值观正在逐渐形成，面对外在世界的刺激更要坚守自己的内心。相对于城市学生而言，农村学生物质条件大多不是很好，父母的文化水平也大多不高，但这并不是限制自我发展的关键因素。无论处在什么样的环境中，学生都要坚定自己设立的目标并进行自我激励。自我激励是需要持续行动的，所以需要个体养成自我激励的习惯。自我激励是个体在发展过程中增强自信心、完善自我的重要行为，学生只有学会运用自我激励的方法，才能够从根本上提升自我的内生动力。

第二，合理运用外部激励机制。自我激励是自我发展的内在永续动力，但有时在必要的时机加入合理的外部奖励则能够催化自我发展的动力。心理学家斯金纳认为，"人的行为是对外部环境刺激所产生的反应，强化刺激物，改变和改造人类发展的外部环境条件，人的行为就会随之改变"[①]。为了更好地促进个体的发展，教育者需要合理地运用外部激励。外部激励与内在的自我激励是一个有机的统一体，只有将外部激励与自我激励有机结合才能充分发挥其效用。外部激励的合理运用会对个体的发展起到非常重要的作用。外部激励作为一种重要的激励手段，在一定程度上能使个体增强自我的认同感和获得自我发展的满足感。当个体在发展的过程中在某些方面获得了奖励，这将会使个体增强自信心，以更饱满的热情投入到接下来的工作中；反之，当个体在发展中受到了一定程度上的处罚，那么对于某些个体而言将会是一种正向刺激，能使个体认识到自我发展过程中的不足，以便在今后的发展中更好地完善自己。自我激励与外部激励是一个有机的统一体，两者是相辅相成、并驾齐驱的关系。

合理的奖惩更是一种对自我发展的监督，有助于矫正和进一步完善自我。对于正在发展中的学生而言，小小的奖励也会促进进步，同理适度的惩罚也会产生正向的激励。对于农村学生而言，自我激励是激发自我发展的长效动力，因此学生要改正自身的不良习惯，端正学习的态度，克服外界因素的影响，以期塑造更好的自己。

---

① 转引自胡雯，余梦月，范卫国. 心理学. 成都：电子科技大学出版社，2020：176.

四、逆境适应力及其提升机制

随着社会经济的不断发展，人们的价值观念、思维方式也相应地发生转变。中小学生身心尚未成熟，缺乏良好的自我认知和判断能力，加上社会阅历浅，当学业和生活上的压力不能得到正确处理时，很容易产生消极情绪。另外，相对于城市学生来说，有些农村学生长期被动地接受着应试教育的影响，个性不能得到充分发展。此外，在某些农村地区，家庭教育观念较为落后，随着劳动力向城市转移，农村留守儿童的数量也在不断增加，他们得不到父母正确的指导和有效帮助，缺少父母的关爱和教育，往往从小就内向、自卑，性格比较敏感，在面对生活和学习上的困难与挫折时，更容易产生挫折感，容易对生活和学习丧失信心，这也是为什么农村学生离家出走和辍学的人数比城市学生多的重要原因。因此，要想缩小城乡教育之间的差距，必须重视城乡学生的群体差异，分析农村学生的性格弱点，提升他们的逆境适应力。

逆境适应力主要是指人在某种困境下，能迅速融入周围环境并且快速适应的能力。在某些时候，我们也可以把逆境适应力理解为抗挫力、耐挫力、抗压力、承受力等，即个体在遭遇挫折时，是否经得起打击和压力，能否摆脱困境而使自己避免心理与行为失常的一种耐受能力。[①]美国心理测验专家罗森茨威格（Rosenzweig）在 20 世纪 40 年代首次提出抗挫力，抗挫力是指抵抗挫折而没有不良反应的能力。我国学者在借鉴国外学者相关研究的基础上结合我国国情，将"抗挫力"定义为：个体在遭遇挫折时，表现出的能够适应挫折、抗御挫折、摆脱困境的能力。[②]没有一帆风顺的生存环境，每个人在面对逆境和挫折时都必须具备应对的能力，特别是处于发展不成熟阶段的学生，他们易激动、生气，在面对困境时更容易手足无措，做出一些错误、不理智的决定。因此，提升学生的逆境适应力是当前紧急要务之一。

青少年时期的学生不论是身体素质还是心理状态都处于不稳定的时期，可变性较强，在这一时期的学生往往不能合理地处理生活和学习上的问题。他们

---

① 李海洲，边和平. 挫折教育论. 2 版. 南京：江苏教育出版社，2001：98.
② 刘丽英，刘云艳. 幼儿抗挫折能力研究综述. 和田师范专科学校学报，2009（6）：4-7.

通常存在两种心理：一方面对于新事物或成长道路具有热情、渴望展现自我、具有强烈的好奇心与探究欲；另一方面则由于心智不成熟、缺乏经验等，在面对挫折时容易产生悲观、消极的负面情绪。据笔者的问卷调查结果，农村学生的逆境适应力普遍偏低，当代农村学生可能遇到学习成绩不理想，师生关系、同学关系不协调，学习压力过大，留守造成的情感挫折，等等。造成当代学生逆境适应力较低的主要来源是家庭和学校。首先，与城市孩子的家长一样，农村孩子的家长也会尽力为孩子创造良好的环境，所以孩子在家中较少遇到挫折，以至于进入学校和社会不知道如何面对挫折。其次，家长大都望子成龙、望女成凤，而学校为了提高升学率，多重视知识的灌输，容易忽视学生的心理承受能力，过大的压力导致学生的逆境适应力不断下降。最后，农村学校心理健康教育缺失等也会在一定程度上影响农村学生逆境适应力的提升。基于此，本书尝试从学校、家庭、学生自身三方面探讨提升农村学生逆境适应力的策略。

第一，学校要重视培养学生的逆境适应力教育。学校是学生学习生活的主要场所，学校教育是培养学生逆境适应力的主要方式。学校应坚定立德树人的教育目标，不断巩固学校逆境适应力教育主阵地地位，坚持把对学生逆境适应力的培养落实到课堂教学上。首先，开展理论教育，培养学生积极的生命情态。叶澜先生对"教育"一词的解释是"教天地人事，育生命自觉"[1]。她强调："我们需要通过学校教育，培育富有积极的生命情态的个体。这样的生命个体，是对自然与社会有着强烈的探索欲与好奇心，有着开放的心态，有着跃跃欲试的热情的人。""对于'事情'，他有着实践的热情，有着投入的勇气，有着对辛勤劳作的热爱，有着百折不回、勇往直前的精神。""他也会遭遇挫折与失败，但他会在挫折与失败中重新鼓起勇气。在直面失败、直面陌生、直面困难中，个体的生命情态往往体现得更为鲜明。"[2]学校可以开设专门的心理健康教育课程向学生讲解与挫折相关的基本知识，让学生形成正确的挫折观。正确的挫折观会帮助学生合理地看待生活和学习上的所遇到的挫折，从而勇敢地

---

① 叶澜. 回归突破——"生命·实践"教育学论纲. 上海：华东师范大学出版社，2015：242.

② 叶澜. 教育学原理. 北京：人民教育出版社，2007：170.

去面对困难。同时学校还可以开展各种实践活动去提升学生的逆境适应力。其次，坚持培养学生的创造性行为。学生是学习生活的主体，任何对学生的教育都应以激发学生的内生动力为前提，这是"育生命自觉"的要求之一。将"自觉"的内容展开，它包括"自明、自得、自立、自强、自持、自勉、自由、自在"。让学生达到生命"自觉"，以自身坚定的信念和能力克服遇到的一切困难，这是对学生实施逆境适应力教育的终极目标。学校应扫除一切障碍，努力实现这个目标。最后，给予农村留守儿童一定的重视。农村地区的留守儿童较多，这类学生的心理素质较差和抗压能力较弱。所以对于父母常年在外务工的学生而言，学校要给予更多的关注，加强意志力和抗挫力的训练，向他们传授更多的逆境适应力的理论知识，经常与他们沟通、谈心，及时了解他们的情况，正确指导他们面对挫折和困难。只有这样，学生才可能在融洽的人际关系中缓解思想上的压力，减少各种消极情绪，逐步走出逆境。

第二，家庭要发挥教育基础性作用。家庭环境是影响学生的逆境适应力的重要因素，对学生逆境适应力的提升影响也是很大的，父母应以身作则，为孩子营造健康和谐的家庭环境。首先，建立融洽的家庭关系。家庭关系包含夫妻关系和亲子关系两个方面，融洽的家庭关系需要处理好这两个方面的关系。父母应该加强自身修养，彼此尊重，不应该恶语相向甚至动粗，即便是有矛盾分歧，也不应该以激烈的方式处理，更不应该因父母的矛盾而影响孩子的身心健康发展。父母处理好亲子关系的关键在于尊重孩子、理解孩子。随着信息化社会的到来，即便是小学生都能熟练运用电子产品获取信息，他们较之以往的孩子获得的信息更多。因此，父母不应该以长者的姿态命令或者以训斥的口吻与孩子交流，这样不但会挫伤孩子的自尊心，还会激起孩子的逆反情绪，使得他们更不能控制自己的情绪，从而降低逆境适应力。其次，家长要树立正确的成才观，摒弃攀比功利的思想。不管是年轻的父母，还是年长的祖辈，都应该全方面地培养孩子，不能只重视孩子的分数。尤其是家里的爷爷奶奶不能一味地宠爱孩子，包办孩子的生活，而是要在日常生活中锻炼孩子的动手能力，有意识地培养孩子的耐挫力。父母不应该把孩子当作自己炫耀的物品，或是完成自己心愿的工具，而应该充分尊重孩子，把他们当成具有独立人格和独立思考能力的个体，给予孩子充分的鼓励与支持，让孩子自由地、全面地发展。对于成绩不理想的孩子，父母需要应该坚决摒弃家长之间相互攀比的虚荣心，并正视孩子的优缺点，接受孩子的平凡，以悉心浇灌幼苗的心态陪伴孩子，而不是拔苗助长。父母还需要帮助孩子树立自己的抱负，如果对孩子有一些不切实际的期望，不但会打击孩子的自信心，还会使孩子形成好高骛远的心理，这些对他们逆境适应力的培养都是不利的。最后，父母要重视榜样的作用。农村父母多数文化程度不高，因此应该清楚地认识到自己的缺点，不能采取简单粗暴的方式对待孩子。在日常生活中，父母应该注重自身的言谈举止，向孩子展示积极的情绪状态和良好的行为习惯，在遇到挫折时，要顾及个人行为对孩子的影响，为其树立榜样，通过一滴一点的小事去影响孩子。

第三，学生要树立正确的挫折观念，注重自我提升。逆境适应力的培养不是一朝一夕的，农村学生应该从自身出发，根据外在的教育环境，不断完善自己。首先，要建立自我调节机制。自我调节是指在学生遇到挫折时，能够根据自己掌握的知识和已有的生活经验分析问题、解决问题，发挥自我能动性，消除挫折带来的不良情绪，从而保持对挫折的抵抗力。同时他们还要了解自身和外在的世界都可能导致挫折的产生：一方面，学生需要全面地审视自我，认识到自身的优势和不足，对自己形成较为正确合理的认知，能够悦纳自己；另一方面，学生需要增强对自身所处世界的了解，要主动观察、认识、思考自然、社会的发展带来的问题，从而树立正确的世界观。[1]农村学生要认识到挫折并不是一种特殊的现象，它是不可避免的，要明白挫折不仅有消极的影响，也有积极的影响。当挫折来临的时候，不要害怕，更不要推卸责任。首先，培养良好的情绪。农村学生需要关注自身的情绪状态，学会情绪管理，形成乐观的生活态度。其次，主动锻炼意志力。意志力的形成离不开实践的磨炼。农村学生要注重自我训练，可以在日常生活中，增加体育锻炼，也可以培养适当的兴趣爱好，养成良好的行为习惯。

---

① 周岸. 少年儿童耐挫力培养研究. 河南大学硕士学位论文，2019.

第三节　课程体系的渗透和活动建构机制

学校课程体系和活动建构机制能够充分体现国家课程意识，是学校教育的核心。课程体系作为学校教育的主要载体，承载学校的办学目标，影响着学生将接受什么类型的知识，决定着一所学校的教学质量。如何适应新的课程改革，并满足学生个性差异、自主发展的需求已成为我国变革各级各类学校课程体系面临的迫切问题，全国各地从 2005 年就开始如火如荼地推行课程改革，并以学生个性发展与自主发展为价值追求，以课程体系、活动建构为主要抓手，不断优化课程结构，既突出基础知识又满足学生多样化需求，努力构建一套适合学生发展、符合学校特色的课程体系和活动建构机制，并已取得阶段性的胜利。与此同时，我们发现农村学校在完善课程体系的过程中也遇到了一些难题。尤其受经济基础较为薄弱、资源配置不太合理、学校办学理念较为落后、师资力量不太充足等因素的限制，有些农村学校逐渐丧失了主体性，学校发展举步维艰，课程体系建设不合理，如以语数外三门主课为主，活动类课程较少，选修课不被重视，课程资源单一，校本课程和社会实践课程沦为"空白课程"。这种不完善、不合理的学校课程体系不仅严重制约农村学生的全面发展，而且会逐渐拉大城市学生与农村学生之间的差距。因此，要想有效促进农村学生的发展，不断缩小城乡教育的差距，必须以农村课程体系建设作为突破口，农村学校校领导、教师团队要根据学生发展的需要，在充分考虑学校内外资源条件的基础上，积极探讨、合理开发与设计课程，稳步走学校课程体系化、特色化的变革之路。

农村课程建设不合理的主要原因包括以下几个方面。①农村学生群体特殊。部分农村小学地处经济发展较为落后的地区，其中留守儿童所占比例较大。学校开设的社会实践课程会受到多种因素的制约，因而会造成农村地区的社会实践课程远远不如城市地区的社会实践课程开展得深入，如会出现课程目标简单化、课程内容表面化、课程结构松散化、课程活动形式化、课程评价片面化等情况。另外，农村学生班级规模较为特殊。有些农村学校的学生人数较少，尤其是偏远地区的学生，人数则更少。人数上的不均衡会导致农村学校会存在两种极端：一是学校为节省师资物资，将学生集中在一个班级进行集体授课，有的班级人数多达六七十人。二是由于学生人数过少，一个班级的人数为一二十人，偏远地区的班级人数则更少。两种人数上的差距势必会造成教育教学中的一些困难，这种特殊的班级规模不可避免地给学校课程建设带来了严峻的挑战。②农村教师资源有限。农村教学点往往受地理环境的影响，呈现多且分散的特点，教师待遇较差，师资力量较弱。学校的优秀教师人数较少，教师的专业素养和教学能力亟待进一步提高。同时，有些农村学校的教师身兼数职，尤其是优秀教师会从事多门学科、多年级的教学工作。所以，沉重的工作负担和生活压力使得这些教师没有时间和精力去开发新的课程资源。③校领导自主权被遮蔽。升学指标和办学质量的双重压力使得某些农村学校的校领导身处博弈之中，从而丧失了自主权，课程开发与建设的意识和理念被弱化，无法潜心带领学校教师开发课程。因此，农村学校校领导需自觉意识到自己应作为学校课程开发与建设的引领者，对学校课程建设的有效实施起着主要的指挥作用。④课程资源利用效率较低。某些农村中小学对于有限课程资源的利用也存在低效、无序的现象。由于某些农村教师的专业素养较差、专业知识有限，这些教师仍然习惯地把教科书、教学参考书、练习册视为最重要的课程资源。他们对教学设备与校内图书馆、实验室利用率较低，至于校外课程资源，更是很少开发利用。农村学校课程体系建设的目的是凸显学校的办学理念，推动学校长远发展。这并不是一蹴而就的，而是始终在发现问题、解决问题、再发现问题、再解决问题的过程中促使学校课程建设更加规范化、科学化。

一、全面实施国家课程，调整学校课程结构

我国推动实施科教兴国战略、人才强国战略，因而坚持发展素质教育是我们走上富国强民道路所必须坚持的。国家课程是目前最权威、最科学，对学生成长最有裨益的课程，将国家课程的价值发挥到最大，是对乡村学生最有意义的教育。①农村学校必须要坚定地落实国家课程建设，以义务教育课程标准为

---

① 孟璨. 乡村学校课程建设的调查研究——以济南市西营镇为例. 山东师范大学硕士学位论文, 2017.

学校课程的指导思想，科学设置课程内容，合理安排课程时间，开足国家课程的科目，确保体育、美术、信息技术、综合实践课程开齐、开足、开好，杜绝出现缺课少课的现象。同时，学校要注重提高学生的健康水平，不断加强农村学生体质健康管理工作。学校应通过早操、课间操，以及其他课外活动来推行"阳光体育运动"，确保学生将"每天体育锻炼一小时"落到实处，帮助学生在体育锻炼中享受乐趣、增强体质、健全人格、锤炼意志。学校还需要注重学生兴趣的培养，根据学校现有的资源和学生的兴趣爱好，成立多种兴趣班和社团，以丰富学生的课余生活、提高学生的文化修养。

当前，国内外对基础教育课程改革都给予了高度重视，新的课程范式正在形成。新的课程范式提倡课程要走向学生生活，与学生生活相联系，努力促进课程综合化发展，培养学生的综合能力，以不断适应现代化社会的发展。追求课程综合化一直以来都是我国教育发展的方向，在课程体系中设置综合实践活动正体现了这一趋势，综合实践课应成为农村学校重视的新课程形式之一。

我国作为农业大国，农村人口众多，农村教育直接关系着整个教育事业的发展，同时农村学校教学质量的提升也将直接影响着我国综合实力的提升。当前，农村教育水平相较于过去有了长足的发展，但城乡教育之间仍然存在着较大的差距，在农村学校中诸如师资力量薄弱、适龄儿童流失等问题还较为突出。生活在农村的学生有着自己的故事，他们可以在广阔的自然天地中自由自在、随心所欲地玩耍。随着农村家长对孩子教育问题的日益关注（这种重视只是针对于学生的成绩），而忽视了学生的全面发展，我们的教育不能远离学生的生活世界，而课程不能成为阻碍学生和世界相处的屏障。我们应开展丰富多样的综合实践活动，为学生开辟一条与生活交互频繁、与社会更亲密的发展渠道，以培养学生的社会责任感、提高学生的综合能力。有些农村学校虽没有先进的硬件设备，但这些农村学校立足于自然生活之中，有着独厚的自然资源和文化，为农村学校开展综合实践活动提供了宝贵的课程资源，这也恰恰是农村学校开发独特课程资源的魅力所在。农村学校开展综合实践活动时可以大量引入农村中一些有趣、有益的小游戏，如跳房子、滚铁环、击鼓传花等。这样做既体现了农村学生丰富多彩的课外生活，又能培养学生团结、合作等良好的品质，给学生指明健康向上的发展方向。基于此，农村学校更要结合自身的特色打造出受学生喜欢和能积极传播课程文化的综合实践活动课程。探索和挖掘的过程也是一个不断学习和进步的过程，因此主动迎合时代发展的形势，正是农村学校课程发展的关键突破口。

课程的开发要重视对课程链条上各个结构的设计，要确保每个环节环环相扣，既要体现每门课程的目标理念、价值追求，也要包含课程实施的途径与课程评价的方法，并集合丰富多样的学习资源，进一步激发学生的内生动力，提高教学质量，有效保证各类课程能形成一个相互支撑的有机系统。

二、有效利用农村资源，积极开发校本课程

长期以来，中国一直采用国家统一的课程设置，全国中小学基本上沿用一个教学计划、一套教学大纲和一套教材，缺乏灵活性和多样性。20 世纪 80 年代末 90 年代初，中国课程改革的步伐日益加快，1996 年国家教委印发《全日制普通高级中学课程计划（试验）》，规定学校应该"合理设置本学校的任选课和活动课"，自此，校本课程开发成为中小学课程管理的重要组成部分。校本课程开发要求以学校为主体开发校本课程，从而实现课程决策的民主化。2001年，教育部出台《基础教育课程改革纲要（试行）》，明确规定"改变课程管理过于集中的状况，实行国家、地方、学校三级课程管理，增强课程对地方、学校及学生的适应性"。校本课程的价值就在于能增强学生对课程设置的适应性，推动学生的个性成长与发展，提升教师课程开发意识，助推教师专业发展，实现学校的课程建设创新，凸显学校特色文化。因此，在新课程改革的背景下，农村学校需更新办学理念，明确办学方向，重新审视培养目标，调整学校价值定位，以校本课程开发为主要抓手，筛选学校独具特色的课程资料，挖掘农村学校现存的文化优势，丰富农村学校课程资源。农村学校应按照新课程改革的要求，结合自身发展特色，以开发适合自身发展的课程。

促进学生的发展是学校课程建设的重要目标，要坚持将学校课程与学生发展紧密结合，学校的教学工作必须站在学生的立场，始终把学生作为学校课程

建设的出发点与落脚点。相对于城市学生来说，某些农村地区学生由于一些条件的制约，他们难以像城市学生那样可以随时利用各种内容丰富、形式多样的学习资源，也很少有机会参加课外辅导班、学习班等。农村学校虽然受到某些条件的限制，但它一般却具备独特的地理环境和风土人情。农村课程建设有助于农村学校文化特色的彰显，而校本课程就是学校办学特色的重要载体，校本课程的开发体现了校领导和教师团队的教育理念、价值追求、教学方法、课程设置、校园文化等的综合特色。陶行知指出，"农村教育不应盲目地学习城市中的生活习惯和生活方式，应教化儿童应有的农村文化素养，形成具有农村特色的淳朴民风，否则对农村的发展是有害无益的"[①]。所以，农村学校必须坚持走自己的乡村化道路，把课程真正扎根于农村的土壤，充分开发农村当地特色的乡土文化和自然资源，将其融入课程内容中去，把特色课程资源整合到主流学科中，开发与建设丰富的农村校本课程体系，最终成为真正意义上的特色农村学校。同时，课程的建设还应关注学生的农村生活经验，而不应只是向学生呈现知识内容，而应该将学生身边的历史文化、风土人情、农业知识等作为校本课程开发的重要来源，引入到课程内容中，并引导学生体验生活，探索知识，发现兴趣、特长之所在，关注学生的需要发展，为他们更好地适应农村生活与健康成长打下温暖的底色，以有效促进学生的全面发展。所以，学校应该动员各方力量，校长、教师、学生以及家长都应该积极主动地参与校本课程开发，关注学校周围可利用的资源，结合学校的实际情况，立足于学生，积极寻求专家、学者合作，共同编制适合当地学生的课程，校内外的课程资源有效融合，既体现课程的创新性和趣味性，又体现课程的知识性，满足学生德智体美劳发展的需要，以形成学校的特色课程体系。不同的农村学校可以根据自己学校的发展历程，收集、整理相关资料，发掘学校发展的历史文化，并将这些历史文化转变为校本课程，最终形成独具文化特色的学校课程。上述种种都是农村学校开发新课程的一些途径，但最关键之处在于要坚守本心，要基于农村学校的特色，只有这样才能使课程的作用最大化。

---

① 转引自王铁军.陶行知办学特色与当代中国学校管理改革.中国教育科学（中英文），2020（6）：74-83.

农村学校的课程开发与发展具有特殊性和长远性，保持农村教育的可持续发展不可能是一蹴而就的，农村学校教育的现状也是复杂多样的，提高农村教育质量和推进素质教育的实施是一项长远而艰巨的工作，而我们一定要正确认识到当前农村教育所面临的问题以及课程开发过程中遇到的困难，积极探索符合农村教育发展的出路，力争为农村教育的发展调动一切可以利用的资源，勇于实践、勇于创新，只有这样才能确保农村教育走出困境，蓬勃发展。

三、充实农村教师队伍，提高教师专业水平

十年树木，百年树人。中国未来的振兴在教育，而中国教育的振兴在教师。农村教师的素质在一定程度上决定了国家的未来。只有打好农村教育的基础，我国才有望进一步发展和进步。农村课程体系不完善的主要原因之一就是某些农村教师自身能力不足，导致对国家课程的解读存在不足甚至误区，对课程变革适应能力较差，因而提高农村学校的师资水平是提升农村学校教学水平的重点内容。农村教师师资力量薄弱的主要原因包括以下几个方面。其一，在于农村教师待遇大多较差，虽然近些年国家出台了相应的政策来扶持农村教师，但由于有些农村学校条件较差、地处偏远，因此依旧存在农村学校留不住年轻教师的现象，有些年轻教师只是将农村学校作为自己事业的过渡期，一旦有更好的机会，他们就会回到城市学校，实在转不走就想办法借调出去，因此一些农村学校出现在编不在岗的情况，而农村学校年龄偏大的教师却无法流动。农村教师的不合理流动，容易对学校师资队伍建设产生不良影响。同时这种情况往往会对学生造成很大伤害，过度频繁地更换教师会给学生带来心态上的波动。因此针对这种情况，国家必须要制定促进农村教师就职的优惠政策，从根源上帮助教师解决问题，让年轻教师定下心、教好书。应进一步关心经济负担较重的教师，关心长期从事农村教育的教师，从职称评定、工资待遇等方面适当向这些教师倾斜，鼓励教师在农村安心工作。只有确保农村教师在生活上没有后顾之忧，才能使他们在工作上一心一意、专心致志。同时要坚持实行城乡教师交流制度，合理安排城区高级教师、骨干教师到农村学校支教，创造

性地开展工作。其二，乡村教师对教学钻研得较少，会存在惰性和吃老本的情况，如果不学习教育理论，那么就不会实时掌握教育前沿信息，思考自身问题，使得原有的知识和技能落后于时代发展的需要，专业知识结构也会变得较为陈旧、失衡，同时教育研究和创新能力也变差。他们往往没有较强的研究意识，缺乏对教学新思想、新内容、新手段、新方向的钻研学习，往往只是应付检查，过后一概不再深究。

从农村学校教育教学发展的角度出发，以政府和教育相关部门为助力，加大对教师培训的投入力度，以师德培训为主，重点宣讲身边的模范。同时进行业务培训，重点以新教法的探索为主，加强技能培训，且以电子信息操作技术为主。同时，学校要积极主动地开展教师之间的互评，以期在教师之间形成互相学习、共同进步的良好氛围。但回归到现实中我们不难发现，农村教师职业技能提升情况仍然不太理想：培训不多且质量不高，没有得到所期待的成效。众所周知，教师培训是为了使教师完善自身教学方法和及时更新教育教学理念，使得学生所获得的知识是最前沿和最全面的。因而，针对教师进行培训要根据农村教师的需求和农村教师的实际情况，如就教学中出现的实际问题、家校沟通中存在的问题等有针对性地对教师进行培训。同时，政府和学校还需要大力改善农村教师的工作环境，此外同一地级市的中小学教师还要按照职称、职务等实行统一的薪酬标准，以保障师资队伍的稳定和可持续发展。积极搭建学习平台、拓宽多方交流渠道，提高农村教师的教学品质，组成课程开发教研团队，在这种相互督促和协作的氛围中，更新自己的教育教学理念，按照新课程改革要求，树立开放的课程观。同时，建立资源信息化体系，优秀教师的上课视频在偏远的农村学校也可以随时看到，教师还能与学生进行有效互动，这有利于提高学生学习的积极性，且能够有效提高农村教育教学质量，也能进一步缩小城乡之间的教育差距，使得城乡学生之间享有公平的教育资源。

"百年大计，教育为本"，教育是一项基础性工作，促进乡村教育的长足发展是基础教育工作的重中之重。发展乡村教育的关键在于按标准配备教师、合理设置班额，以及减轻教师工作压力的同时，提高教师的待遇，制定农村教师收入最低控制线，从根源上确保农村教师的合法权益，以此来增强教师的职业幸福指数，最终提高农村教师对教师职业的认可度。同时，与相关部门对接免费师范生引入计划，吸引更多的优秀毕业生到农村中小学从事教育教学工作，建立和完善农村教师考评体系，进一步激发农村教师的工作热情。据调查，现今部分身处农村的教师对农村社会的了解与认知程度较差，甚至表示自己不喜欢农村生活。这也进一步说明，部分农村教师缺乏乡村认同感和扎根于农村的情怀，这也是阻碍农村学校发展的原因之一。[①]农村教师要明确自己是农村文化的传承者，也是农村文化的维护者，更是农村文化的创新者，肩负着改造农村社会生活的应然使命，因此农村教师应明确自身的责任与义务，以满腔的热情关心学生、关心农村，只有真正热爱农村、热爱农村教育的教师，才能把教育工作做好。农村教师要学会寻找农村教育发展的闪光点，努力做一名满怀激情与斗志的教育逆行者，不断探索农村教育新的可能性。

校本课程开发意识反映了教师的专业水平，在教师教学过程中具有重要的意义，教师的校本课程开发意识并不是可有可无的，清晰、明确的课程开发意识会直接影响着教师的教育理念和教学活动。教师的校本课程开发意识是农村学校课程建设有效开展的重要保证。当课程决策的权力下放到教师手中时，教师就手握着更多的话语权，有了更多的选择权。农村教师不仅在农村课程建设中起到关键作用，同时也在不断地改造农村文化生活，发挥着教育的文化引领作用，能够带领农村学生重新拾起乡村情怀。教师作为课程开发的主体，需基于农村的背景与视野不断地深入思考农村学校课程该如何开发，从多个角度审视农村文化，挖掘和利用身边一切有用、有利、有益的农村教育资源，构建别具一格、富有特色的农村学校课程体系。

农村教师还需要注重自身的发展。首先，提高自我认知。改进个人认知方式，认识到自身的优势与不足，增强课程开发理论知识和操作技巧的学习动力。其次，强化责任意识。应意识到自身的责任，努力使自身朝着专业化的道路前进，提升自身的专业化水平，激发自己的专业潜能，实现自我价值。最后，成为自我学习的领导者。农村教师要善于发现、利用各种学习资源，随时

① 程良宏，陈伟. 迁徙与守望："候鸟型"乡村教师现象审思. 教育发展研究，2020（15）：63-70.

随地学习，更新自己的知识库，树立终身学习理念，成为一名积极的学习者、研究者。

第四节 传统文化资源与国际经验结合机制

教育公平的观念源远流长，追求教育公平是人类社会古老的理念。从历史上看，古希腊的大思想家柏拉图最早提出教育公平的思想。我国古代大教育家孔子也提出"有教无类"的思想，打破了贵族对教育的专制权。从古至今，教育公平一直都是人们追求的目标，也是世界教育追求的理想化成果。在教育公平方面，发展农村教育更是重中之重，它对推进城乡教育公平进程、促进学生更全面发展、推动教育事业不断进步、推动和谐社会的构建等具有深远意义。此外，城乡教育均衡发展也一直是各国致力于解决的重要教育问题。比如，俄罗斯、美国、日本等国家积极采取了一系列有效的措施，并取得了显著的成效。我国是一个农业大国，发展农村教育十分重要，因此我们需要积极学习国外的先进经验，努力解决农村教育中出现的问题。

一、建立经费保障机制，推动农村教育发展

教育经费的投入是教育进步和发展的主要影响因素，也是推动教育政策顺利实施的重要保障。对于农村学校来说，要想提升教学质量，必须保证农村教育资源得到合理的配置。国家实行九年制义务教育，学生接受义务教育期间，不收学费、杂费。国家建立义务教育经费保障机制，有效保证了义务教育制度的顺利实施。《中华人民共和国义务教育法》第四十四条规定，"义务教育经费投入实行国务院和地方各级人民政府根据职责共同负担，省、自治区、直辖市人民政府负责统筹落实的体制。农村义务教育所需经费，由各级人民政府根据国务院的规定分项目、按比例分担"。可以看出，普及义务教育的财政负担部分落在各级地方政府身上，由于经济发展的区域差异，一些地区无法负担义务教育需要的教育政策执行资源。虽然国家出台了相关政策来减轻地方政府的财政负担，但"以县为主"的义务教育经费体制无法保证某些欠发达地区农村义

务教育的顺利实施和均衡发展。在教育经费总额、财政性教育经费和预算内教育经费的投入规模三个主要方面，农村教育经费和城镇教育经费之间仍然存在较大差距，具体来看，2012 年起义务教育阶段的农村中小学生人均经费投入与城市差距逐渐缩小，在 2014 年达到最小值，当年城市小学生人均经费投入比农村多 693 元、城市初中生人均经费比农村多 1042 元。此后农村、城市义务教育经费虽然仍在增长，但城市与农村之间的差距开始逐年拉大，截至 2019 年，农村小学生人均经费与城市的差值达到 2556 元，农村初中生人均经费与城市的差值则有 6332 元，并仍有继续扩大的趋势。[1] 对于某些经济状况欠佳的城市来说，尽管当地整体经济水平不高，但是地方财政仍然会将教育经费划分给城镇地区，优先促进城镇地区教育的发展。而一些偏远农村地区只有在城镇地区教育经费得到足够的保障之后才能获得较少的教育经费。如果在教育资源分配中出现长时间偏爱城镇地区教育的情况，那么农村教育就会出现"营养不良"的状况。

政策的制定与实施是保障教育资源公平的重要举措，解决我国农村教育经费问题也可以参考国内外教育的先进经验。

在我国，上海在高层次人才配备、设备配置、经费使用等方面给予领军人物充分的自主权，鼓励领军人才打破地域限制，聘用"柔性流动"人员和兼职科研人员自主组建团队，领军人物可根据需要自主选题立项。在人才选拔方面，上海采取了"擂台赛"、专家评审、组织推荐等多种形式。在培养方面，上海市科学技术委员会着手研究搭建领军人才产、学、研合作平台。例如，在百所公办初中"强校工程"中，基于"种子计划"培育行动，"强校工程"实验学校中有发展潜力的青年教师在同等条件下优先入选"种子计划"，且每所"强校工程"实验学校须有 5% 的教师是"种子计划"人员；各区制订入选"种子计划"人员培养计划，为入选人员提供优质资源，设计发展路径；入选"种子计划"的青年教师须有明确的自我学习、自我发展和自我提升的计划。[2]

俄罗斯国土面积较大，人口较少，其农村教育与城市教育也出现了参差不

---

① 戎乘阳. 我国农村义务教育经费投入研究. 经济问题, 2022（1）：101-106.
② 徐倩. 精准培育，筑高上海师资队伍高峰高原. 上海教育, 2018（19）：13-15.

齐的情况。尤其是农村地区学校资源分散、经费不足、优质师资缺乏，孩子接受优质教育的机会与城市孩子相差悬殊。对此，俄罗斯于 2004 年修订的《联邦教育发展纲要》中明确提出，农村教育现代化不仅是教育事业发展的需要，还是农村社会、经济、文化发展的要求。为推动农村地区教育事业的发展，俄罗斯特意为地处偏远地区的家庭提供免费校车和住宿等优惠服务。巴西为解决入学率低与地区发展不均问题，早在 20 世纪 90 年代就实施了专门针对东北部贫困地区的"东北地区基础教育计划"。澳大利亚政府于 2001 年设立"乡村地区计划基金"，每年给予乡村学校固定的财政拨款。

相比国外，我国的教育经费占国家 GDP 比重较低，其中农村教育经费占教育总投资的比重也较低。所以，要发展农村教育，国家应增加对农村义务教育的经费投入，并根据农村教育形势的变化不断进行调整；对于经济落后的农村地区，中央财政应加大财政转移力度，增加教育投入，同时不断完善农村教育经费保障机制。

二、合理调配师资力量，促进城乡师资均衡发展

中国文化的根在农村，乡村兴则国家兴。乡村教育振兴一直都是乡村振兴的出发点和落脚点，作为农村教育的关键问题，农村教师问题是我国需要关注的重点问题。古往今来，"教师"这一角色受到人们的认可和爱戴，农村教师是农村文化最闪耀的代言者。著名教育家陶行知认为，教师是建设乡村的中心灵魂。同时，乡村教师也是发展更加公平、更有质量乡村教育的基础支撑，是推进乡村振兴、实现中华民族伟大复兴的重要力量。面对新形势新任务新要求，"加强新时代乡村教师队伍建设，努力造就一支热爱乡村、数量充足、素质优良、充满活力的乡村教师队伍"[①]。随着社会的发展与时代的变迁，农村教师的角色定位日益多元化与丰富化，他们不再只拥有"教育者"这一身份，而是扮演着"创造者""研究者""合作者""社会人才"等多重角色，作为建设农村的重要人力资源，他们把自我价值从个人意义上升为社会意义，有力地

---

① 教育部等六部门关于加强新时代乡村教师队伍建设的意见. http://www.gov.cn/zhengce/zhengceku/2020-09/04/content_5540386.htm，2020-07-31.

推动了农村教育事业的发展。但是某些农村学校面临着无优质师资或优秀师资外流的窘境，这容易导致农村教师结构不完善、总体布局失衡，将进一步制约农村教育事业的振兴与发展。因此，合理调配师资力量，促进城乡师资均衡发展不仅是我国教育事业迅速发展的有力保障，更是实现新时代教育公平的关键。

教育经费和师资力量对农村教育有重要影响。教育经费是基础性的教育资源，规范教育经费支出是有效解决农村教育发展问题的重要举措。工资待遇则会影响到学校基本的人员配备。另外，导致我国城乡教育失衡的一个重要原因是农村师资力量薄弱。与城乡教师相比，农村教师所承担的教育任务要远远多于城市教师。其中一个主要原因是，农村地区学生人口数量较多而师资力量相对较为匮乏，而且这些问题在短时间内是难以解决的。尤其是一些地理位置较差的农村地区，教师流失是比较严重的，农村教师的编制也是难以填满的，一些优秀的农村教师为了有更好的工作和生活环境会通过一些选拔性考试离开农村学校而到城市学校就职，这就造成乡村教师队伍流动性较大。与此同相对应的是，某些城市在教师招聘中有时是一个岗位上百人竞争，时常出现超编现象。此外，即使部分教师选择留在农村，后续也会慢慢回到城镇，真正留在农村学校的优秀教师不多。面对农村教师质量相对较差、流动性大等现实问题，简单做道德层面的批判是不够的，是无法改变这一事实本身的。农村教师流失，也与城乡教师之间的待遇差异较大密切相关，不仅在工资收入方面存在差距，在医疗条件、工作环境等方面也存在较大差距。

因此，应推动城乡教师双向流动。"在市场经济条件下，教师流动是正常现象，它本质是教师社会关系和社会地位的转变。"[①]教师合理流动既可以促进农村教师队伍的壮大、优化，又可以有效激发农村教师队伍活力。事实上，我国各地区都或多或少存在教师流动的现象，但这种教师流动更多地倾向于单向流动，即优秀教师从农村向城市流动，从小城市向大城市流动，这不可避免地造成城乡教育差距扩大。要想遏制这种单向流动的势头，就必须推动城乡教师

---

① 张松祥. 本土化：我国乡村教师队伍培养的必由之路. 中国教育学刊，2016（12）：62-68.

双向流动。当前，我国为推动师资合理配置、促进教师合理流动主要采用两种模式。第一种是弱势补偿模式，即从城市学校派遣优秀教师到农村支教，但是这种模式容易流于形式，不太容易见到实效，只能起到辅助作用。第二种是全员流动模式，如日本实行教师定期轮换制度，即要求符合制度要求的教师在不同学校进行轮岗执教，这样做能够有效促进教师资源在一定范围内实现均衡配置。这种模式能提高教师的工作热情，增加教师的工作经验，使教师资源得到合理配置，打破教育之间的隔膜，实现学校教育的均衡发展。基于此，我国已在一些地区采用教师全员流动模式。在该过程中，应坚持公平公正的原则，流动地区应坚持就近原则，对流动教师的考评须坚持正当原则。比如，韩国制定了"教育平准化"政策，其中就包含教师流动政策，即教师每四年流动一次，以确保学校师资水平的均衡。日本实施"定期流动制"，其中规定公立中小学教师平均每6年流动一次，中小学校长一般3—5年换一所学校，每一名校长从上任到退休，一般要流动两次以上。我国从2006年开始，就开始实施教师特殊岗位计划，各省份统一招聘教师到农村任教，国家给予工资补助，但是从实际效果来看，仍然无法吸引较多的优秀教师到农村任教。当前，我国正在全面提高教师的工资待遇，保障教师收入不低于当地公务员平均工资，这样做能够有效解决农村师资薄弱的问题。我国目前已经在部分地区实施"教师定期流动"政策，国家应总结这些地区的教学经验，制定相关法律法规来保障政策，如中小学教师轮岗制的实施，对教师流动的年限、地点、待遇等做好详细规划。

统一城乡教师待遇，实现城乡教育的均衡发展。教师的待遇会影响教师的生活质量，进而影响教学质量，一旦处理不好会导致教师队伍不稳定，大量优秀教师流失。一些国家通过立法的形式将义务教育阶段教师的工资纳入国家公务员或地方公务员系统，由中央或较高层次的地方财政承担，这种措施能够在很大程度上解决农村教师待遇问题。比如，法国和韩国均将义务教育阶段的教师工资全额纳入中央财政预算，由中央财政独立承担；日本义务教育阶段的教师工资由中央财政和地方财政各负担一半；德国和印度义务教育教师的工资全额由州或联邦财政独立负担；美国教师工资虽然由地方学区支付，但由于地方学区经费的半数来自州政府的财政补助拨款，因此实际上是由州和地方学区共同负担。我国也在不断提高教师待遇，但在一些地区，教师的工资水平和福利待遇依然不如同一等级的公务员。因此，建议我国建立中央、省级政府负责的教育工资制度，统一城乡教师收入，此外建议增加对农村教师的补贴，并在职称、荣誉、学习资源等方面适度向农村教师倾斜，给予其更多实惠及发展机会。

建立城乡教师共同体。异质代表个性、不同、特殊性等，异质形成了差异性与多样性。农村教师相对于城市教师而言是异质，城市教师相对于农村教师而言，同样也是异质。城乡教师群体虽存在一定差异，但他们是和谐共生的。因此，有必要建立城乡教师共同体，由城市教师和农村教师组成，以研究教学问题为抓手，在教学实践过程中分享经验与探讨问题，以大力促进我国教育事业的发展。首先，组成城乡教师学习共同体。彼此基于共同目标和兴趣爱好，通过合作、对话、交流及分享等活动促进城乡教师专业化发展。城乡教师在学习过程中分享与交流经验，共同完成学习任务。其次，组成城乡教师任务共同体。在城乡教育一体化的视野下，努力提高农村教师的教学能力，进而提升农村教师教学质量，从而保证农村学生得到公平而高质量的教育。城市教师要通过积极组织备课、听课、教学研讨等方式帮助农村教师反思教学、改进教学。最后，形成城乡教师专业共同体。为有效弥补城乡、校际差距，由城市优质教师帮助、引导农村教师，以满足农村学生对优质教育资源的需求，提高农村学校整体教学质量。

三、开设农业技术课程，强化课程的实用性

在农村教育改革中，课程改革占有十分重要的地位，它是实现培养学生、提高教育质量的载体。相对于城市来说，农村的主要优势之一就是农业基础好，农村学生的生活技能较强和生活常识较为丰富，这也是农村教育与城市教育的明显区别之一。事实上，长久以来国家一直提倡城乡教育公平，但是在一定程度上却忽视了农村教育的特色。当代农村教育完全可以从自身优势出发，

将学校教育与农业基础知识与活动进行结合。随着当代农业产业化的快速发展，当代社会对农业种植技术提出了更高的要求，农民原有的种植技术和经验越来越难以满足现代农业的需要，因此，为农村义务教育阶段学生开展现代农业技术相关课程也是至关重要的。

尽管我国不断呼吁在农村义务教育阶段开设农业技术课程，以适应农村经济发展的需要。但是实际上，现在农村义务教育阶段的课程设置与城市基本一致，比如初中阶段包括语文、数学、外语、历史、政治、地理、生物、化学、物理等，即使有劳动课，也没有设置真正实用的农业技术课程。生物、化学、物理、自然等课程，虽与农业有一定的关联，但与农业技术课程还有质的区别，实用性和操作性也不强。在教学中适当增加农业技术课程，对孩子的未来和农村经济的发展都有好处，而且可以提高农村孩子学习的积极性。也就是说，农村的素质教育应该有自己的特色。如果农村学校的素质教育与城市雷同，那么同城市的孩子相比，农村孩子享受的教育权利也存在不平等，因为农村的教学条件普遍不如城市。农村教育应与农村实际相结合，学校应开设一些与农业相关的课程，让农村的孩子在学校就能学到农业基础知识，在家里实践所学到的知识，以获得更多、更实在的益处。在这一方面，国外农村教育做得较为成功，它们重视对农村学生进行农业技术方面的培训，专门开设了"培养未来农民"的课程，即在农村中小学开设农业技术课程，对学生进行农业知识普及教育。比如，澳大利亚结合地区教育实际，科学建构课程体系，改革课程结构单一、课程设置缺乏多样性与灵活性、部分课程内容与农村实际需求不符等弊端，实现了课程设置的均衡性和综合性的统一。澳大利亚还突出地方特色，加强对地方课程与校本课程的开发，增强课程内容的实用性与适用性，以满足农村不同区域、多层次的需求。

当前，农村教育还需要促进农村学校与社区环境之间的资源融通，改变农村学校"悬浮"于农村社会之上的状态，重建农村学校与社区环境之间的关联，以丰富农村教育的内涵：一方面，促进农村学校向周围农村社区提供智力支持，向农民开展科学文化素质方面的培训，以传播较为先进的农业科技知识和文明生活理念，并充分发挥农村学校作为农村教育文化建设阵地与堡垒的作用，有力推动农村经济社会的进步；另一方面，促使农村学校从自然景观、宗教庙宇、礼仪风俗等农村社区环境元素中汲取丰富多彩的教育文化资源，以弥补学校教育资源的不足。比如，在我国台湾地区，农村教育的理念不是唯分数论，而是秉持多元化的课程观。台湾结合农村社区资源和实际情况，实行乡土化、社区化的农村办学模式。在一些农业基础较好的地区，发挥农村中小学校在果树栽培、畜牧养殖等方面的知识优势，继承20世纪八九十年代农村教育综合改革、农科教结合的思路，吸收"偏乡小校"建设、"活化校园空间"活动的相关经验，加强学校师生与村民之间的联系，推动农村学校与社区环境之间的资源融通，开设各种与生活实际相关的农业课程，让学生了解农业，进一步接触农业。我们可以充分借鉴台湾地区的先进经验，根据地方特色开发一系列具有乡村特点的课程，强调农村学校要突出与社区的沟通，了解不同社区之间的特色，并注重培养学生的农业技能，可以根据各地区文化传统和文化教育发展水平的差异，在不违背基础教学计划的前提下制订适合本地区的教学计划，鼓励编写有利于农村教育发展的校本课程教科书，推动特色校本课程改革。

四、发展远程网络教育，以实现农村教育现代化

义务教育的普及为每个农村学生提供了平等的受教育机会，但教育不平等、发展不均衡的现象依然存在，如存在城乡资源配置不均、经费投入不均、教学条件差异大、师资分配不均等现象。除此之外，我国教育不均衡还表现为：东西部地区的不均衡、城乡之间的不均衡、学校之间的不均衡、不同群体之间的不均衡等。在这样的情况下，作为一种教育形态，远程教育以其灵活、跨时空、资源共享等优势获得了较大的发展空间。当远程教育成为推动教育平等的重要力量时，学生（尤其是农村学生）将成为最大的受益方。远程教育的出现在提高教育质量、促进教育均衡发展、缩小城乡差距方面具有独特优势：远程教育可以促进学生就读机会公平、平等地享有优质教学资源、平等地参与教学活动。因此，国家应该给予高度重视，为农村学校投入资金和技术，使远程教育覆盖农村，以推进农村教育事业的发展。

　　美国是最早利用信息技术促进优质教育资源共建共享的国家。目前，美国已经把远程教育作为一种产业来发展，并且在长期实践中形成了较为完善、灵活的使用体系。优质教学资源的开发与应用，可以最大限度地解决美国城乡教育发展不均衡问题，能有效提高教学质量，有效缓解不同地区、不同学校、不同群体之间教育发展不均衡问题，使得学生不管在城镇还是在农村都能平等享受到优质的资源、优质的环境、优质的师资，这也正是我国需要的。

　　首先，由于我国地域广阔、学校数量较多、农村地区教学点较为分散，因此要想使不同地区的师生享受到同等质量的教育资源较为困难。其次，从区域协调发展的角度来看，不仅区域之间存在着明显的差距，即使是同一区域内，依然存在着较多的问题。我国可利用信息技术，如电脑、手机等现代媒介使城市优质的教学资源与农村师生共享，如利用远程专递课堂解决农村偏远地区上不好课、上不齐课的问题，通过同步课堂使城市学生与农村学生共享名师、共享优质资源，从而最大化地实现资源的高效利用，缓解城乡教育资源分布不均所带来的问题。

　　远程课程的实施也有一定难度。我国农村学校分布得较为分散，各地教育发展情况也不一致，而且选用的课本及教材也有一定差异，单独依靠国家层面进行教育资源库建设还有较多不足，在后期的推广使用中也会有一定的滞后性，不能长期使用。在这种情况下，就要搭建开放灵活的省域教育资源公共服务平台，从而最大化地实现资源的高效利用，以缓解城乡教育资源分布不均问题。

第五节　基于农村学生发展的农村教育推进启示

一、国家政策层面

　　（一）加大制度体系与教育资源保障力度：以县为主、加强省级统筹，推进城乡教育一体化

　　科学合理、灵活超前的学校布局是深入推进城乡教育一体化的基本要求。

因此，首先要切实做到科学调整农村中小学布局。一是坚持基层探索与顶层设计相结合，充分发挥县域政府的积极性，把教育发展和经济建设规划有机结合，按照"城乡统筹、因地制宜、分类推进、提高水平"的原则，以整合城市中教学力量薄弱学校为突破口，以加强乡村学校建设为重点，优化县域内城乡学校布局和教育资源，形成城乡学校和各学段的教育一体化发展格局。优化整合高中教育资源，为义务教育提供发展空间，利用整合后的高中教育资源建设优质初中；优化整合初中教育资源，为中心小学教育提供空间，利用整合后的初中教育资源，高标准建设中心小学；优化整合小学教育资源，为学前教育提供发展空间，利用整合后的小学教育资源建立乡镇中心幼儿园和村办幼儿班，以实现"乡乡有中心幼儿园、村村有幼教班"的目标。二是适度超前，把学校建设融入城镇化进程和新农村建设中，科学设置学校地址，留足学校用地，同步规划、实施城乡学校建设。坚持实事求是的原则，根据二孩政策实施后农村适龄儿童增加和农村学龄段学生流动的实际情况，扩容改造容纳能力不足的学校，以满足农村学生就近入学的需求。三是改建、扩建、新建一批标准化的农村寄宿制中小学校，对实行寄宿制的农村学校进行科学规划，特别是要加强对偏远落后乡村地区无寄宿条件学校的建设。

其次改革管理体制，通过教育管理体制机制变革统筹城乡教育发展。强化省级政府职能，各省级政府要强化统筹协调，切实建立省级统筹的体制机制，集中本省域内的优势资源，来帮助农村落后地区的弱势群体，尤其是满足特殊学生对高质量教育的需求。省级财政部门要充分考虑农村落后地区对高质量教育资源的需求与财政保障水平较低之间的突出矛盾，通过明确权责清单、制定补助标准、规范分担方式、探索各级政府间平行转移支付方式、完善对农村落后地区的帮扶体制机制，建立健全权责清晰、财力匹配、标准科学、保障有力的制度体系。同时，统筹规划城乡教育发展的政府职能，提高乡镇政府办学的积极性，避免农村义务教育管理中出现政府缺位的问题。用统筹规划、终止分治的管理体制机制，用双向沟通、良性互动的办学机制来促进城乡教育一体化发展。

（二）加强农村师资队伍建设：以师为主，建设高素质、浓情怀、深扎根的农村教师队伍

首先，完善农村教师编制及补充机制。教育大计，教师为本。打造一支师德高尚、业务精湛、结构合理、充满活力的高素质、专业化的农村教师队伍，是城乡教育公平发展的关键所在。其一，要在城乡统一的编制标准下，对偏远地区的农村学校给予政策倾斜，对农村学校的教师可采用生师比、班师比、科师比相结合的方式进行配置，也可以在固定编制的基础上，设立流动编制，便于委派教师到偏远地区、学科教师严重缺乏的农村学校、学校撤并调整地区进行任教，切实解决农村学校编制较为紧张的问题。其二，县域教育行政部门每年根据实际情况，按照农村教师自然减员数、扩大农村办学规模所需教师数、农村教师结构紧缺数等数量的总和，科学制定编制，公开定向招聘教师。综合运用"公费师范生计划""特岗计划""银龄计划"等国家专项计划，合理调配师资力量。采用公费定向培养、到岗退费等方式培养和补充农村中小学全科教师、农村中小学"一专多能"教师及薄弱学科教师。其三，编制部门会同教育部门，在事业单位岗位设置和职称评定中，逐年提高农村学校中、高级专业技术岗位比例，拓展农村教师发展途径。

其次，完善农村教师管理和聘用机制。科学的教师管理和聘用机制是激发农村教师队伍活力的重要保障。其一，设立教师培训专项基金，为教师培训提供经费保障；同时，在"国培""省培""市培"等基础上，实施农村中小学教师素质提升工程，不断提高农村教师的法律素养、专业素养、学科素养、教育素养。其二，建立农村教师专业发展支持服务体系，充分发挥县级教师培养机构的研修、引导、带动、指引作用；建立"跟岗学习"机制，使师范生（尤其是公费师范生）到农村学校参加实习实践；支持中西部农村地区的教师、校长参加各项培训，并提高培训的实践性、前瞻性、针对性，关注对新理念、新政策、新课标、新教材等的培训，在专业培训中推动教师的专业化发展。扎实推行中小学校长聘任制、任期制和城乡交流制度，加强教学力量薄弱学校的干部队伍建设。其三，教育投入要更多地向教师倾斜，不断提高教师待遇，让广大

教师安心、精心、热心、舒心从教。各部门协同制定科学合理的教师工资增长机制，依法保障农村中小学教师的平均工资不低于当地公务员，并逐步提高。综合运用中央、地方、部门各类教师补贴，激励广大教师到教学力量薄弱学校任教；有条件的地区试行农村教师收入"倍增"计划，鼓励优秀教师到农村学校任教；引导社会资金捐资助教，奖励优秀教师。其四，营造尊师重教的社会氛围，教育部门应会同有关部门制定具体管理办法，医疗等社会机构为教师提供便利，教师出行、就医可适当优先。

（三）加强农村学校建设：以校为主，完善治理体系，建立现代学校管理制度

首先，农村学校需要不断完善现代学校管理制度。义务教育由基本均衡走向优质均衡，关键落脚点在于校际均衡发展——硬件建设与内涵发展的有机统一。要想把农村学校办好，重点要看管理模式是否完善。鼓励农村学校按照科学程序，建立健全学校制度章程，积极推进农村中小学依法治校、规范管理。在程序设置上，建立健全"四议三公开"制度，即校长提议、学校管理集体商议、教职工代表大会审议、全体教职工决议，面向社会公开、面向学校公开、面向教师公开，通过完善教职工代表大会制度和中小学家长委员会制度，建立健全农村学校的民主监督机制。此外，结合所在地区实际情况，科学确立学校的发展愿景，制定发展规划以及校内外监测评估体系，积极实施现代学校管理制度，建立"自我设计、自我约束、自我发展、自我提高"的运行机制，促进农村学校自主发展。

其次，规范农村学校办学和教育教学行为。在"有学上"转向"上好学"的关键时期，要想更好地推进城乡教育公平的实现，就必须保障农村学校按照规范办学，按照规范实施教育教学活动。其一，加强农村学校的精细化管理，完善农村学校的内部治理机制，促进农村学校内涵式发展。提高农村学校办学品质，提升农村学校教育品位。其二，结合区域文化与中华优秀传统文化，以中华优秀传统文化、革命文化、社会主义先进文化为统领，以文化育人，开展农村学校校园文化和特色校本课程建设，通过教育自信撑起文化自信。其三，

加强对家庭经济困难学生、进城务工人员随迁子女和农村留守儿童的教育和管理，确保每一个农村孩子接受教育、不掉队。以分类施策、精准发力为原则，准确把握农村不同地区、群体的教育需要，制定有针对性的教育措施，寻找开展教育活动的精准路径，推动教育政策精准实施、资源精准投放。其四，建立农村学校帮扶制度，广泛开展优质学校、实力薄弱学校"1+1+N"帮扶工作，将帮扶实效进行捆绑评价，促进城乡学校共同发展、共同提高。根据农村学校实际情况，按照"看基础、看变化、看发展"的标准，建立符合地方特点、农村学校实际的教育质量评价体系，强力推进素质教育，稳步提升农村学校教育质量。

（四）加强农村教育信息化建设：以质为主，加强对农村优质教育资源的保障

教育信息化是促进优质教育资源共享的必由之路，也是弥补农村实力薄弱学校教育资源短板的必要手段。

首先，建立健全教育信息化经费投入体制机制。由政府设立教育信息化专项资金，作为农村学校提升现代教育技术的专项经费；提取部分公用经费，作为维护维修专项经费，打通农村地区现代教育技术投入的主渠道。加强教育信息基础设施建设，为实现教育优质均衡发展提供良好的信息网络资源。在中小学教师中深入、系统地开展教育信息技术培训，要求教师全员参与，人人具备必要的教育信息技术素养。同时，积极鼓励教师进行教学模式的探索，形成符合地方、学校、课堂、学情实际的教育资源运用模式，有效地提高课堂教学效率。不断提高农村中小学生的信息技术操作水平，为农村学生终身发展服务。

其次，坚持开门办学，形成城乡共享可用的教育资源。建立健全"请进来、走出去"的体制机制，农村地区可邀请专家到农村中小学开展实践指导，引导农村学校和教师开展相关研究，通过做中学、学中做，落实教育现代化的基本理念，培养农村学生的关键能力，即认知能力、合作能力、创新能力、职业能力等。定期开展区域内外的学校观摩活动，组织乡村教师对城市优质校的发展进行全方位体验、体察、体认与体悟，以便实现同伴学习，提升城乡学校

合作实效。

最后，以"乡域"为单位，推进农村教育综合改革实验，为高一级学校输送优质生源，为农村建设培养落地生根的实用型人才。

二、农村学生发展层面

教育要为全体社会成员提供平等的教育权利，使每个人都能够接受、享有机会均等的教育，这是实现教育民主化的重要保障。这也意味着需要对社会弱势学生群体给予特别的关注与照顾。农村学生接受公平优质教育权利得到保障、获得全面自由发展的愿望得到满足，则成为推进农村教育工作的重要目标。内生动力是帮助农村学生进行自主学习的重要依托，能够激发并维持农村学生积极主动的学习行为，使其朝着一个既定的学习目标努力，这对于想要依靠知识来改变命运的农村学生而言意义重大。

（一）激发学习兴趣，提高农村学生学习的主动性

以皮亚杰、维果斯基为代表的建构主义者认为，学习是由学习者主动建构内部心理表征的过程，知识并不是由外到内地转移和传递，而是由学习者主动建构的经验。学习兴趣是学生主动建构知识的关键，对于内生动力理论的深入研究有利于探索激发农村学生的学习兴趣与求知欲的影响因素，并通过对于相关影响因素的有效利用以提高农村学生学习的主动性与积极性。此外，学习兴趣的提高也能够帮助农村学生积极探索、掌握适合于自己的学习方法，从而提高学习效率。

农村学生的内生动力往往会出现两种极端，成绩优异的学生往往有着强烈的学习兴趣，并掌握高效的学习方法，他们想要通过学习改变命运，这些学生的内生动力较强，能够很好地进行自主学习；然而，某些学习困难的学生往往学习兴趣匮乏，并且不能掌握正确的学习方法，他们往往会选择放弃学习，力图尽早进入社会工作。这导致农村学生辍学的现象屡见不鲜，这些学生对于学习与人生的关系缺乏系统明确的认知，出现"读书无用论""迟打工不如早打工"等极端思想。内生动力的科学养成至关重要，从宏观的角度看，它能够帮

助农村学生树立正确的人生观和价值观，使他们认识到学习的重要性，从而更好地思考、规划自己的人生。

（二）明确学习目标，增强农村学生学习的努力程度

一个明确的学习目标是取得好成绩的关键，内生动力能够帮助农村学生明确学习目标，合理地制定学习目标，并根据学习目标规划好每个阶段的学习任务。在目标与任务的驱动下，这些学生能够对学习进行自我监控，其学习的努力程度将得到增强。内生动力和学习目标是相互促进、相辅相成的。在内生动力的作用下，农村学生的内部学习动机得到增强，促使其制定合理的学习目标并为之努力；当学生通过自己的努力达成所制定的学习目标后，获得的成就感与满足感将会催生出更强的学习动力，使其更加努力地学习。在这种良性的循环作用下，农村学生的学习状况将会得到有效的改善。

（三）改善学习认知，调节农村学生的自我效能感

学习认知主要表现在学生学习的成就动机、对学习成果的成败归因以及学生的自我效能感等方面。学生学习的成就动机是一种重要的内生动力，能够激励学生乐于去学习，力求在学习中取得成功，它表现为追求成功的意向与避免失败的意向。学习动机认知理论认为，学生在一定阶段的成功或者失败对其下一阶段的学习将产生决定性的影响，学生会将某个阶段的学习成果进行归因，将自己的成功或者失败归结为个人能力、努力程度、任务难度、运气等方面。为了追求成功、避免失败，学生在选取学习任务时会对自己是否能够顺利完成这一学习任务进行主观判断，这就是班杜拉所说的自我效能感。农村学生内生动力的增强能够提升其在学习方面的认知水平。一方面，帮助农村学生更好地认知自己的能力与价值，在制定学习目标时选取在自己能力范围内的学习任务，适当选择一些具有挑战性的学习任务并为之努力，使农村学生学会正确地应对成败。另一方面，使农村学生学会对自己的学习成果进行归因，更加准确地判断自己的成功或者失败的原因。自我效能感的形成主要受个体自身经验和归因方式的影响，当一个人确信自己有能力从事某项活动时，就会产生高度的

自我效能感，自我效能感对学习任务的选择与学习活动的坚持、面对困难时的态度等都会产生重要影响，农村学生学会调节自我效能感，对其学习将有很大帮助。

三、从我国文化传统中获得的启迪

文化是一个国家、一个民族的精神家园，代表着一个国家、一个民族的价值取向、道德规范、思想风貌与行为模式。中华优秀传统文化是我国 5000 年悠久历史凝聚而成的结晶，体现着中华民族的精神传承。党的二十大报告指出，"全面建设社会主义现代化国家，必须坚持中国特色社会主义文化发展道路，增强文化自信，围绕举旗帜、聚民心、育新人、兴文化、展形象建设社会主义文化强国，发展面向现代化、面向世界、面向未来的，民族的科学的大众的社会主义文化，激发全民族文化创新创造活力，增强实现中华民族伟大复兴的精神力量"[①]。我国优秀传统文化对促进学生发展、提升其心智、唤醒其内生动力具有重要的启迪作用，因此我们需要对这些优秀传统文化进行深入挖掘与学习。

（一）我国优秀传统文化对心智模式塑造的启迪

心智模式具有独特性的特征，每个人的心智模式都是独一无二的，针对具有不同心智模式的个体，因材施教是促进心智模式提升、加速人才成长最可靠的方法。孔子是我国历史上首倡因材施教的教育家，主张承认学生的个体差异，了解学生的特点，根据学生的具体情况，有针对性地实施教学。因材施教的重点在于充分了解学生。孔子了解学生，最常用的方法有两种。第一，通过谈话。孔子经常会有目的地找学生谈话，有时个别谈，有时两三人或四五人聚集在一起谈，在与学生的自由交谈中来了解学生的志向、个性特点。第二，个别观察。孔子强调"听其言而观其行"，注意从学生的言谈中了解学生的心智特点，但也要避免单凭言谈而做出片面的判断，要做到"退而省其私""视其

---

① 习近平. 高举中国特色社会主义伟大旗帜 为全面建设社会主义现代化国家而团结奋斗——在中国共产党第二十次全国代表大会上的报告. 北京：人民出版社，2022：42-43.

所以，观其所由，察其所安"全面综合地认识学生。

孔子比较注重对学生思维方式的训练，提出了"叩其两端"的思维模式，即从不同角度探索问题的不同方面，从而更加全面地理解问题。这种辩证地看待事物的方式能够锻炼学生的自主思维能力，帮助学生自主地探索世界，有助于学生形成健全的心智模式，并为提升学生的心智发挥作用。在思维训练的过程中，孔子特别强调将学习与思考相结合，首先揭示了学习与思考的辩证关系，认为"学而不思则罔，思而不学则殆"，单纯的学或单纯的思都存在片面性，要将学习与思考结合起来，在以学求知的基础上进一步思考，只有这样才能使认识深入、提高，抓住事物的本质。孔子还强调"学以致用"，如果不能将所学加以应用，即便学得再多也没有意义。在对待"知"与"行"的关系上，孔子认为，"君子耻其言而过其行"，从"学"与"行"的关系来看，"行"是目的，"学"是手段，"学"正是为了"行"。孔子揭示了心智模式塑造过程中，思维训练要遵循学、思、行三者相结合的辩证思想。

《学记》是我国古代最早的一篇专门论述教育、教学问题的专著，其中蕴含着丰富的、极具智慧的教育思想。《学记》谈到："学者有四失，教者必知之。人之学也，或失则多，或失则寡，或失则易，或失则止。此四者，心之莫同也。知其心，然后能救其失也。"这就指出在学习的过程中，人们往往存在四种缺陷，即囫囵吞枣、片面专精、浅尝辄止、畏难不前。《学记》又特别强调，这四种缺陷是由"心之莫同"造成的。也就是说，人们心智模式的差异容易导致人们在学习过程中出现各种问题。针对这些问题，《学记》进一步揭示了学生学习中得与失的辩证关系，指出，"多、寡、易、止，虽各有失，而多者便于博，寡者易以专，易者勇于行，止者安其序，亦各有善焉，救其失，则善长矣"，要求"教也者，长善而救其失者也"。教育者只有认识到了不同个体心智模式的差异，才能帮助学生发扬优点、克服缺点。

心智模式具有一定的偏执性，即人们总是通过自己已形成的心智模式来理解、建构自己所看到的事物。荀子"兼陈万物而中悬衡""虚一而静"的思想能够帮助人们客观地进行观察与思考，避免因偏执而出现只看到自己想看到的，对于自己不感兴趣的事物视而不见的做法。此外，荀子提出："知通统类：如是则可谓大儒矣"。大儒就是荀况要培养的德才兼备、言行并重的贤才。"知"这一思维的意义在于了解事物的本质和规律，能够自如地应对未曾经历过的事故。他还具体提出了一些有利于发挥心智功能的方法。

其一，"兼陈万物而中悬衡"。这句话是指不偏执于某一事物和事物的某一方面，对事物做出全面、广泛的比较、分析，择其所是而弃其所非，以求如实地把握事物及其关系。荀子认为，"蔽于一曲，而暗于大理"是人们的普遍缺陷，心智模式会使人囿于自身知识、经验而陷入固化的思维定式，从而产生认识"蔽塞"，进而在认知与思考的过程中产生偏执。客观事物之间始终存在远与近、始与终、博与专等方面的差异，就容易导致人们只看到事物的某个单一方面，而忽视其他方面，再加上人们受到自身知识以及视角的局限，就会出现信息闭塞、思维闭塞等现象。因此，荀子提出通过"兼陈万物而中悬衡"的方法来"解蔽"，在对事物进行全面把握、全面分析的基础上，如实地揭示事物本质。

其二，"虚一而静"。荀子认为，"心"是藏与虚、两与一、动与静的统一。他认为，首先，要做到"心"既能接受外来的新知识，也不会让这些已有的知识妨碍自己接受更多的新知识。其次，"心"能够安静下来专注于一物，不被其他无关事物干扰，其为能静；同时"心"也始终在成长成熟，其为能动。荀子认为，当思维变得既能够快速的思考问题，又可以使人静下来专心于某一事物时，就达到了一种"大清明"的状态，即既能广博地思考，又能深入地钻研。

荀子的上述思想影响人们对心智模式的认识。人们认识世界时，并非简单地被动认识客观事物，而是一个亲身经历创造的主动过程。荀子认为，不要把自己的"心"偏执地固化于某一方面，而是要能深能浅、能远能近、能始能终。按照这样的思路，人们只有不断审视心智模式，从而发现自己心智模式上的缺点，才能不断对此进行调整、完善，也才能超越自我，并形成新的心智模式。

心智模式能够不断自我完善。在这个复杂的社会中，个体在认识世界的过程中会受自己所熟悉的事物与环境的影响，形成一套自身特有的认知模式、思维模式、行为方式。个体在成长的过程中由于时代与环境的变化，其社会地位、文化背景、个人信仰等都可能发生改变，伴随着这些改变，心智模式也会在个体成长的过程中不断地更新、完善。

中华优秀传统文化中素有"意诚""心正"等观点。这些观点主要体现在《大学》中。《大学》是战国后期的一篇著名的教育论著，属于《礼记》中的一篇，是儒家学派的重要典籍。《大学》开篇谈到："大学之道，在明明德，在亲民，在止于至善"，是儒家对大学教育目的和为人求学目标的纲领性表达，"明明德""亲民""止于至善"被称为"三纲领"。为了实现"三纲领"，《大学》进一步提出人们实现自身完善的八个具体步骤，这八个具体步骤是一个完整的过程，包括"格物、致知、诚意、正心、修身、齐家、治国、平天下"，是为"八条目"。所谓"正心"是指人们能够跳出主观情绪的影响，始终保持认识的中正，追求自己内心的平衡。而所谓"诚意"是指人们要有纯正的意念与动机。"意诚而后心正"，人们首先要端正自己的意念与动机才能跳出主观影响，实现内心的平衡。《大学》中的思想揭示了人们在行动前，先要做到"意诚"，通过不断地内省，端正自己的动机，使自身摆脱主观影响，始终保持认识过程中的中正态度，做到"心正"，从而帮助人们走出自我，公允地待人处世。人们在心智模式自我完善的过程中，需要不断地进行自省，端正自己的意念与动机，在此基础上摆脱固有定势的围限，从而帮助个体走出自我，在与他人、与环境的交互作用中重构自我，从而实现自我、他人与环境的统一，实现心智模式的重塑。

（二）我国优秀传统文化对内生动力唤醒的启迪

学生内生动力的唤醒关键在于运用启发诱导的教学方式激发学习者的求知欲，引导学习者积极思考，主动地探索未知领域。孔子是世界上最早提出启发式教学的教育家，他主张："不愤不启，不悱不发。举一隅不以三隅反，则不复也。"（《论语·述而》）愤与悱是内部心理状态在外部容色言辞上的表现，朱熹在其《论语集注》中解释道："愤者，心求通而未得之意，悱者，口欲言而未能之貌。启，谓开其意，发，谓达其辞。物之有四隅者，举一可知其三。反者，还以相证之义。复，再告也。"由此可见，学生内生动力的唤醒要与启发学生积极反思、积极思考相结合。在教学过程中，首先要让学生进行认真思考，教师的启发往往建立在学生思考的基础之上，教师进行教学启发之后应让学生再思考，以使学生获得更深刻的领悟。启发式的教学方法在于激起学生强烈的求知欲，这种求知欲能够唤醒学生学习的内生动力，激发学生积极思考问题，并力求能够明确地表达，在学生积极思考的前提下，教师的启发工作才能达到"开其意""达其辞"的功效。

在我国古代，最早的教育论著《学记》中，记载了在实施教学过程中有利于激发学生内生动力的一些极具价值的教学原则和教学方法。所谓"君子之教，喻也"，在教学过程中要注重对学生的启发，不能一味地让学生死记硬背，或是频繁地对学生发问，如果教学不考虑学生的学习兴趣和接受能力，学生不仅会对学习产生反感，学习效果甚微，学生所学的东西容易丢弃得一干二净，甚至还会对教师产生怨恨感，影响师生关系的和谐。教学中要注重"道而弗牵，强而弗抑，开而弗达"，引导、督促、勉励学生，帮助学生开拓学习思路，培养学生学习的兴趣，激发学生学习的动力，不能勉强、压抑学生，也不能不假思索地直接把答案告诉学生。在教学中懂得启发的教师才是真正懂得教学的教师。

此外，学生也应将对科学文化知识的学习与实践活动紧密结合，并尽量做到张弛有度，藏息相辅。"藏焉，修焉，息焉，游焉"，"时教必有正业，退息必有居学"，只有让学生在知识和实践中感受学习的乐趣，才能真正使学习成为学生的一种内在需要。

四、国外乡村教育建设的经验与启示

西方教育在古代社会呈现出鲜明的阶级性与等级性，教育被统治阶级所垄断，学校长期承担着为统治阶级培养人才的职能，普通大众无权接受教育，大多在家中由长辈进行一些生产与生活经验的传授，可以说这一时期西欧尚未出现正规的乡村教育机构，乡村教育普遍以家庭教育的形式开展。

　　到了中世纪，基督教成为西方的精神支柱，西欧中世纪的教育带有浓厚的宗教色彩，中世纪之后的很长一段时期，直到16世纪的宗教改革运动前，西欧的教育权一直掌握在教会手中。当时的教会学校主要有修道院学校、主教学校和教区学校三种类型，其中教区学校主要开设在教会牧师所在的村落，在某种程度上属于西欧古代社会与近代初期开展乡村教育的主要场所。教区学校普遍规模较小，设备简陋，一般由牧师教给当地村民一些读、写、算的基础知识与基督教的宗教知识，是教会向一般世俗群众开放的普通性质的学校。16世纪宗教改革运动之后，路德派新教与加尔文派新教普遍要求夺取当时腐败的天主教教会的教育权，要求教育权由国家掌握，并主张由国家兴办学校，普及教育，尤其是加尔文派新教主张普及初等义务教育，并对贫苦儿童免费。加尔文派新教普及教育的主张拉开了十七八世纪西欧各国教育领导体制改革的序幕，为后续各国初等教育的普及奠定了基础，开启了西欧近代教育普及化与教育民主化的大门，以英、法、德为代表的西欧各国陆续开始重视平民教育、重视乡村教育。

　　18世纪的启蒙运动猛烈地抨击了西方社会旧有的社会制度与意识形态，打破了由教会掌控教育的传统局面，构建了全新的国民教育体制，以狄德罗、拉夏洛泰为代表的启蒙思想家积极倡导开办世俗、义务、免费的初等教育，进一步推动了18世纪西欧各国初等教育的普及与中等教育的改革，这一时期一些国家大量兴办学校，为乡村普及初等教育，并颁布了一系列教育法案，其中规定初等教育为强制性义务教育阶段，以保障初等教育普及的落实。在初等教育普及的基础上，西欧各国在18世纪末19世纪初也陆续兴办实科中学，为乡村劳动人民子女打开了中等教育的大门。

　　启蒙运动时期，著名思想家、教育家卢梭提出自然主义教育理论，倡导教育"回归自然"（back to nature）。卢梭肯定农村环境具有开展教育的天然优势，认为农村环境已十分接近自然，在其教育代表作《爱弥儿》中，卢梭描绘了爱弥儿在自然、质朴的农村环境成长、接受自然教育的过程，卢梭的自然教育思想中对封建教育的批判、对新教育的歌颂具有划时代的意义，对整个欧洲、对后世的教育产生了深刻影响。瑞士教育家裴斯泰洛齐早年在卡罗林学院学习的时期深受卢梭自然主义教育思想的影响，决心到农村去探求"教育救民"之路，并将毕生献身于乡村教育的实践探索中。1768年，裴斯泰洛齐在苏黎世的比尔村建立示范农场，取名诺伊霍夫（Neuhof）新庄，力图通过教育帮助当地农民掌握先进的农业技术，以提高产量，改善农民生活。之后，裴斯泰洛齐逐渐将新庄变成一所"贫儿之家"，先后收留50多名乡村儿童并对他们进行教育。裴斯泰洛齐在"贫儿之家"一方面亲自教这些孩子读、写、算的基础知识，进行道德教育，另一方面还教他们农耕、纺纱等，让这些孩子积极参加生产劳动，帮助孩子们实现生产自给。[①]裴斯泰洛齐早年在农村成长、生活，对农村儿童向来抱有共鸣与同情。他认为，人们有了知识，就能认清自己的本性和使命，从而摆脱愚昧，走向真理。裴斯泰洛齐在"贫儿之家"开展的一系列实践探索开启了教育与生产劳动相结合的大门，是西方历史上首位将教育与生产劳动相结合并付诸实践的教育家，他的这些积极探索也为结合地方实际开展与生产劳动相结合的教育提供了宝贵的经验，为农村贫民子弟提高劳动能力、学会谋生本领、改善生活状况建构了可行路径。

随着19世纪达尔文进化论的提出以及实验条件的巨大改善，西欧的实验生物学在19世纪获得较快发展，伴随着实验生物学的进步，越来越多的科学家开始运用实验的方法开展科学研究，促进了心理实验与教育实验的发展，进步的教育家们开始关注儿童的心理发展特点，肯定儿童的主体性价值。19世纪末20世纪初，为适应工业与经济发展需要，欧美各国兴起教育改革运动，力图改变已经不能适应时代和社会发展需要的传统教育方式。1898年，德国人利茨（H. Lietz）在德国哈尔茨山区的伊尔森堡创办了德国第一所乡村教育之家，注重各种乡村活动在教育中的价值，在利茨的影响下，德国先后出现了许多模仿利茨办学模式的新学校，形成"乡村之家运动"。在当时具有先驱性的乡村寄宿学校的影响之下，人们开始传播一种有别于传统教育中以课堂为中心的全新教育理念，即重视实践性活动在教育中的价值，以乡村学生作为学习的主体，更加注重激发乡村学生学习兴趣与个人价值的实现，这种全新理念也推动

① 吴式颖. 外国教育史教程（缩编本）. 北京：人民教育出版社，2002：212.

了 20 世纪欧洲的教育改革。美国国会于 1917 年颁布《史密斯—休斯法案》，规定由联邦政府拨款补助各州开办农业职业学校，大力发展农业职业教育。此举开辟了美国农业职业教育的发展道路，使美国农村教育兼顾了升学与就业的双重任务，为农村学生提供了更多的求学选择。①20 世纪中后期，随着社会的发展以及现代教育理念的革新，各国在教育发展与改革过程中扩大了农村学生接受中等教育与高等教育的权利，加强了各级教育之间的衔接，更加注重结合学生的特点进行个性化教学，突出学生在学习过程中的主体地位。20 世纪六七十年代以来，随着终身教育理念的提出，终身学习成为必然趋势。各国开始大力发展全民教育，以满足人们的学习需要。许多国家在全民教育的进程中通过立法和政策保障了农村教育的发展，提高了农村人口的整体素质。1967 年，英国颁布《农业教育法》，对农业经营者的资格和文化程度提出了明确要求：农业学校的学生经过 11 年义务教育培训才可毕业，学生毕业后方可从事农业经营活动。②1983 年，联邦德国教育法规定：凡在农村参加生产的男女青年，在 9 年或 10 年制中学毕业后，必须再接受 3 年的农业职业教育。此外，联邦德国还制定了一些促进农业职业教育的政策和法令，如 1971 年《联邦教育促进法》、1969 年《职业教育法》、1969 年《劳动促进法》等。这些法令对调动广大农民学习农业技术的积极性，提高农民的科学文化水平，发展农业生产都起了重大作用。③

进入 21 世纪，各国在农村教育的发展与改革中形成了不同的模式，如澳大利亚因地制宜坚持特色化发展，从地域特色出发，根据不同州的情况制定不同的扶持策略。澳大利亚的"落后乡村地区计划"（Disadvantaged Country Areas Program）有四种方案：昆士兰州和新南威尔士州实行州、学区、学校三层管理模式；维多利亚州、西澳大利亚州和南澳大利亚州则采取自我管理的基础模式；北部地区由于乡村学校数量多且分布不集中而实行目标检测的管理模式；政府不加干涉的私立学校独立办学模式。④而法国则将先进的信息技术成

---

① 吴式颖. 外国教育史教程（缩编本）. 北京：人民教育出版社，2002：413.
② 邓宏宝. 国外发展农村职业技术教育的主要经验. 外国教育研究，1999（1）：39-43.
③ 徐辉，黄学溥. 中外农村教育的发展与改革. 重庆：西南师范大学出版社，2000：365-366.
④ 袁利平. 国外乡村学校发展模式研究. 比较教育研究，2018（5）：13-19.

果运用到农村教育的改革当中，法国政府号召农村中小学积极制定教学计划，用信息技术把幼儿园、小学、中学联系起来，并形成网络，以便开展资源与人才共享及远程教学等项目。①法国力图通过运用信息技术为农村提供高质量的教育资源。

纵观国外农村教育的发展历程，我们可以发现，首先，政府应当通过立法和政策的形式保障农村教育的发展，并为农村教育提供必要的经费支持，大力发展农村基础教育，提高农村教育质量，提升农村人口素质，使每一名农村学生都能实现自己的梦想，享有出彩的人生。其次，在农村教育具体实施过程中应当充分利用农村环境优势、充分尊重农村学生的身心特点，基于卢梭的自然教育理论和裴斯泰洛奇的教育与生产劳动相结合的经验，可利用农村特有的自然场域和乡土文化向农村学生开展教育活动，发挥农村特有的优势，加强农村学生实践能力与探索精神的培养，提升农村学生的综合素质。最后，开展特色化教学，结合地域特色明确不同地区教育发展路径，研发乡土教材，开设地方课程，使农村教育真正能够为地方经济与建设服务。

---

① 袁利平. 国外乡村学校发展模式研究. 比较教育研究，2018（5）：13-19.

第 五 章

基于农村学生发展的
实施路径

第一节　理念与实践结合

一、解读国家政策法规，促进农村学生发展

"百年大计，教育为本。"教育是立国之本、兴国之基。为了促进教育事业的快速、公平发展，世界各国都是借助国家的力量来对教育实施控制，这主要体现在政府制定了关于教育的各类政策法规。比如，《中华人民共和国宪法》第十九条明确规定："国家举办各种学校，普及初等义务教育，发展中等教育、职业教育和高等教育，并且发展学前教育。"《中华人民共和国教育法》第三十七条规定受教育者在入学、升学、就业等方面依法享有平等权利，并在第四十三条详细地规定了受教育者享有的权利。《中华人民共和国义务教育法》第四条规定：凡具有中华人民共和国国籍的适龄儿童、少年，不分性别、民族、种族、家庭财产状况、宗教信仰等，依法享有平等接受义务教育的权利，并履行接受义务教育的义务。《国家中长期教育改革和发展规划纲要（2010—2020年）》明确指出，把促进公平作为国家基本教育政策。教育公平是社会公平的重要基础。教育公平的主要责任在政府，全社会要共同促进教育公平。教育公平是社会政治、经济领域的自由和平等权利在教育领域的延伸，也是衡量一个社会公正程度的基本标准。在不同的历史时期和不同的国家，教育公平有着不同的含义。要想推进城乡教育公平、促进农村学生健康发展，首先要正确认识教育公平的基本理念。多数学者认为，教育公平主要包括两个基本方面，即教育权利公平和教育机会公平。

教育权利公平指的是公民受教育权利的平等及该权利应受到保护，即不分性别、民族、种族、家庭财产状况、宗教信仰等，个体都能享受平等的受教育权。受教育权包括基本教育权利和非基本教育权利，反映在现实中，即全国适

龄儿童平等地享有九年义务教育以及接受更高层次教育的权利。从实质上说，教育权利的公平包含两层含义：平等的基本权利、比例平等的非基本权利。[①]《联合国人权宣言》强调一切儿童都有受教育的权利。这里的"受教育的权利"指的就是人的基本教育权利的平等。比例平等的非基本教育权利则强调社会应该有差别地分配公民的非基本教育权利。因此，在面对教育公平问题时要区分基本教育权利和非基本教育权利。

教育机会公平指的是人人享有均等的受教育机会，这是一种不可能实现的"应然状态"。有学者认为，当前我国教育公平存在的主要问题已然不是权利的平等，而是教育机会的均等。[②]梳理国内外研究成果，大致可以概括为：个体入学机会均等，即进入正规学校的机会均等；受教育过程的均等，即在接受教育过程中得到同等的对待，如获得同等的受教育条件等；教育结果的相对平等，即获得学业成功的机会均等。[③]而我国义务教育阶段入学机会的差异很小，教育入学机会的不公主要体现在高中阶段、高等教育阶段。[④]

目前，我国的政策法规对公民教育权的规约是以平等为价值导向的，但对于部分群体特别是农村学生的发展而言依旧存在着一些不公平的情况。这主要体现在以下两个方面：一方面，平等的理念不完全等同于公平理念，平等注重均等，而公平强调的是均衡的平等，并对一些畸形的平等进行矫正；另一方面，法律强调受教育权利的机会平等，但目前我国学生的受教育权不是"能不能上学"的机会平等，而是"上什么样的学"的质量平等。公平的教育不仅为受教育者提供同等的上学机会，还要给弱势群体创造更好的条件以保障其接受教育后能够平等地享有社会资源。[⑤]总体而言，我国教育公平问题已经从教育权利的不公平转移到教育机会的不均衡问题上。因此，想要促进教育公平，助力农村学生健康发展，就必须认真研究并解读当前我国有关教育公平的政策及法律法规，正确认识教育公平的基本理念，理清我国政策文件的思路，做好农

---

① 郭元祥. 对教育公平问题的理论思考. 教育研究，2000（3）：21-24，47.
② 周金燕. 我国教育公平指标体系的建立. 教育科学，2006（1）：13-15.
③ 杜育红. 教育发展不平衡研究. 北京：北京师范大学出版社，2000：8，12，20，30.
④ 王家赠. 教育对中国经济增长的影响分析. 上海经济研究，2002（3）：10-17，31.
⑤ 荆珇. 教育公平的法律释义及其保障体系研究. 现代教育管理，2011（8）：70-72.

村教育发展的中长期规划；否则，平等的教育机会可能会加剧原本的教育差距，形成穷者愈穷的局面，反而不利于农村学生的发展。

二、完善教育立法机制，加强法律监督系统

随着教育事业的不断发展，各国都普遍重视教育立法，促进教育公平成为世界发达国家教育改革的主题。日本确立了教师和校长定期轮换的制度，促使教育师资的配置均衡，推动了学校之间的均衡发展；芬兰实行全国统一的教育经费和教学设施投入标准、全国统一的教师资格准入标准，学校和班级之间不分重点和非重点，保证每个学生享有平等、优质的教育资源。[①]发达国家的教育发展轨迹充分证明，教育立法是实现教育公平的前提和保障，作为现代化的法治国家，我国也需要通过教育立法的形式推动教育改革，保障公民享有平等的受教育权。

相比其他国家，我国教育法治建设起步较晚，目前的法律法规尚且不能满足教育法治化、保障教育公平的需要。比如，《中华人民共和国教育法》中，类似"应当""应该""鼓励"的词语用得较多，缺乏严谨统一的法律术语，对教师的奖惩制度、对学生人身权利的保护等方面还缺少独立的处理办法。[②]这表明，在立法方面我国的教育法律体系尚不完备，在某些情况下仍面临"无法可依"的困境，需进一步改进。但随着我国教育法治建设进程的加快，实现教育法治化、教育公平化必将变为现实，这是一个需要长期努力的实践过程。基于此，我国的首要任务便是进一步加强教育立法，在保证农村流动人口子女教育、农村女性学生入学等有关教育公平的问题上，都有相应的教育法律予以规范和约束，通过教育立法来保障农村教育事业的健康发展。

此外，要建立能够表达弱势群体利益的教育立法参与机制。英国曼彻斯特大学威丝曼（Wiseman）教授在1967年为布劳顿委员会主持的调查研究中发现，年龄越小的儿童受到环境的影响越大，影响教育公平的不仅包括学校的教

---

① 丁文婷. 实现教育公平的教育政策与法律保障初探. 时代教育，2014（11）：143-144.
② 钱国平. 教育公平的法律保障. 辽宁教育学院学报，2003（1）：8-10.

育制度，还包括社会不同阶层所处的经济地位及其文化背景。①这也使得学者在研究教育公平时，更加关注物质条件比较差或文化环境较为缺乏状况下的教育资源分配问题。但是改革开放以来，我国经济实现了快速发展，随着国民收入水平大幅提高、人均收入迈入中等偏上收入国家标准的同时，我国的贫富差距也在进一步扩大。目前，我国存在一部分弱势群体，如农民工、非正规就业者等，他们大多数分布在我国偏远地区，受自身的经济水平、家庭环境等因素的限制，他们的子女在享受平等教育权时可能还存在障碍，新闻报道中部分贫困家庭的适龄儿童入学难、辍学打工的现象也时有存在。在现代社会，如果人们连最基本的受教育权都不能获得，那么在其以后的生存、发展过程中有可能永久性地处于竞争的弱势地位。②也就是说缺乏必要的教育有可能导致终生贫困。尽管弱势群体的基数在我国占比不大，但是在教育立法时他们的力量较小、声音较弱，有时候难以表达自身的利益诉求。基于此种状况，政府部门除了应从经济上资助这些弱势群体，保障他们基本的受教育权，还要建立表达弱势群体利益的立法参与机制，保证弱势群体能有效表达和获得自己应有的利益。在教育立法过程中，要重视社会弱势群体的利益表达，满足他们的教育诉求并建立一定的教育补偿机制，以保障弱势群体拥有和其他人同等的受教育权。

另外，还要建立健全法律监督体系，这是教育法律得以有效实施的重要保障。目前在我国，由于部分政府执法部门意识较为淡薄、某些执法监督机制力度不够、某些公民法律意识较为薄弱等，我国在教育执法方面仍存在一些"有法难依、执法不严、违法难究"的现象，这会阻碍教育事业的健康发展。为此，可在教育立法过程中建立健全教育执法和监督机制，加强各级人大对教育法律执行情况的监督检查，严格约束并监督各级政府和教育职能部门依法办事，履行相应的职责，以正确引导我国教育事业的发展。此外，还可以大力开展教育法律科普宣传工作，以提高我国公民和社会团体的法律意识，以促进他

---

① 侯雪伟. 家庭背景对教育机会均等产生的影响——对上海某寄宿制高中根据有关政策招收外省市优秀初中毕业生的情况调查. 华东师范大学硕士学位论文, 2006.

② 苏颖怡. 教育公平的理论与实践——基于教育权利的分析. 复旦大学硕士学位论文, 2008.

们自觉遵守和执行教育法律法规，监督并反映身边的教育违法行为，由此促进教育公平在全社会的实现。

三、遵循弱势救济补偿原则，吸纳社会教育资源

"教育公平"是一个历史性的动态概念，也是人们不懈追求的理想信念。随着社会的发展，弱势群体逐渐浮出水面，其子女的教育公平问题也逐渐成为一个不容回避的话题。在社会层面，老、弱、病、残、无业、失业、贫困人员通常被归为弱势群体。而教育领域的弱势群体是指由历史和现实的诸多因素导致在教育活动中获取和占有的教育机会、教育资源和教育权利方面总是处于相对不利境地的社会群体，如有学习困难的智障和残疾儿童、低收入家庭子女、少数民族学生、流动人口子女、边远地区儿童、贫困学生等。[1]社会政策和教育制度的不完善、弱势群体的经济条件较差、文化素质较低、思想观念陈旧等，导致弱势群体所受教育不公平成为一个不争的事实。弱势救济补偿的基本含义就是挑选出处于不利地位的群体，从这一不利群体的特殊地位、视角来看待问题、分析问题，以是否最大限度地满足这一不利阶层的实际需求为标准来确定资源的分配方式。[2]弱势救济补偿不是平等分配教育资源，而是有关扶持政策向弱势群体倾斜，使弱势群体普遍得到由教育带来的收益。

笔者所做的问卷调查结果显示，农村学校的教学质量和农村家长对学生学习的关注程度远不及城市，农村学生学习得到的社会支持仍处于相对弱势的地位，导致他们出现内生动力不足、学习方法落后、不善独立思考等问题，严重阻碍了农村学生的健康发展。为解决此类问题，需要遵循弱势救济补偿原则，采取多种措施救助弱势群体，以保障农村学生的健康发展。

第一，要立足我国的基本国情和教育现状，在保证整体公平的基础上，根据弱势群体的教育实际区别对待。比如，对贫困生、随迁子女等弱势群体的实际困难进行有所侧重的扶持，可采取资金补偿、机会补偿、学业补偿、身体健康补偿、心理健康补偿等多种形式，做到精准补偿，除了要注意减轻贫困家庭

---

① 衣华亮. 教育公平实现中弱势群体利益补偿机制的政策分析. 阅江学刊，2009（3）：55-61.
② 施丽红. 对教育公平理论和实践的认识. 教育与职业，2007（24）：20-22.

的基础教育负担外，还要关注到农村学生的发展特点、身心健康、生活方式、学习习惯等，高度重视弱势群体子女的教育问题。此外，我们还要格外注意父母常年在外务工的留守学生以及有违规违纪行为甚至出现违法行为的学生，针对此类弱势学生群体应建立帮扶机制，从物质扶持到感情交流，深入了解相关情况后再对症下药，从根源改善农村弱势学生群体的现状。最后，还需要系统地为农村地区的家长开展家庭教育系列讲座，向他们普及科学的教育观念和教养方式，以期提高农村地区家庭教育水平。

第二，要合理配置教育资源，保护弱势群体。各级教育行政部门要不断加大对农村地区的教育扶持力度，制定合理的收费标准，完善奖学金、助学金、贷学金制度，以及转移支付、教育费减免等制度。[①]在一定的区域内，要将更多的资源分配给教育力量薄弱的农村地区，包括校园环境建设、学校经费投入和教学设施的配置、教师资源的配备等。可以通过制定学校的基本建设标准，确保全国基础教育阶段各学校在物质条件和师资条件处于较为均衡的状态，使农村每一所中小学校都能达到与城市相差无几的标准，并为农村学生提供更好的教学设施和师资力量，从而逐渐缩小城乡之间的教育差别，促进基础教育均衡发展。另外，在学校教育教学过程中，教师应因地制宜、因班制宜，根据本班学生的具体情况关心弱势学生的发展情况，采取多种教学手段，提高教学的趣味性，尽量满足不同学生特别是弱势学生的学习要求，不断提高课堂教学的质量和效果。

第三，要针对各地区弱势群体的实际构成，充分吸纳社会资源，有效解决弱势群体子女的教育公平问题。目前，我国财政性教育经费投入仍然比较有限，为了保障教育事业特别是农村教育事业的健康发展，要在明确政府投资主体的前提下，充分利用社会各方面的资源，加大"义务教育工程""对口扶贫支教工程"等项目的实施力度，建立社会公益组织、慈善团体，通过专项资金、社会集资等形式吸纳社会各界资源，并将之投入农村教育之中，使农村学生成为教育的受益者，以促进城乡教育公平从形式公平向实质公平迈进。

---

① 韩鹏英. 透过弱势群体的教育现状关注教育公平. 教育理论与实践，2007（22）：22-23.

四、尊重个体能力的差异，助力农村学生发展

联合国教科文组织在《学会生存——教育世界的今天和明天》中强调，"机会平等是要肯定每一个人都能受到适当的教育，而且这种教育的进度和方法是适合个人的特点的"①。这表明在追求教育公平的过程中，必须坚持差别性对待原则。我国目前实行的是九年制义务教育，在此阶段国家确保了所有儿童都能接受基本的保底教育，这只是保证适龄儿童完成基本的合格教育，而没有过多地关注因材施教的问题。九年义务教育阶段结束后的其他阶段的教育，尤其是不单纯是由政府完全承担的更高层次的教育，属于发展性的教育，旨在满足个体进一步发展的需要和社会对不同层次人才的需求。②每名学生的兴趣、爱好、能力、才智、体质等都不尽相同，不同家庭的教育理念、家庭环境和经济状况更是大相径庭，这使得学生在接受了九年义务教育后，很难站在同一起跑线上。对不同层次的学生施以绝对平等的教育显然是不公平的，也必定无法体现每个个体在才智等方面的差异。

为了促进城乡教育公平，保障有能力、有意愿的农村学生都能接受九年义务教育阶段结束后的发展性教育。其一，要把平等发展作为指导思想以促进整个义务教育事业的健康发展，重点关注农村义务教育的质量与水准，拓宽多种财政保障和救济补助渠道以资助有困难的学生，确保农村学生能够与城市学生一样享受到基本的教育设施和资源。此外，可以通过建立示范学校、重点学校来拉动区域教育整体发展，通过多种措施和途径推动低水平教育向高水平看齐。其二，要坚定教育态度，明确教育方式。教育是一项充满爱的事业，对待学生，不论种族、出身、贫富，教育者都要做到有教无类。在公平对待学生的前提下，承认差异、正视差异、尊重差异是实现教育公平的前提和基础，为此可以基于不同学生的能力差异实施分层教学，让不同层次的学生在相对公平的环境中学习和竞争，使他们都能学有所得、学有所长。其三，要创建多元化的评价机制，促进学生的全面发展。对学生的评价要兼顾文化课和综合活动考

---

① 转引自张人杰. 国外教育社会学基本文选. 上海：华东师范大学出版社，1989：270.
② 于发友. 论教育公平的理念与实践. 山东师范大学学报（人文社会科学版），2005（2）：128-131.

评，可以开展丰富多彩的文体活动，学生参加特长培训和比赛、社团活动、做义工等可以计入综合考评成绩，这样做有利于让更多具有特殊才能的学生得到有针对性的培养，使其有机会升入高等学府继续深造。虽然多元化的评价机制在我国尚未正式建立，但随着人们对教育公平研究的不断推进，我们可以隐约发现，多元化评价体系无疑是教育公平在教育"终点"处的保证。

第二节　个体与群体互补

教育公平并非绝对公平，它是人类追求的永恒理念，随着社会的变迁，教育公平也在不断地被日臻完善，而这一目标的实现并不只是体现在群体均衡方面，个体关注也是一个不可忽视的因素，个体与群体相互联系、相互依存，群体是由个体组成的，所以群体均衡也只是一般个体的客观反映，并不能代表所有个体。古代著名教育家孔子提出的因材施教、有教无类的教育思想，以及科举制度的建立、亚里士多德提出的通过法律保证公民受教育的权利、现在的高考制度等，这些都既体现了人们对群体公平的追求，也体现了对个体的关注。学者吕备和姚瑶的研究表明，自改革开放以来，随着我国教育政策倾向于群体均衡，我国教育领域方面仍存在一些不足之处：对农村地区资金投入不足、对实力薄弱学校教育资源分配不均、对特殊个体关注不够等。①该结果从侧面说明，现有的教育均衡发展更强调的是教育资源向城市区域的聚集，而部分农村学校和农村学生在一定程度上是"被平均"的。因此，要想实现真正意义上的基于农村学生发展的城乡教育公平，必须在群体均衡的基础上加强对个体的关注，做到群体均衡与个体关注互相补充。

一、推进学校标准化建设，保障各地区办学条件的群体均衡

我国疆域广阔，区域之间和区域内经济发展水平的差异导致教育水平和教育设施配备等也存在较大差别。因此，要想实现相对而言的城乡教育公平和均

---

① 吕备，姚瑶. 县域义务教育优质均衡发展的新视野——从群体均衡到个体关注. 教学与管理，2019（12）：31-34.

衡发展需要每个地区根据实际情况合理规划教育资源。合理规划教育资源是贯彻落实教育公平的重要体现，也是公平合理地配置公共教育资源的一种具体表现。提高教育质量、实现城乡教育公平、减小区域差距，是一个逐渐推进的过程。相对于城市而言，农村教育资源相对缺乏，因此，实现城乡教育资源均衡配置的着力点应当放在丰富农村教育资源上，全面改善实力薄弱学校的办学条件，推进学校标准化建设，这是保障教育公平、公正、科学、可持续发展的有效途径。据此，各地政府部门要严格按照国家制定的校园基础设施建设标准等政策，将本地区所辖学校的建校标准等控制在合理范围内，保障包括农村地区在内的每所学校均能拥有正常办学所需的硬件设备和软件设施，即保障所辖学校的外在条件符合标准化规定。例如，地方政府要依据本地区实际情况，按照城市地区的平均标准，着力改善农村地区学校的教学楼、宿舍楼、操场、餐厅等基础设施，改善图书阅览室、教学实验室、心理咨询室等场所，并为农村地区学校购买、配置包括音乐课、体育课、美术课等科目在内的配套教学器材，以促进学生的全面发展，并推进教育现代化。随着这些基础设施的完善与教学器材的引进，相关学科教育不能落空，对于资源的利用更应落到实处，不可造成资源浪费与闲置。

目前，我国农村学校的教育资源相对较差，而社会竞争愈演愈烈。在此背景下，农村地区的父母想让孩子得到高质量教育的需求愈发强烈，成绩稍微好些或家庭经济能力尚可的学生就转移至更好的学校，而某些家境困难的学生只能辍学，这些也间接地导致农村学校学习氛围较差、尖子生较为缺乏、学生流失比较严重，不断地拉大学校与学校之间、城乡之间的差距。这就容易形成恶性循环，如若没有外力干扰，那么这个循环将持续下去，致使城市和农村地区学生的发展逐渐两极分化。因此，对于农村学校的投入应该优先考虑，着重发展农村教育，不能在群体均衡中把农村作为"被平均"的一方。另外，群体均衡与个体关注为互补关系，对低保户、建档立卡户、烈士家庭等特殊群体也应予以切实关注，保障每个公民都得到机会均等的教育，这样做有利于促进群体均衡发展。因此，实现城乡教育一体化、深化教育改革迫在眉睫。教育公平不仅可以阻断贫困的代际传递，更托举孩子的梦想、民族的未来和国家的希望。

虽然难以做到绝对的公平，但政府部门应该最大限度地缩小各个地区、城乡、校际之间在办学条件上的差异，促进各地区教育均衡发展，进而更好地实现城乡教育公平。

二、对弱势地区学校进行精准识别和定向扶贫

目前在我国农村地区，有些实力薄弱的学校仍然存在诸如硬件设施差、学校破旧不堪、缺乏体育活动场地、缺乏水源、存在安全隐患等问题，以及存在教育经费不足、教师配备不全、教师流失严重等现象。为了保证城乡教育公平政策的稳步实施，地方政府要逐步排查，坚持以努力办好每一所学校为原则，加大对这些学校的财政投入，完善地方政策，以有利于这些学校的快速发展。

第一，地方政府要全面排查本地区所辖学校的具体办学情况，助力实力薄弱学校加强自身建设。农村地区实力薄弱的学校往往处于地理位置偏远、人口数量较少、经济发展较缓慢的地区，只有通过加强学校基础设施建设，保障正常办学所需的设施，巩固和完善农村教师工资保障机制等，才能尽量保证本地区的学生和教师不流失。

第二，地方政府要因地制宜，助力农村学校教师成长。要及时建立本地区教师个人档案，促使优质师资向农村地区实力薄弱的学校流动，超编学校向缺编学校流动，尽量使师资力量均衡分布，与地方学校所需师资匹配。此外，还要加强农村地区教师队伍建设，提升教师整体素质。有些农村地区年龄结构不合理，老教师教育观念相对老旧，不能与时俱进，然而有些年轻教师为了得到更好的发展，往往另谋高就。另外，某些农村教师学历偏低，甚至在有些偏远地区，老师被迫当起了"全能教师"，其教学要兼顾多个学科，这就需要当地政府协助学校及时整顿"乱象"，建立严格的教育管理机制，使教师能够专注特定学科教学工作，提升自身教学质量。

第三，地方政府应因地制宜地为广大教师提供专业成长机会，为表现优异的教师提供升职加薪的机会，改善其工作环境与生活条件，提高福利待遇，以增强农村教师的荣誉感、幸福感和竞争意识。地方政府还应积极探索实施"乡

村教育家""乡村名师"等优质师资成长模式，形成"优秀名师带领骨干教师、骨干教师带领普通教师"的教师发展模式，通过多种途径促进农村教育质量的提升。只有通过外在物质提升教师待遇还不是挽留人才的长久之计，最主要的是改变农村教师的固有认知，使其主动留下来。另外，农村教师应定期接受专业培训，如可以邀请省市内知名高等师范院校专家教授或是杰出的中小学一线教师前往农村学校进行针对性的校本培训，不同学校之间也可举办交流会，以交流教学经验、提高教学技能。地方政府还应鼓励城市教师主动到农村支教，建立较为完善的支教体系，推动城市教师和农村教师相互流动，以便为当地教师队伍注入新的血液，为学生带去新事物，激发学生学习的兴趣。此外，地方政府应积极鼓励城市学校与农村实力薄弱的学校一对一结对子，强弱结合，以城带乡，挖掘更多的教学模式，拓展农村教育新思路，着力破除城乡教育发展障碍，助力农村学校获得更好的发展。

第四，政府应鼓励企业开发更多的在线教育资源和研发新的技术，不断健全网上学习系统，设立专项政府资金以支持农村学校信息化软硬件设施建设，使农村实力薄弱的学校也能获得优质教育资源。教育资源的信息化为助力农村教育、缩小城乡教育差距提供了技术保障，是农村教育事业发展的新路径，不过"打铁必须自身硬"，农村学校还应把加强自身建设放在首位，建立农村特色教育体系，从"外帮"变为"自给"，重"造血"轻"输血"，这才是改善农村教育的长久之计。

三、保障学生平等的教育权利，实现学生的个性化发展

就目前而言，在中小学教育阶段处境不利的人群大致分为五类：一是外来农民工子女；二是贫困家庭子女；三是单亲家庭子女和孤儿；四是残疾儿童少年；五是品行有失、学习困难的学生。[1]联合国人权中心认为，给弱势群体提供相同的条件会加剧其不公平境况，而要想有效促进教育的均衡发展，必须要帮助弱势群体摆脱其不公平的处境。[2]因此，在促进城乡教育公平的过程中，

---

[1]　瞿瑛. 论义务教育均衡发展与教育公平. 教育探索，2006（12）：46-48.
[2]　梁园. 教育公平与教育均衡发展的关系探析. 西部素质教育，2019（7）：9-10.

要想保障全体学生均能拥有平等的受教育权，需要格外关注此类弱势群体，以使所有学生都能平等而公平地接受教育。

当前，群体所获得的受教育机会也因性别、区域、阶层等因素的不同而存在较大差异。比如，尽管法律规定男女平等，享有同等的受教育权，但是在一些家庭中，因经济发展水平落后和思想观念老旧，女性受教育的权利无法得到有效保障。因此，政府要建立健全弱势群体的审查和援助机制，在保证其他学生利益不受损害的前提下，加大对弱势群体的物质支撑和精神援助力度，且要保障援助措施的及时有效，使其能够正常入学接受教育。这是政府的职责，也是构建和谐社会的重大使命所在。扶持弱势群体是教育公平的本质要求，也是推进教育公平的重要举措。实现真正的教育公平，是在尊重学生共同特性的基础上，发掘他们的个性，因材施教，树立正确个性发展观，使学生特别是农村地区的学生能够根据自身发展的需要有选择地接受教育，并为他们提供高质量的、适合其真正发展的、适当的教育，使每个学生的潜能都能够得到有效激发。破除"读书无用"论、"应试教育至上"等老旧思想，教育不能千人一面，个体要"棱角分明"。学校也应加大个性化项目的投入，以保护学生的主动性和创造性。

笔者所做的问卷调查结果显示，农村学生对自己的学习情况缺乏科学的目标和合理的计划，在学习时容易急功近利，遇到挫折时容易自暴自弃，存在一定程度上的认知方式偏差和学习心理障碍等问题。在推动城乡教育公平的进程中，要格外关注培养此类学生的学习认知态度和心理素质，积极构建学校、家庭、社会一体化教育网络，以满足个体个性化发展的需要；利用农村优势，理论和实践相结合，进行渗透式教育，以培养其健康人格；对农村地区学生进行有针对性的引导教育，树立科学的知识观和学习观。此外，对内生动力不足、学习挫败感强、学习能力弱等学生要进行个性化的心理辅导，保障全体农村学生实现全面个性化发展。学校是学生的主要学习场所，教师应重视培养农村学生的探究创新精神。例如，探索师生互动、生生互动的课堂模式，调动学生的积极性；采用小组合作、小组讨论等方式，使学生发生思维的碰撞，给予小组更多的时间和机会展示学习成果、各抒己见；分享更多的学习方法，开拓学生学习的新视角，助力农村学生的个性成长。

第三节 课上与课下互动

一、树立公平教育意识，课上平等、课下尊重

教师不管任教于哪所学校，面对不同地域、不同性别与不同成绩的学生，都应当树立公平的教育意识，这种观念被广泛认可。但在实际教学活动中，总是有些不平等的行为被无意识地展现出来，对于心智尚不成熟的中小学生来说，这些现象将直接影响着他们人生观、价值观，对和谐校园的构建和教育公平的实现也有着深刻的影响，因此应当及时采取措施减少此类不公平现象。

（一）针对教师建立监督机制

在选拔教师时应当设立相应的选拔门槛，做到宁缺毋滥，确保教师知识储备丰富、人格修养深厚。教师入职后，学校应重视对教师素养的培养和监督。一方面，加强对教师的思想道德教育，培养教师的自我反思意识。让教师深刻地认识到自己的一言一行都会对学生造成很大的影响，以此来约束教师的言行举止，让教师深刻地体会到在面对学生时要做到一视同仁，不因性别、出身、成绩等区别对待，关注每个学生的成长。另一方面，不定期抽查教师的课堂教学，从真实的课堂中了解教师的日常教学行为，而非单纯地凭借某些公开课看教师和学生一同"演戏"。此外还可以对学生进行访谈，详细了解教师在日常教育教学过程中的行为表现；完善匿名投诉通道，避免出现学生由于投诉而被教师针对的现象。对学生提出的意见进行全面考察，若情况属实，则对教师进行思想教育并及时给予相应的惩罚，但切记还要维护教师的尊严与权威。

（二）使教师树立自我提升意识

学校应定期举办教师读书分享会并让教师分享读书心得，这样做可以强制性地让教师不断丰富自己、提高自己。柏拉图在其著作《理想国》第七卷的开

篇，讲述了一个著名的故事，学术界称之为"洞穴隐喻"。①该比喻旨在阐明，是教育把囚徒从阴暗的洞穴引向光明。而教育的本质是使我们获得自由，自由是人们发展的前提，这种自由会最终促使灵魂自由，由感性转向理性、黑暗转向光明，使人们认识真理，找到至善。但"自由"是一个相对的概念，它与束缚和约束并行。有时候强制并不是对自由的剥夺。教育原本就是一种力量，带有一定的强制色彩，并将人引向光明的世界。教育具有价值引导的作用。这是教育本身所包含的价值规定性。强制不是逼迫，而是一种引导的教育性力量。对于应该读什么书，可从国内外经典教育著作中选择，如老子的《道德经》里处处充满了睿智的教育观，教师从中可以领悟到修身之道、处世之道、为师之道和成功之道。夸美纽斯的《大教学论》提出要"把一切事物交给一切人类的全部艺术"，其中的教育理论、教学应遵循的原则流传至今。阅读不仅有利于教师形成自己的教学风格和个人魅力，还可以促进教师的自我反思和自我提升。教师可以在阅读和理解的过程中增长教学智慧、提升个人修养、保持平淡心境、深入钻研教材，在教育教学过程中贯彻落实公平意识，促进学生全面健康发展。

（三）创造平等的教育环境

平等地对待学生是教师应当坚守的基本职业道德，在师范教育和入职培训时都应加强思想教育，确保教师树立公平的教育观念，认识到自身无意识的不公平预设行为。在教师与学生的互动中，有研究者发现教师存在不同的行为方式：他们认为女生在课堂中应该保持安静，应该是被动的学习者，而男生应该具有积极主动的精神；且男生在课堂上得到了比女生更多的注意、表扬或批评，而对于这一点，许多教师并未意识到，他们常常认为自己对两性学生的态度是相同的，但事实并非如此。②比如，在课堂提问方面，男生被提问的次数和人均次数在很大程度上多于女生，且面向男生的提问通常是开放性的、需要思考的问题，而面向女生的提问往往偏向于具有描述性、情感性的问题；在课堂评价方面，教师更多地对男生的学习给予反馈和评价，对女生的行为习惯，

---

① 柏拉图. 理想国. 郭斌和, 等译. 北京：商务印书馆, 1986：272.
② 孔红琴. 教育公平视野下农村中学课堂环境中性别差异研究. 西北师范大学硕士学位论文, 2012.

如认真朗读、背诵课文等提出表扬；在师生互动方面，对待男生，教师的语气往往幽默诙谐、自然，对待女孩子则往往慎重礼貌、言语间透露着深思熟虑；对学生惩戒方面，教师往往对女生比较宽容，对男生则相对严厉，这就出现了同一规则两套标准的现象；在未来期待方面，教师往往期望女生能够获得稳定的工作以便照顾家庭，他们希望男生能够敢闯敢拼，以便将来担起家庭重担。教师在日常的教学与管理中对性别不同的学生持有不同的期待与要求，可能导致男女学生形成了不同的成就动机和价值取向。班级集体活动中，大放异彩的男生居多，如作为学生代表致辞、举班旗、竞选班干部等。此外，笔者常听到的一句话就是，"你看人家一个女孩子都可以，你一个男孩为什么不行"。言语中无不隐藏着不公与偏见。教师的评价对学生学习的积极性与自信心会产生重要影响，长期对女生的忽视与无意识的评价容易造成女生自信心不足，使她们将渐渐将自己隐藏起来。由此可见，教师要时刻注意自己的言行，减少课上与课下不自觉的不公平行为。

二、扩大网络教育资源，实现课下学习、课上运用的有效结合

优质资源共享是解决当前教育公平问题的一种重要手段。目前，市场上存在大量服务于教育事业发展的应用程序与硬件设施，应得到充分的重视与利用。例如，录播系统与微课制作软件能够将老师授课情景完整、生动地呈现出来，并通过信息化的手段，将录制的内容推送出去，使之成为可以重复利用、可长期保存、可分享共享的教学资源，能够实现优质教学资源不分地域、不分时间、不限对象地分享，让教学条件较差的地区也能享受高水平的教育，间接实现了教育均衡。城市中有较多学校设置了录播教室，市场上也有众多视频制作软件专门设置有教育版本，但由于种种原因，教育质量和效率并没有达到理想状态。为充分利用线上资源，实现课下学习、课上运用的有效结合，笔者提出以下建议。

（一）教师树立现代教育观念，充分利用网络教育资源

若要充分利用现代教育资源，教师就必须树立现代教育观念，建立学习意

识。学校可对在职教师定期开设现代教育技术类课程，以期教师能够熟练掌握部分视频制作技术与多媒体等现代化教育装备的使用方法，教师应当积极参与此类课程培训以提高自身的信息技术应用能力。例如，目前多数学校已配备有录播教室，并配备了希沃白板 5、万彩动画、Focusky 等教学软件，对此可有针对性地开设教育技术课堂以系统地讲解使用方法，尚未拥有相关设施的学校可以开设一些关于课件制作与教学视频制作的教学课程。教师可以将优质课程资源作为自身课下学习资料以及课上教学的辅助工具。其次，教师要有自我提升观念，并学会充分利用网络教育资源。一方面学习他人教学成果，不断提升自身教学能力；另一方面将线上资源作为教学的辅助工具。由于教学时间是有限的，学生需要学习的内容是无限的，教师的教学不应局限于课上。因此，教师可筛选适当的资源作为学生学习的拓展内容，以此来丰富与深化学生的知识。在课前，教师可提供与本节课知识内容相关的视频、音频、图片等课程资源供学生进行课前预习，以提高学生的学习兴趣、培养学生的自学能力。在课后，教师可推荐相应的线上资源以拓展学生的知识视野，不断丰富与深化学生对知识的理解。

（二）学校建立共享平台，完善教学资源数据库

为确保教师学习的高效性，各个学校可以开设自己的线上教学成果共享平台。线上资源平台的建立，一方面是对教师教育技术课堂学习成果的审视，另一方面也可以完善教学资源数据库，为教师学习提供资源与平台，并实现各个学校之间教学资源的共享。目前，国内被教师广为使用的网站为"一师一优课"，该网站收集了各省份不同年级、不同学科的优质课程，但它也存在教学内容覆盖不全、课型单一、作者局限于一线教师、无交流平台等局限。若是每所学校，包括中小学与开设师范专业的高校，都建立起自己的教学资源共享平台，教师就能够在平台上上传各种微课、公开课的教学视频，以及自己的教案与课件等，这样做可以促使学校教研活动的成果化、高效化及广泛化，使得每所学校的教师都可以从中学习，在交流中提升自身教学能力，或是将线上资源作为自己课堂教学的学习资源，并借此优化教学内容。这将在较大程度上扩充

教学资源数据库，为农村教师提供学习平台，也能在一定程度上解决农村教师水平不高的问题。

三、合理设置教育内容，促进课上学习、课下成长

在城市学生享受着不断升级的教育服务的时候，某些农村学校还处于教学设施落后、教育资源不足的境地。因此，解决城乡公平问题不应局限于对知识教育的弥补，对于素质教育也要加以重视。新高考改革提出"两依据一参考"的录取模式，其中一参考就是指综合素质评价。相较于城市学校来说，部分农村学校在经费、教学设施等方面都较为落后，但却不能忽视学生的综合素质评价。综合素质评价包括思想品德、学业水平、身心健康、艺术素养、社会实践五个方面。因此，教师要突破资源不足的限制，发挥地区优势，迎难而上，积极发展素质教育，避免城乡教育差距被拉大。

（一）加强体育教育

全面提升学生体质，促进学生均衡发展，这也是教育公平的一部分。体教结合是必然而且是必要的，德智体美劳全面发展才是真正的教育公平。2020年，中共中央办公厅、国务院办公厅印发《关于全面加强和改进新时代学校体育工作的意见》《关于全面加强和改进新时代学校美育工作的意见》；同年，经国务院同意，国家体育总局和教育部近日联合印发《关于深化体教融合促进青少年健康发展的意见》为改善体育教育提出了一系列可行性策略。

对于体育课程被大量占据的部分农村学校而言，实施一定程度的强迫手段也是推动教育公平的一种途径，学校要严禁出现体育课被占、体育教师在操场不上课等现象，并加以监督。但一味地使用强制手段来加强体育教育是治标不治本的，我们现在的教育过多地关注文化课教学，却在一定程度上忽视了体育教育。学生长期坐在教室中，不运动、不呼吸新鲜空气，容易导致体质变差，尤其是颈椎、脊椎等容易出现问题，体脂较多，形成"小眼镜多、小胖墩多、小个子多"等三多现象。因此，体育教育不容忽视。在课程时间设置上，要不断增加体育课的时间，在教师队伍充足的前提下从一周一节逐渐扩充为每天一

节；在教学内容上，在中考、高考体育考试项目之外，应推广武术、毽球、射艺等中华传统体育项目，而且这些项目不应仅限于课堂教学，而应力求每天带领学生勤学勤练；在课程评价方面，将课外活动与课外训练纳入教学任务，与课堂教学一并作为评价对象，与其他科目一样进行过程性评价与总结性评价。此外，要实现体育锻炼的常态化，勤练常赛，如定期举办春季、秋季运动会等，并完善体育竞赛与人才培养体系。通过举办多样化的体育运动等鼓励学生积极参加体育锻炼，让学生走出教室多多呼吸新鲜空气、活动筋骨，以提升学生身体素质。对于体育教师缺失，且无法及时补足师资力量的学校则可由当地政府出面协调，如面向社会统计有意愿进校任教的人员，广招当地退役的运动员和军人等，这样做一方面可以提高学生的身体素质，另一方面也能够增强学生对体育事业、军队的热爱和憧憬。另外，还可以通过购买服务等方式与专业体育院校、艺术院校对接，吸纳高校人才到中小学兼职任教。

（二）增加劳动教育

重视劳动教育是新时期社会主义教育性质和教育方针的新体现，劳动教育是中国特色社会主义教育的重要内容。2018 年 9 月 10 日，习近平同志在全国教育大会上明确指出，要"坚持中国特色社会主义教育发展道路……培养德智体美劳全面发展的社会主义建设者和接班人"[①]。响应国务院关于全面加强新时代大中小学劳动教育的号召，教师首先应当形成正确的劳动教育观念，明晰劳动教育并不等于体力劳动，也不是开设一节劳动技能课程就足够了的。劳动教育是"以促进学生形成劳动价值观（即确立正确的劳动观点、积极的劳动态度，热爱劳动和劳动人民等）和养成良好劳动素养（形成劳动习惯、有一定劳动知识与技能、有能力开展创造性劳动等）为目的的教育活动"[②]。

劳动教育的开展正是课上与课下的互动。在课上，教师要注重利用教材、网络资源等进行劳动知识与技能、劳动价值观和劳动态度的培育，在课下则偏

---

① 习近平：坚持中国特色社会主义教育发展道路 培养德智体美劳全面发展的社会主义建设者和接班人. http://cpc.people.com.cn/n1/2018/0910/c64094-30284598.html，2018-09-10.

② 檀传宝. 劳动教育的概念理解——如何认识劳动教育概念的基本内涵与基本特征. 中国教育学刊，2019（2）：82-84.

重实践，提升学生的劳动能力，并使其在劳动中有所感悟，以提升学生的劳动素养。在劳动教育内容方面，多数农村学校占据地理优势。课下可充分运用自身所拥有的自然资源开展特色活动，组织学生深入社会基层，如学习制作农具、设计当地的文化墙等，尤其是在农忙期可充分利用当地资源，将课程置于农田劳动劳作中，使学生获取技能知识、获得劳动体验。劳动教育的顺利开展需要形成一个比较完善的评价机制，对学生的劳动进行科学有效的评价，以激发学生投身于劳动活动的积极性。劳动教育容易存在的一个问题则是课程设计缺少系统规划，小学、中学、大学之间无衔接，课程内容设置脱离课程标准，这都需要教师给予完善，以确保劳动教育的系统性、完整性与教育性。

（三）重视心理健康教育

在追求城乡教育结果公平的同时，还要注重这一过程的公平与健康。当下学生的心理健康问题较为突出，因此学生的心理健康教育不容忽视。农村孩子有些是留守儿童，缺少爱的环境，容易出现自闭、抑郁的情况，抑或是性格内向，甚至容易产生嫉妒、自卑等心理。即便在经济条件较好的家庭，孩子也会受到压力或是环境等因素的影响而产生一些心理疾病，如逆反心理、嫉妒与自傲心理、交往恐惧、早恋倾向等。教育部门、教师及家长都需提高对学生心理健康的重视。但由于教师课上时间有限，且学生数量较多，任课教师在课上难以深入了解学生的心理，因此，关注学生心理健康问题还需要在课下实施具体的措施与之相辅助，做到课上与课下相结合。

在课上，教师在教学过程中要积极观察学生，敏锐地从学生言行中发现问题，并加以重视。比如，通过对学生上课注意力的观察可以发现学生对学习的态度及其学习的兴趣点，通过观察学生在合作学习中的参与程度可以发现学生是否存在交流问题。教师可定期开展班级交流活动以引导学生在交流中敞开心扉、畅所欲言；教师可以开设读书论坛，让学生书本中汲取智慧，对之进行精神教育。在课下，学校要建立相关机构，如面向全体师生开设心理咨询室，对于需要心理疏导的师生可在网上预约申请心理帮助以保护申请咨询的师生的隐私等。对于接受了心理疏导的学生，心理咨询师要跟踪学生的后续发展情况，鉴于班主任接触学生要比心理咨询师接触得多，他们更了解学生的日常状态，所以心理咨询师要与班主任及时沟通，以确保问题得到有效解决，而非恶化。对于是否要与家长沟通一方面要尊重学生的意见，另一方面要根据学生的心理状况而定，若是家庭原因导致的心理问题，则要与家长进行沟通。教师要积极地与学生沟通，若是学习方面导致的问题，教师应积极调整教学策略；若是学生自身成长存在问题则需要教师给予适当指导；若是家庭问题，教师要做好家校沟通，积极地解决问题。鉴于部分农村学校师资力量不足，聘请专业心理咨询师较为困难，可以邀请高校教师在线上开设心理健康教育课程或是中小学生常见心理问题及解决对策等系列讲座，以补充、丰富农村在职教师的教育心理学知识。农村教师通过专业知识的学习，能够帮助学生解决学习和生活中遇到的心理问题、树立正确的自我意识。

四、适当改变教学形式，促进课下思考、课上讨论

杨贤江于 1930 年出版的《新教育大纲》中指出，教育起源于社会实际生活的需要，并充分肯定了交流与联系生活的重要性。叶澜在其所著的《教育概论》一书中指出，教育起源于人的交往活动。由此可见，在教育活动中加强对学生表达与交流的重视以及教学内容与生活实际的联系非常重要。但部分农村学校的教学模式受旧"三中心"，即教师、教材、课堂的禁锢，使得学生缺少学习积极性，学习往往是一种被动的接受式学习，学习内容局限于课堂与课本中。因此，为锻炼学生思维与表达能力，缩小城乡教育在能力培养上的差距，农村教师要敢于改变传统的教学形式，引入新的教学方法，引导学生课下思考、课上讨论。

针对笔者所做问卷调查中农村学生知识面狭窄这一问题，一方面教师应当出于拓宽学生视野、丰富学生知识、激发学生学习兴趣的目的，根据学生的需要，建构开放型课堂，让学生课下积极思考，课上自由探讨、各抒己见。这不仅能够拓展学生的知识，还能够培养学生搜集资料与表达鉴赏的能力，并且能够使学生思维灵活，灵活的课堂组织形式也使得教学不再枯燥。以合作学习为

例，合作学习是学生之间为了完成共同的学习任务进行的分工互助式的学习，能够增强学生的自主意识，锻炼其思维能力。合作学习中，教师充当的角色是探究性问题的抛出者，学生则是问题解决的探索者，因此这对教师教学提出了一定的要求。首先，教师要学会提问题，问题的提出要体现出基础性，符合学生的前理解，适合学生学情；体现出挑战性，有一定的思考空间；体现出合作性，让学生能够合作学习，并进行小组交流；体现出趣味性，能够激发学生思考的兴趣，进行自主性探究。其次，教师要积极参与、有效调控，包括对学习资源的提供、对课堂交流的指导点拨，以及对学生成果的综合性、针对性评价。

五、培养学生正确观念，课上为主、课下为辅

（一）培养跨学科观念

社会的进步与发展，使大众意识到学校教育教授的单一学科内容很难帮助学生在面对复杂问题时迅速地找到解决思路。要使学生具备适应终身发展和社会发展需要的必备品格和关键能力，仅凭单一学科独立式的学习是很难实现的。因此，需要在具体的教育教学活动中挖掘学生成长的真实需求，形成跨学科的主题系列，以系列式的跨学科课程和跨学科活动推动学生的跨学科学习，以提升学生的综合素养。[1]具有跨学科思维的人才能够对知识进行整合与创造，将会更好地符合时代要求，这就要求教师在教学过程中突破思维定式的影响，重视培养学生的批判性思维、创造性思维、社会性思维。

目前，中小学最广泛应用的课程模式是分科教学模式，即数学、科学等学科教师负责教授各自科目，很少重视学科之间的联系。然而，要让学生为未来的职业发展做准备，他们必须超越学科的界限进行思考。源于美国的 STEM 可以为农村学生跨学科观念的培养提供一定的借鉴。STEM 是科学（science）、技术（technology）、工程（engineering）和数学（mathematics）四门学科的简

---

[1] 赵瑛群. 小学生跨学科学习主题设计的实践研究. 上海教育，2019（Z2）：20.

称，强调多学科的融合，是对学科知识、生活经验的整合。[①]目前，我国农村学校容易实行的应是赫希巴奇提出的相关课程（correlated curriculum）模式，即将各科目仍保留为独立学科，但各科目教学内容的安排注重彼此间的联系。[②]例如，上物理课可能需要学生预先掌握一些数学知识，数学和物理教师要通过沟通，将这两次课在时间点上要安排得相近一些，且数学课教学排在前面。但该种模式也是对教师综合性知识能力的一大挑战。在具体的教学活动之前，需要不同学科的教师对课程安排进行详细、周密的协调和计划，提升自身的综合知识能力，帮助学生树立跨学科观念，搭建学科知识整合的桥梁。在课下，教师应注重培养学生对生活经验的跨学科整合的意识，同时能够将理论与实践紧密结合。如果学生建立起跨学科的意识，在学科的交叉融合中进行知识的整合建构，那么将促使学生从多个角度思考问题，有利于学生的全面发展。

（二）树立正确的学习观念

随着高等教育毛入学率从 2003 年的 17%增长到 2019 年的 51.6%，我国已从高等教育大众化正式进入普及化阶段，[③]越来越多的家庭实现大学生零的突破。但社会竞争日益激烈，大学生就业难的问题逐渐凸显。此外，相关研究表明：2018 年，城市教育回报率为 8.3%，农村教育回报率为 5.8%，城乡教育回报率差异为 2.5 个百分点；城乡教育回报率差异在过去的 20 余年呈现先下降、后上升、再下降的趋势，但城乡间的教育回报率差异仍然显著。[④]大学毕业生就业困难、农村教育收益率低等，导致社会上出现新读书无用论，为了消除这种思想，教师在课上与课下能够做的则是帮助学生树立正确的学习观念，与学生家长保持积极的沟通。具体的措施列举如下：①正确引导对"读书无用"中对"用"的理解，这里的"用"不应该是经济利益和工作职位，教师要引导学生认识到读书、学习的作用在于提高自己的个人能力，丰富自己的知识内涵，

---

① 余胜泉，胡翔. STEM 教育理念与跨学科整合模式. 开放教育研究，2015（4）：13-22.

② 余胜泉，胡翔. STEM 教育理念与跨学科整合模式. 开放教育研究，2015（4）：13-22.

③ 越来越多的家庭实现大学生"零的突破"我国高等教育进入普及化时代. http://www.moe.gov.cn/jyb_xwfb/s5147/202010/t20201013_494234.html，2020-10-13.

④ 邢春冰，陈超凡，曹欣悦. 城乡教育回报率差异及区域分布特征——以 1995—2018 年中国家庭收入调查数据为证. 教育研究，2021（9）：104-119.

提升自己的价值追求，而不能局限于眼前得失。②在农村学校所在区域定期举行展示学习风采、学习成效的活动，将一些优秀文章、设计作品在固定场所展出，培养农村学生形成良好的学习风气，增加农村学生的社会支持度。带领学生阅读经典，鼓励家长与学生一同观看央视文化类节目，如《中国诗词大会》，接受文化的熏陶，从中感受文化给人带来的变化。③在教学过程中将理论与实践相结合，开展课外实践活动，在实践中学习的同时将学习到的知识真正运用到生活中，如在物理与化学课堂之外开展课下实验活动。④班主任要做好家校合作，开展思想教育活动，对于已经出现读书无用论思想的学生与家长，教师要与之积极沟通，加以纠正。

（三）形成正确的价值观念

针对农村学生普遍缺乏自信、耐挫力差的现象，教师应当做到以下几点：第一，教师必须加强自我修养，树立正确的教育理念，进行鼓励式教育，多发现学生的闪光点，让学生拥有自信心而非一味地受挫；第二，班级管理中要确保公平，如实行班干部轮流制度，尽可能缩小学生之间耐挫力的差距；第三，进行挫折教育，教师可以利用教材中有关不怕挫折、敢于面对的内容引导学生正确认识挫折、树立正确的价值观念；第四，可在劳动教育过程中让学生亲身实践，帮助学生解决在实践中所面临的问题，不仅有利于提升学生的耐挫力，也能够增加学生的成就感和自信心。

第四节　校内与校外融通

杜威从个体的角度来定义教育，认为教育就是个体的成长、个体的生活、个体的经验积累和改造。[①]以此为出发点，那么教育就不仅仅需要学校的支持，同样还需要政府、社会和家庭的大力支持，要促进城乡教育公平、不断缩小城市与农村教育之间的差距，加强校内与校外的融合也是一条重要的途径。

---

① 杜威. 民主主义与教育. 王承绪译. 北京：人民教育出版社，2001：49.

一、发挥政府职能，助力农村教育发展

（一）加强立法，促进城乡教育公平

如今，随着社会法治化建设进程加快，人们的法律意识也在逐渐增强，依法治国、建设社会主义法治国家作为基本方略已被写进宪法。2009 年 7—8 月，北京、上海、辽宁、山东、浙江、安徽、湖南七省市先后立法以缩小义务教育阶段城乡之间的差距，七省市立法草案中均明确规定：县级以上人民政府应当合理配置教育资源，缩小城乡之间、区域之间、学校之间办学条件和办学水平的差距，不得将学校划分为重点学校和非重点学校；儿童、少儿免试入学。学校不得采取或者变相采取考试、测试、面试等形式选拔学生，不得将各种竞赛成绩、奖励、证书作为招生入学的依据。区、县教育行政部门应该根据儿童、少年的数量和分布情况，合理确定每所公办学校的就近招生范围和招生人数并向社会公布。学校应该按照规定和要求接收学生，并将招生结果向社会公布。[①]2022 年 10 月，党的二十大报告明确指出要加快义务教育优质均衡发展和城乡一体化，优化区域教育资源配置。这表明，国家和政府正在积极探索高质量教育体系的建设，也在不断加强对教育优质均衡发展的关注。

促进城乡教育均衡发展，需要政府以法律法规为基点界定相关主体在此过程中的义务、责任，只有这样才能更好地促进农村教育的快速发展。相关法律法规体系的建立，是政府部门重视教育事业的表现，主要通过以下几个方面来证实：一是制定相关法律法规，要能够凸显出农村教育和农村学生发展的重要地位，使全体社会成员加深对城乡教育公平发展的认识，并从遵守法律法规的高度来维护和促进城乡教育公平的发展；二是通过制定相关的法律法规，明确各级各类教育主管部门在助力农村教育和农村学生发展中的职责和任务，能够做到有法可依、有章可循，使城乡教育公平发展有可具操作性的方法；三是通过制定相关法律法规，阻止或纠正不利于城乡教育公平发展的行为，有了相关法律法规体系的约束，对于在促进城乡教育公平发展过程中，哪些可以做，哪

---

① 中央教育科学研究所教育督导评估研究中心. 义务教育均衡发展报告·2010. 北京：教育科学出版社，2010：4.

些是坚决不允许的，就有了清晰明了的界定。对于一些阻止城乡教育公平发展的个人行为或者社会行为，任何公民都有权向相关国家机关进行检举。利用法律体系建设推进城乡教育公平，为农村教育和农村学生发展保驾护航。

（二）加大对农村义务教育阶段的经费投入力度

义务教育最早起源于德国，德国在开始实行义务教育之初，就明确规定在义务教育阶段所需的全部费用均由国家财政承担，从而使得义务教育与国家经济的发展相得益彰。德国提出义务教育之后，英国、美国和日本等发达国家，以及巴西、印度尼西亚等部分发展中国家，也纷纷向德国学习，开始实行义务教育由国家财政全部承担的政策，从而在很大程度上促进了义务教育的发展。义务教育是属于全体公民的，是公共产品，需要投入大量的人力和物力，尤其是资金。中华人民共和国成立以来，在相当长的一段时期内，社会经济发展较为缓慢，经济发展水平较低，国家财政水平有限，在义务教育阶段，国家财政承担了大部分经费，小部分杂费由家庭承担。近年来，随着我国经济实力的稳步提升，我国财政对义务教育尤其是农村义务教育阶段的投入比重不断加大。其中，2006 年国家建立了农村义务教育经费保障机制，仅 2006—2008 年中央财政累计投入农村义务教育经费保障机制改革资金就约达 1100 亿元；2008 年中央投入资金 578.3 亿元，2009 年共安排资金 662.5 亿元。[1]这些资金用于家庭经济困难寄宿生生活费补助、免费教科书、农村义务教育阶段中小学公用经费、中西部地区农村义务教育阶段中小学校舍维修改造等，从而逐步缩小了义务教育阶段的城乡差距。接下来，政府应继续加大对义务教育阶段的财政投入，同时应考虑加大经费向农村地区的倾斜力度，为农村地区义务教育更好、更快发展奠定物质基础，改善农村地区的办学条件，将优质教育资源优先输送给农村地区，以更大范围、更深层次高质量地普及义务教育，这对于促进城乡教育公平发展、促进整个教育公平，具有重大意义。

---

① 中央教育科学研究所教育督导评估研究中心. 义务教育均衡发展报告·2010. 北京：教育科学出版社，2010：14-15.

（三）探索建立农村教师队伍补充机制

现在，中央和地方财政在增加教育资金投入的同时，还需要特别重视教师队伍补充制度的建立健全，需要建立一套行之有效的农村教师补充新制度。如2006年，教育部、人事部、财政部、中央编办联合启动了"农村义务教育阶段学校教师特设岗位计划"。"特岗"教师是指，由专项资金把部分农村教师的岗位买下来，通过社会公开透明招考的方式，激励和鼓励高校毕业生到西部或者地方担任农村义务教育阶段的教学任务。整体看来，"农村义务教育阶段学校教师特设岗位计划"实施以来，取得较为显著的成效，为农村教育整体质量的提高做出了不可估量的贡献，促进了农村教育的发展。2007年3月5日，国务院总理温家宝在第十届全国人民代表大会第五次会议上做《政府工作报告》，提出"为了促进教育发展和教育公平，我们将采取两项重大措施……二是在教育部直属师范大学实行师范生免费教育，建立相应的制度"[①]。免费师范生享有的优惠包括四项内容：一是免费师范生读大学期间的学费、住宿费和生活补助由中央财政负责；二是免费师范生毕业后由省级教育行政部门负责落实他们的教师岗位；三是免费师范毕业生在协议规定服务期内，可在学校间流动或从事教育管理工作；四是为免费师范生在职攻读教育硕士学位提供便利的入学条件。2015年，国务院办公厅印发了《乡村教师支持计划（2015—2020年）》，这可以算是针对农村地区长期以来师资薄弱现象而专门出台的政策。从文件内容来看，该计划明确了"合理规划乡村教师队伍规模，集中人财物资源，制定实施优惠倾斜政策，加大工作支持力度，加强乡村地区优质教师资源配置，有效解决乡村教师短缺问题，优化乡村教师队伍结构"，"坚持问题导向，深化体制机制改革，拓宽乡村教师来源，鼓励有志青年投身乡村教育事业，畅通高校毕业生、城镇教师到乡村学校任教的通道，逐步形成'越往基层、越是艰苦，地位待遇越高'的激励机制，以及充满活力的乡村教师使用机制。通过实施乡

---

① 政府工作报告——2007年3月5日在第十届全国人民代表大会第五次会议上. http://www.gov.cn/gongbao/content/2007/content_595132.htm，2007-03-05.

村教师支持计划，带动建立相关制度，形成可持续发展的长效机制"。[①]这些政策的逐步落实为农村教师队伍整体水平的提升做出了重要贡献。但是，随着时代的发展，也需要继续出台一些与时俱进的政策，以更好地为农村教育补充新鲜血液。

在新的历史时期，义务教育整体入学率稳定提升，城市和农村适龄儿童接受义务教育的距离逐渐缩小，但由于师资队伍之间存在差距，城市和农村在义务教育阶段教学质量方面的差距却在逐步扩大。简言之，如今城乡教育不均衡的基本矛盾点在于师资水平的不均衡。目前，相对于城市教师来说，农村教师的整体学历水平较低，整体专业素质较差，薪资待遇较低。因此想要缩小城乡教育差距，就需要引进更高层次、更加专业的人才来充实农村教师队伍，以提高整体农村教师的水平。同时我们也应注意到，农村中小学教师队伍中，以女性教师为主，这对于中小学阶段学生性别意识的发展以及学生性格、人格的形成会造成一定的影响，因此在促进城乡教育公平发展的过程中应完善农村男女教师的性别比例；另外，在农村教育中，除语文、数学等课程有专业的教室外，美术、音乐、体育、科学等课程有些由语文、数学或者其他非专业的教师来授课。我国的教育制度要求我们培养德智体美劳全面发展的社会主义事业的建设者和接班人，专业教师来教授课程是往往能够培育出全面发展的人才的，是与我国的人才培养目标一致的，因此在农村学校招聘新教师时，应重点考虑招聘岗位和应聘人员专业的匹配程度，专业的事情应交给专业的人来做，人尽其才，只有这样才能为农村教育事业的发展添砖加瓦。

二、教育主管部门加强干预，助力农村师生发展

（一）为教师提供更多的学习交流机会

目前在我国，个别乡村优秀教师不愿意留守乡村，而多数城市优秀教师不愿意到乡村交流，部分师范院校优秀毕业生不愿意到乡村任教。相关统计数据

---

① 国务院办公厅关于印发乡村教师支持计划（2015—2020年）的通知 http://www.gov.cn/zhengce/content/2015-06/08/content_9833.htm，2015-06-08。

显示：从专业知识来看，在小学数学教师的教学知识测试中，省城教师得分为78.95 分，县城教师得分为 60.84 分，乡村教师只有 38.40 分；从教师的专业出身来看，乡村学校非师范专业出身的教师占比为 23.21%，城市学校非师范专业出身的教师仅为 9.03%；从代课教师所占比例来看，乡村学校代课教师比例为 10.54%，而城市学校代课教师仅为 4.08%。[①]以上数据表明，农村教师的专业水平普遍低于城市教师。前期的不足可以通过后期的努力来弥补，相关教育主管部门应该为农村教师提供更多学习交流的机会，促进农村教师专业发展。这也是促进城乡教育均衡发展的有效途径之一。

　　教师专业发展是指教师个体专业不断发展，是教师不断接受新知识、提高专业能力的过程。[②]如今，互联网的发展使得我们的生活更加方便快捷，某些信息技术手段可以运用到教师培训中。2020 年初爆发的新冠疫情，多地采取了停课不停学的政策，教师采用网络授课的方式，如采取钉钉直播、腾讯课堂、腾讯会议等方式继续教学，使得我国教育工作稳步进行，这些方法也可以运用于教师培训之中。借助互联网，相关部门应该搭建学习平台，这样就解决了时间和路程的问题，挑选一批优秀课程供农村教师选择和学习，只需通过网络便可以相互讨论、交流。同时，教育主管部门应借助当地高校雄厚的师资力量，充分发挥桥梁作用，将当地高等教育和农村教育有效连接起来，实现资源共享。将高校和农村学校紧密连接起来，根据高校的性质和专业设置与农村学校相匹配，鼓励高校教师和农村教师结成对子，实现非正式的"导师制"，高校教师从理论方法和实践操作等方面指导农村教师的专业发展，同时农村教师的教学经验也可以为高校教师的理论研究提供真实的实践数据，这是一个双赢且相互成就的发展模式。放开专业学习和培训的名额，现阶段的培训大多数按照所在学校的教师总数给予各个学校参加培训的名额，这在很大程度上限制了一些积极向上、想要提升自我素质的教师的积极性，很多教师迫切想要外出参加培训，却总是因为名额限制一次次无法参加。因此，在促进城乡教育公平发展

---

① 城乡教育差距的根本是教师的差距. https://www.edu.cn/edu/zong_he/zong_he_news/201506/t20150615_1274245.shtml，2015-06-15.

② 教育部师范教育司. 教师专业化的理论实践（修订版）. 北京：人民教育出版社，2001：50.

的过程中，要给予农村教师更多的学习机会，同时对于表现优秀的教师予以一定的奖励。

（二）为学生提供更多的学习资源

北宋文豪黄庭坚曾言："士大夫三日不读书，则义理不交于胸中，对镜觉面目可憎，向人亦语言无味。"书籍是人类进步的阶梯，但是笔者所做的访谈结果显示，农村学生阅读过的书籍屈指可数。各个阶段学生需要阅读不同的名著，一些农村学生只是听过书名，由于图书资源的匮乏，他们没有机会阅读名著，使得农村学生的精神世界相对封闭。因此为促进城乡教育公平发展，教育主管部门可向农村地区拨发专项资金，用于农村学校图书馆建设，挑选符合学生身心发展的书籍供学生在课下阅读，以充实课外生活、丰富头脑、拓展思维。此外，读万卷书、行万里路也是我国求学的优良传统。读万卷书所获得的知识，需要通过行万里路在亲身实践中加以检验和应用，而行万里路的实践和体验，则是要在读万卷书的知识指导下进行。部分农村学生外出旅行的机会较少，但是他们也需要外出饱览祖国的壮美山河。建议政府出台相关政策，鼓励景区对学生实行更加优惠的政策，确定一部分距离学校较近的景区或者博物馆等具有教育价值的地点，以更低的门票向学生开放，以便让学生体会到社会的关怀，并感悟自然和世界的美好。

三、农村学校积极干预，提升家庭教育质量

（一）调动家长的积极性

家长是孩子的第一任老师，在学生成长过程中扮演着必不可少的角色。良好的家庭教育易使人成仁，而良好的学校教育容易使人在学业上取得成功，二者的共同努力才能够培养出社会所需要的人才，也才能使学生实现自己的人生价值。而在现实生活中，一部分农村家长过分注重学生学业的成功，却忽略了学生品格和德行的培养。"知是行之始，行是知之成。"部分农村家长认为把孩子送到学校，学校就应该担负起教育学生的责任，他们在教育孩子方面把责任

全部推给学校，自己则在教育中全身而退。他们忽略了家庭在教育孩子方面的责任，使得孩子长期缺乏家庭教育。他们没有认识到家庭教育的缺失不能通过学校教育来弥补，这使得孩子得不到健康成长。因此，要通过宣传手册、画报的形式，以及借助互联网播放宣传片、家庭教育片的形式，或者请专家给家长开设讲座以普及家庭教育知识，让农村家长了解家庭教育的重要性以及如何在潜移默化中教育孩子，使得学校教育和家庭教育双管齐下，共同促进学生的全面发展。

（二）提高家长的教育水平

部分农村家长没有受过系统的家庭教育方面的知识培训，所以对孩子的教育是比较粗犷的，且方式单一，不能根据每个年龄段孩子的心理发展特征来采取不同的方法。这就很容易造成家长和孩子之间的矛盾，引起孩子的逆反心理，孩子一味地抱怨父母不了解自己，家长也苦于不知道怎样和孩子相处。因此，学校可以选择一批优秀的关于家庭教育方面的图书或者相关课程，并将之推荐给家长，通过各种形式定期开设家庭教育小课堂，给家长讲解如何对待每个年龄阶段的学生，使农村家长逐渐形成系统的家庭教育知识体系。对于某些年龄阶段出现的普遍性问题，教师可以针对此类问题进行集中的讲解和分析，有利于家长更加游刃有余地开展家庭教育活动。对于一些知识文化水平较低的农村家长，教师应单独对其进行辅导，多付出一些时间和耐心，与家长建立统一的教育立场，共同促进学生身心健康发展。

（三）加强家校协同育人

教育的效果取决于学校和家庭教育影响的一致性。如果没有这种一致性，那么学校教育就会像纸做的房子一样倒塌下来。[①]农村家长观念的转变、家校协同育人是实现城乡教育公平的重要环节。家长要主动承担起自己在教育中应尽的职责，树立正确地养育孩子的观念，真正发现孩子的闪光点并引导孩子扬长避短，促进孩子成长成才。农村家长也应自觉地认识到，家庭是孩子最重要

---

① 苏霍姆林斯基. 给教师的建议. 杜殿坤译. 北京：教育科学出版社，1996：525.

的场所，是孩子第一所学校。孩子良好的学习习惯、兴趣及学习目标都是在家庭背景下逐渐形成的；同时，也要注重家庭文化氛围的营造，家长不能只要求学生读书、写作业，自己却在家里游戏娱乐，这样会引发学生的不平衡心理和逆反心理，在家庭中营造良好的读书和学习氛围，可以抵得上无数名优秀教师，身教重于言传，这种无形无声的环境影响比任何口头教育都来得实际。家庭教育和学校教育要互相支撑、互相补充，只有这样孩子才能够更好地全面发展。加强家校合作，并不是仅仅意味着让教师把每次考试成绩的排名和得分告诉家长，或者把每次家长会变成告状会。教师要真正做到以促进学生的发展为出发点，就学生的现状和家长进行沟通交流，共同商讨如何促进学生进步，并对彼此的工作提供帮助和提出相应的建议。具体的形式可以是设置家委会或者是让在家庭教育方面有心得的家长分享经验。

第五节　城市与乡村交流

一、完善教师轮岗制度

当前，我国城乡教育之间目前还存在差距，部分地区出现教师不合理流动的现象，主要是指教师从农村地区流向城市地区，西部地区流向东部地区，欠发达地区流向发达地区。[①]这种状况造成优秀的教育资源向城市地区和发达地区集中，拉大了不同地域师资的差距。我们可以发现，优势教育资源、优秀的教师资源逐渐在向城市汇集，乡村教育近些年虽得到了重视，但是好的资源依旧比较少，优秀教师面临"招得来，留不住"的局面。城市中的教师大多学历高、能力强、素质高，掌握行之有效的教育教学和管理方法。而留在农村和不发达地区的教师往往整体水平较低。有些家长为了让自己的孩子接受更好的教育，不惜财力将孩子送到城市学校，这使得农村教育的发展日渐式微，有的农村学校某个年级学生的人数只有个位数，不得不进行复式教育，有的学校甚至因为没有学生已经停办。

---

① 吴希荔. 我国义务教育阶段城乡教育公平问题研究. 理论观察，2019（2）：146-149.

为了促进城乡教育公平发展，应该均衡各个地域的师资力量。在城镇化发展过程中，不只我国面临这样的问题，其他国家也面临类似问题，并提出了较好的解决办法。美国实施教师资格制度的时间较早，并详细确定了教师的入职门槛和条件，只有符合条件和要求的人才能进入学校成为正式的教师，这在一定程度上了保证了入职教师的素质，间接地确保了城市教师和农村教师素质之间的相对均衡。日本则实施了中小学"教师轮岗制"，并设有"偏僻地区津贴"制度，以保障农村教师的收入，这也在一定程度上保障了城市教育和农村教育发展的相对均衡。韩国也制定了《岛屿、偏僻地区教育振兴法》，除了给偏远地区的农村教师额外的津贴和生活补助外，同时在城市和农村之间流动的教师在职称晋升方面给予一定的加分政策，这促使更多的城市教师乐意流向农村。法国的政策更加具有引导性，他们划定了优先教育区，通过制定相关的优惠政策引导优质教师资源优先向农村教育力量薄弱的地区流动。

早在1996年，我国就推出了教师交流轮岗制度，以促进义务教育城乡均衡发展。1996年4月，国家教委发布的《关于"九五"期间加强中小学教师队伍建设的意见》指出，要积极进行教师定期交流，打破在教师使用方面的单位所有制和地区所有制，鼓励教师从城市到农村，从强校到薄弱学校任教。2003年，《国务院关于进一步加强农村教育工作的决定》提出，"地（市）、县教育行政部门要建立区域内城乡'校对校'教师定期交流制度"。2006年，教师交流轮岗制度被写入《中华人民共和国义务教育法》，至今仍发挥一定作用。但轮岗制度发展至今也存在一些问题，如教师轮岗制度对农村学校提升教育质量的作用并不是十分明显；对农村教师教学水平的影响并不太突出；在评价过程中，对于城市教师和农村教师的评价机制需要进一步完善；教师轮岗制度给轮岗教师的生活造成了一定的不便；轮岗教师返校后的得到的奖励不太凸显，使得部分教师轮岗之后内心存在落差；教师轮岗制度部分停留在理论阶段，可借鉴的经验较少，且缺乏相关的法律法规保障轮岗制的顺利实施。为此，可以从以下几个方面完善教师轮岗制度。

第一，针对教师，要建立相应的保障制度。我国目前部分地区也设立了专项资金，对优秀交流轮岗教师进行奖励，保证参与轮岗的教师的基本生活不因轮岗而受到影响，甚至有所提高，使教师在轮岗过程中感受到价值认同。此外，我们可以参考日本的教育公务员制度，先从法律层面保障轮岗教师的相关权利不受损害，使得教师轮岗制度得到落实。为了完善轮岗制度，相关教育主管部门应设置专职部门来管理轮岗教师的相关事宜，由专门的分管领导抽调具有丰富经验的专家来协调该项工作。

第二，要提高教师的思想站位，主动关心轮岗教师，鼓励教师参加轮岗。要让教师认识到轮岗是一项光荣而艰巨的任务，是深化我国教育改革的一项重要举措，是促进我国教育发展的有力臂膀。提高教师的思想站位后，要给轮岗教师以人文关怀。参加轮岗的教师离开了自己熟悉的环境、同事和学生，来到陌生的地方，心理和身体上可能会有一些不适应，一时间难以融入新的工作和生活环境。即便有的教师适应能力较强，能够在短时间内熟悉新环境，但是他们表示也难以产生归属感，因此要对他们及时进行心理疏导和人文关怀，使轮岗教师没有后顾之忧。

第三，要建立相关的考评机制。为了凸显轮岗制度的最终效果，要建立相关的考评制度，对轮岗教师的各个方面进行综合考量，对于考核不合格的教师要给予及时的帮助和教育。同时，要求轮岗教师做好心得体会的记录，将学到的知识和经验及时分享给其他教师。这样做可以带动整个学校的干劲，促进农村教育事业的发展。

第四，要对轮岗教师采取激励措施。在制定轮岗政策时，我们提出要为轮岗教师提供相应的优惠政策，以激励广大教师积极主动地参加到这项事业中来。同时为了保障轮岗制度的教学效果，必须为参与轮岗的教师采取激励措施，如从专业发展、个人荣誉等方面鼓励教师。在经济上，设置专项资金发给对轮岗有突出贡献的教师；在职称评定方面，对轮岗教师可予以适当的加分照顾，确保轮岗教师优先晋升；在个人荣誉方面，市教育局可举办经验分享或者演讲比赛，对轮岗教师的先进事迹进行宣传，鼓励更多的教师向他们学习。

二、加强校际联系

近些年，政府和社会各界越来越认同城乡教育一体化理念，加强城市学校和农村学校之间的沟通与交流是城乡教育一体化的重要组成部分。加强校与校之间的联系，可以使农村学校和城市学校均衡发展，使每所学校均获得良好的发展，使每位学生特别是农村学生都享受到优质的教育，并且能够促进区域内整体教育质量的稳步提升。

但是我们发现，在推进城乡教育一体化进程中仍然存在一定的问题：其一，部分农村学校没有交流的意愿。部分农村学校认为，短时间的交流效果不好。部分城市学校，它们进行交流的出发点只是为了完成上级主管部门的任务，所以不愿意花费更多时间。其二，共同体发展未形成闭环。对于城乡学校共同发展模式来说，依旧处于探索阶段。农村学校和城市学校的教师可能会就一些教育问题展开讨论，但具体来说，规章制度、教育培训、教学方法等仍按照各自原有的章程实行，虽说是共同体，但实际上是割裂独立的两个部分，这就不得不使共同体的发展出现了矛盾，共同体有可能会变成了镜中花水中月。其三，缺乏协调管理部门。缺少一个专职部门对共同体进行统一管理，因此共同体较难获得良性发展。例如，城市学校的领导去农村学校指导工作，并与农村教师进行经验交流，虽然增加了工作量，但是却无法与绩效或者自身工作挂钩，付出与收入不成正比，这样的工作很难长久地向着好的方向发展。因此，需要相应的管理部门负责城乡学校共同体的运营，只有这样才能避免上述问题的发生。

为了使学校与学校之间的联系更为科学规范，应做到以下几个方面。其一，要建立共同的奋斗目标。在学校与学校的沟通中，最为关键的就是两校应该明确共同的发展目标，并使其具体化，将目标分解为一个个可以具体操作的流程，使得两校形成共同发展的理念。比如，共享教育资源，对于优质教育资源需要及时分享、共同合理地使用，而不是自私地占有，在共享中相互促进发展。其二，建立共同的发展机制。城市学校和农村学校的协同发展，需要以良好的运行机制为基础。城市学校首先应帮助农村学校对相关制度建设方面进行完善，如农村学校的学校定位、办学宗旨要予以明确，管理方式要进行变革等，以帮助农村学校健全规章制度，使农村学校各个环节之间有效衔接。其三，学校之间开展互助活动。开展互助活动有利于统一思想、提高认识。在两位校长的带领下，城市学校和乡村学校开展同样的活动，这样做可以看到教师之间的差距，并更加有针对性地开展帮扶工作，同时也有利于资源共享、交流经验。其四，必要时可以采取捆绑评价的方式，三年一评，主要以农村学校的进步为主要评价标准，对于进步较大的学校给予相应奖励，全方位地促进农村学校的发展，帮助实力薄弱的学校实现改造。其五，搭建信息化平台。为校际交流提供便捷的平台，学校主要负责人应就学校教学方式、纪律管理等方面进行定期交流，并共同探讨和分析，以便使农村校长形成更科学的教育观念。

三、加强教师与教师之间的交流

如今，中央政府对城乡教育均衡发展愈发重视，出台了一系列政策，并且在不同文件中多次提到"城乡教师交流"等相关内容。如2014年8月，《教育部 财政部 人力资源和社会保障部关于推进县（区）域内义务教育学校校长教师交流轮岗的意见》规定，城镇学校、优质学校每学年教师交流轮岗的比例不低于符合交流条件教师总数的10%，其中骨干教师交流轮岗应不低于交流总数的20%。[①]2021年1月印发的《上海市教育委员会 中共上海市委机构编制委员会办公室 上海市人力资源和社会保障局 上海市财政局关于进一步加强上海市中小学教师人事管理制度建设的指导意见》明确指出，在同一所学校连续任教达到区教育行政部门规定年限的专任教师均应交流轮岗，并制定了详细的轮岗细则。[②]2021年8月，在北京市教育"双减"工作新闻发布会上，北京市提出将大面积、大比例推进干部教师的轮岗，并且正式发布了优秀校长教师交流轮岗实施细则：凡是距离退休时间超过5年的，并且在同一所学校连续工作6年及以上的教师，原则上应进行交流轮岗。[③]

在城乡教育均衡发展的大环境下，促进城市学校与农村学校教师之间的交

---

① 教育部 财政部 人力资源和社会保障部关于推进县（区）域内义务教育学校校长教师交流轮岗的意见. http://www.moe.gov.cn/srcsite/A10/s7151/201408/t20140815_174493.html，2014-08-15.

② 上海市教育委员会 中共上海市委机构编制委员会办公室 上海市人力资源和社会保障局 上海市财政局关于进一步加强上海市中小学教师人事管理制度建设的指导意见. http://www.shmbjy.org/item-detail.aspx?NewsID=12968，2021-01-04.

③ 北京举行北京市教育"双减"工作新闻发布会. http://www.scio.gov.cn/xwfbh/gssxwfbh/xwfbh/beijing/Document/1711498/1711498.htm，2021-08-25.

流成为高效、快捷缩小城乡教师教学水平差距的重要措施。加强教师与教师之间的沟通能够提高农村教师的教学水平。城乡教育之间存在一定差距，这是一个不可否定的现实，而究其缘由则是师资队伍水平存在差距。农村教师长期处在一种封闭的环境中，参加培训学习的机会较少，很少接触前沿的教育研究成果，加强教师与教师之间的交流能够发挥城市优秀教师的辐射作用，使农村教师了解到最新的教学方法和育人手段。加强教师与教师之间的交流还可以提高城市教师的适应能力。城市教师长期在城市中任教，一直处于较为优渥的环境中，与农村教师进行交流后，他们能够体会到农村教师在专业发展及教育资源等方面与自己的差距，会更加珍惜自己所处的环境。通常情况下，城市教师所面对的学生整体素质较高，课堂上教学任务大多数情况下都能够正常完成，而与农村教师进行交流后，他们能够发现农村教师经常会面对一些突发情况，由此，城市教师会更多地思考如何面对课程上的意外情况，以提高自己的应变能力和适应能力。加强教师与教师之间的交流能够均衡城乡之间的教育资源。城市教师和农村教师所拥有的教育资源也是有一定差距的，某些农村教师也许对一些先进的设备和技术一无所知，更想象不到这些技术对提高课堂质量的作用，在教师与教师交流过程中，城市教师通过不断渗透，能够提高农村教师对先进管理模式和先进技术的了解程度，能够为他们今后自己的专业发展指明方向。

但是笔者发现，在城乡教师之间的交流仍存在一些问题。首先，存在单向交流的情况。教师与教师的交流应该是一个相互分享、相互促进的过程，但是多数情况下只是城市教师一直输出，而农村教师则认为自己在这个过程中处于被动的状态，自己一直受教育，体会不到交流的价值。其次，政策的实施在一定程度上没有综合考虑当地教育的实际情况。我国个别行政部门在制定政策会时刻紧盯上级主管部门的政策，使自己紧跟上级部门的政治"风向标"，从某种角度来看，这样可以更好地贯彻上级部门的政策，下级积极执行上级部门的政策是没有问题的。但是上级部门在制定政策时一般会考虑到地区发展的差异性，通常会指明前进方向，具体实施时弹性较大。长期以来，个别地方政府就逐渐形成了盲目跟风的行事作风，只是习惯地传达政策精神，没有考虑实际情况、因地制宜地结合上级政策制定出更加具有针对性和符合本地区实际教育情况的政策。最后，考评机制不完善。笔者发现，某些地方政府只是出台了促进教师与教师交流的引导性政策，鼓励城市教师与农村教师相互交流，但是活动应具体如何开展，评价开展效果和开展程度却缺乏相应的配套政策，即考评机制不完善。教师与教师沟通交流是一个持续的、动态的过程，这给相应政策的实施和执行带来了一定的挑战，这也就需要我们时时刻刻予以关注。在相应政策执行过程中，需要与之相对应的考评机制来规范具体执行者的相关行为，及时反馈在执行过程中存在的问题，以确保该项政策的顺利实施。

为了更好地促进教师与教师交流政策的落实，我们在具体执行过程应注意以下几点。

第一，要树立正确的交流观念。观念一般是指主体对客体以及主体间的认知和信念。[①] 人的具体活动和行为受到其观念的影响，一旦某个人的观念出现了偏差，那么他的行为和活动必然会出现偏差。因此，作为城乡教育均衡发展的重要途径，教师与教师交流的政策首先应从观念上起到引领作用。要使城市教师和农村教师明确交流是协同促进的过程，不是单向的输出过程，只有二者形成合力、共同努力才能使该政策充分发挥作用，最终促进城乡教育公平发展。

第二，要鼓励一线教师参与交流政策的制定。我们常说理论与实践、现实和理想之间是有差距的，教育主管部门是制定教育政策的主要部门，具体操作和执行是由教师来执行的。有些情况下，政策的制定容易出现理想化倾向，甚至使操作者在实施过程中举步维艰，最终使政策难以落地。因此，为了保证教师与教师交流的政策落地生根，在制定政策时，我们可以选择部分专业性强的教师参与其中，这样做有利于促进该项政策执行和实施得更加顺畅。

第三，在匹配交流对象时应更加具有针对性。城市教育与农村教师之间应该是一对一的关系，最好是相同年级、相同科目的教师结成对子，这样可以使他们在交流时更加顺畅。城市教师外出参加培训的机会较多，接触到的资源也

---

① 张景全. 观念与同盟关系探析. 世界经济与政治, 2010 (9): 109-120.

比较丰富，有较先进的教育理念和方法，他们可以帮助农村教师更好地成长。每个对子之间可以形成固定的模式，如每周进行教学设计的交流、教学评价方法的交流、就教学问题进行讨论等，这样做有利于提高农村教师的教学水平。此外，还可将每次交流讨论的结果形成文字或图片，定期上传到各种在线交流和学习的平台，促进农村教师的成长。

第六节　线上与线下配合

2015 年，《中共中央国务院关于打赢脱贫攻坚战的决定》，明确提出"加快实施教育扶贫工程，让贫困家庭子女都能接受公平有质量的教育，阻断贫困代际传递"。面对目前存在的教育发展不均衡问题，以"互联网＋教育"的线上线下交互教学模式凸显了较大的优势。线上教育一般指基于互联网技术和多媒体应用的教育模式。基于农村教育资源较为匮乏、课程与教材设计较为单一的现状，以及线上教学在时间、空间、效率、资源等方面的优势，我们可以通过线上教学与线下教学相结合的方式来促进农村学生的发展，进而推动城乡基础教育一体化发展。

一、完善农村学校信息化基础设施，创建信息化教学环境

（一）加大教育经费投入，完善对农村地区信息化基础设施的配置

马克思认为，经济基础决定上层建筑。经济基础是开展教育工作的基本条件，也是关涉教育信息化教学设施建设的重要因素。农村地区经济发展关系着农村教育资金问题，农村教育资金又是影响农村教育质量提升的重要因素。农村学校教育资金投入可以反映出当地政府及相关教育部门的教育理念和对农村教育事业的重视程度，也是吸引年轻的优秀教师的重要的物质基础；资金投入可以改善学校教学环境，提高优秀人才在农村学校任教的稳定性。2006 年，《农村中小学公用经费支出管理暂行办法》规定公用经费开支范围包括：教学业务与管理、教师培训、实验实习、文体活动、水电、取暖、交通差旅、邮

电，仪器设备及图书资料等购置，房屋、建筑物及仪器设备的日常维修维护等。当地政府及相关教育部门应该对农村教育加大资金投入力度，解决当前农村小学信息化建设资金困难问题；同时，政企联合，政府部门可以动员当地企业为农村学校建设捐赠物资或投入教育资金；此外，政府可以联系通信公司，为农村学校提供网络和云空间服务，并为农村学校信息化建设提供技术支持。

尽管我国对城乡教育公平采取了积极措施，对农村基础教育尤其是九年义务教育实行了"两免一补"等优惠政策，但并没有从根本上弥补不同地区之间教育资源的差距。[1]当前一部分农村学校的信息化基础设施已经得到了改善，但是在一些偏远地区，经济欠发达，教育经费缺乏，这也制约了农村学校教学环境的建设。相关部门要加紧提高这些地区的网络覆盖率和电子多媒体设备在学校的配备率，计算机教室、班级多媒体设备、局域网等设施需要设置和更新，因此要分批次、有重点地为农村学校配备信息化设施，优先为这些地区的学校配备计算机等基础性设备，其后再考虑其他已经有一定设施基础的农村学校。

（二）充分利用线上教育平台，创造信息化教学环境

教育领域未来更大、更广、更深层面的发展，依靠互联网是不可逆转的大趋势。线上教育平台具有较强的技术性、规范性，其服务对象是学校教师与学生，其平台内容应该与教育相关。但是目前一些教育平台存在一定缺陷，学校领导应高度重视线上教育的价值，合理选择适合农村师生使用的线上教育平台，为师生教育活动构建良好的线上教育平台；制定相关的线上教育规划，以文本的形式明确线上教育的发展方向、政策等，为学校信息化教学的顺利开展保驾护航。学校领导可以根据学校课程安排，合理设计不同年级学生使用线上教育平台的时间、次数等，使线上教育平台在学校得到合理使用；另外，教师应抓住线上学习的机会，利用线上教育平台所提供的资源，学习最新教育理论，学习其他优秀教师的教学经验，以充实自己的教育理论知识；教师在线上教育平台还可以与其他优秀教师沟通交流，分享教学经验，促进教师之间互帮

---

[1]　王振存. 论当前农村基础教育中存在的问题及应对策略. 天中学刊，2008（4）：127-130.

互助，提高自身教学素养；学生应在教师的指导下，学会运用线上教育平台，在线上主动学习课内外知识，以辅助课堂学习，即使身在农村也能够学到很多知识，这样做可以切实减少农村孩子与城乡孩子教育资源的差异。加强农村学校的信息化设施的设计、应用及管理，完善信息化设施的使用与维护，明确职责，实现设计科学、应用广泛、管理有效、维护及时，以此确保信息化设施得到有效利用、价值得到充分发挥。

学校的教学环境是影响学生学习的重要因素。中小学现代远程教育系统已经在城市学校普及。农村学校也应加快学校远程教育系统建设。学校远程教育系统以省、市两级平台为基础、以宽带网和有线电视网络为依托，可以实现优质教育资源在全省范围内的共享。平台将教育教学资源通过网络分发到各市级平台，学校可通过网络设备同步接收或异步点播进行教学。此外，农村学校的教学方式也要适当更新。多媒体教学在城市学校较为普遍，多数学校都配有多媒体教学设备。但是，部分农村学校由于生源流失率较高、师资力量较为匮乏、资金较为欠缺等问题，有的仍仅使用黑板进行教学，多媒体设备的普遍率较低。甚至某些农村只有一台多媒体设备，且设备较为落后，很难实现教学资源的实时共享；且有的该设备放在一个专门的教室内，只有在学校开展公开课、学术交流等活动时，学生才会来到多媒体教室，享受线上教学服务。学校信息化建设离不开各方的努力，农村学校的多媒体建设应该受到重视，学校内部要保证多媒体设备"班班通"，并且都能够科学地使用多媒体设备，让农村学生也能够和城乡学生一样平等地享有教育资源。

（三）寻求专业引领，建设个性化信息校园

农村校园信息化建设不是闭门造车。农村学校远程教育系统及校园多媒体教学设备的合理配备是所有农村学校校园信息化建设的共同道路。不同地区、不同学校由于政策不同、经济发展水平不同等，农村学校的信息化建设还需要结合当地实际来完成。首先，当地政府应联手当地高校，为农村学校的信息化建设提供技术支持。高校可以成立农村学校信息化建设专家团，专门负责帮助农村学校制订合适的建设方案。高校专家团应充分了解农村学校建设条件，在对农村学校教学环境有了进一步的认识后，结合当地实际情况精准制订方案，为每所学校都制订数字化校园建设与应用的个性化解决方案。政府和相关教育部门应为农村学校发展线上教育提供政策和资金支持，社会力量应提供相关的人员和技术支持，以共同促进农村学校信息化建设稳步推进。

信息化校园建设需要依托网络，主要形式包含计算机教室、班级多媒体设备、远程教学系统等。多媒体设施在运行过程中需要定期更新或维修，以满足学生及教师学习、教学的需要。在信息化设备维护方面，学校应配备专业的技术人员，在技术人员的帮助下促进学校信息化建设设备平稳运行。除此之外，当地教育部门还可以建设教育信息化运行维护平台。平台可以建立学校信息化设备问题档案，方便对学校信息化设备存在的问题进行归类，以此总结经验，为之后设备问题的解决等提供可参考的信息；此外，该平台还可以供技术人员注册、学习，该平台应设置技能提升模块，内含信息化教学设备的相关知识，技术人员可以在线学习相关技能，促进资源共享，帮助其提高技能。另外，该平台还可设立求助模块，某校设备出现问题，该校的技术人员无法解决时，技术人员可以在平台上发布求助信息，其他同行收到信息后可以帮助解决。

（四）有效监管，确保各项建设落到实处

农村校园信息化建设是一个长期的过程，前期规划、中期落实、后期监管都需要做到万无一失。合理的规划可以保证后期工作的顺利开展。在前期规划中，应明确各部门职能，保证职能不重复、工作不交叉。各项资金去向、设备利用情况都应该公开透明。在建设初期，相关教育部门可以督促学校建立明细表，将建设过程中的细节均记录在册；学校配合相关教育部门认真落实信息化校园建设中的各项工作，确保各项资金真正落到实处，让每一笔钱真正用在农村学校信息化基础设施的配备上。在信息化设备投入使用过程中，教育部门可以成立农村教育信息化校园建设工作评估小组，制定统一的评估标准，确定评估体系，以评促建、以评促改、评建结合。①小组成员定期或随机进入校园，

---

① 张德祥. 打造农村现代远程教育综合平台 实现农村教育跨越式发展. 中国教育信息化，2007（1）：9-11.

查验学校信息化教育平台使用情况，确保农村学校切实使用线上教育平台，保证农村学生线上受教育的权利；学校聘请相关技术人员，指导教师正确使用线上教育平台，保证线上教育平台得到合理使用，有针对性地指导学生学习；技术人员还要定期检查校园信息化教学设备，在设备出现问题时，及时处理，不耽误学生线上学习时间。

二、搭建"互联网＋教育"平台，分享优质教育资源

（一）搭建线上教育服务平台，线上教育与农村教育相结合

农村线上教育离不开线上教育平台的技术支持。线上教育平台是具有创新性、技术性和针对性等鲜明特征的教育平台。之前，线上教育主要出现在校外培训行业，校内教学使用的不多（疫情期间除外），即使有也多是在城市中的中小学使用，部分农村地区由于各种因素的影响，教学活动只在线下进行；而现在，线上教育出现在农村教育中，这对农村教育、农村学生、农村教师、农村家长来说，无疑是一个新颖的教育平台。线上教育平台依托于网络技术，其运行也需要相关技术人员进行把控；在学校进行线上教学中，学校也需要具备相关技术的教师进行操作；农村线上教育面对的对象是农村学生，旨在为农村学生学习提供新的学习途径，其针对性更强。

从软件应用来说，教育信息化需要借助网络实现"互联网＋教育"。比如，设置可以连接城市课堂的互动窗口，搭建与外界进行信息沟通的桥梁。像多媒体教室、多功能实验室等，可以充分借助网络的力量为农村教学服务，让学生在学习中体验"互联网＋教育"带来的便利，提高学习效率。线上教育平台通过记录农村学生的相关数据来反映学生情况，包括学生在线学习时长、活跃程度、作业完成情况、未掌握的知识点等，由此反映学习效果，教师及时查看记录每个学生的数据，给出具体可操作、有针对性的改进措施并尽快实施。

线上教育平台可以为农村学校提供丰富的人力、技术、资源支持。现有的线上教育平台，如"超星学习通""智慧树"之类的学习软件完全可以加入农村教育的行列。此类软件使用方便简单，可以为学生提供丰富优质的教育资

源，弥补农村文化匮乏的缺陷，学生可以通过平台讨论发言，教师也可以把学习资料通过平台分享给学生，学生的学习活动还可以及时呈现给老师，老师在平台中及时点评学生的学习成果，也能实现对学生的过程性评价，因此教学活动更便捷。线上教育平台可以保存用户资料，建立学生学习档案，教师实时更新学生学习档案，在学期结束后在平台中查看学生这一学期的表现，做出总结性评价，由此实现线上教育与农村教育相结合，以更好地服务农村教育。

（二）构建线上学习区域共同体，促进优质教育资源共享

信息化教育资源是体现信息化基础设施优势的重要标准，是构建网上学习环境的基础。教育资源共享是教育公平的重要保证。教育资源建设是影响教学效果的关键，关系着信息化教学的普及。因此，建设完备的教育资源共享体系是教育信息化建设进程中的重要一环。建立共享性的教育资源中心，让农村学校只要联网就可以得到所需要的资源。线上教育平台具有丰富、优质的网络教育资源，学生在线上教育平台中可以搜索自己感兴趣的内容，这样有利于扩大学生的视野。但是这些资源向农村学生传播时需审慎筛选，以促进优质教育资源共享和农村学生的发展。

线上学习区域共同体是指在线上教育平台，以省为单位，建立的省内学习资源库。在学习资源库中，优秀的教学文件得以保存，农村学校教师可以在资源库中筛选合适的教学资源，辅助教学活动，实现省内资源共享。线上平台所拥有的丰富的学习资源和大量的优秀教师的教学案例、教学经验也可以为农村教师创设更广阔的学习空间，通过平台可以使线上教师与农村教师相互交流，提高农村教师教育教学水平和使用线上教育平台的能力。还有一些线上教育平台可以为农村学生提供专业、优质的课程，通过直播、录播等形式为相隔万里的学生进行授课，即使在农村，教学条件不及城市，也能享受到充足的教学资源，打破地域壁垒，以实现教育公平。

（三）整合教育资源，满足农村学生线上学习需求

教育资源建设是教育信息化建设的重点，农村教育信息化建设离不开教育

资源的支撑。当前我国农村面临教育资源欠缺等问题，农村学生在受教育过程中也会受到这些因素的影响。因此，优化农村教育资源配置、整合优质教学资源是线上教育亟待解决的问题。整合教育资源，促进教育资源的优质输出，为农村教育事业的发展提供全方位的信息服务。

农村教育资源整合需要在法律体系之下，根据社会发展需求，对教育资源进行合理、合法的调配。首先，教育资源的整合需要合法化。整合资源是为了实现资源利用效率的最大化，避免造成资源浪费，农村教育资源整合的最终目的是振兴农村教育事业，而不是集体或个人对资源的占有、使用。因此，教育资源的整合并不是在政府的支持下随意进行的，而是要在法律法规的规定下，根据社会发展需求及教育对人才培养的需要，来合法整合教育资源。再者，完善农村教育资源监督体系，应重视法律制度的监督功能，同时还要注重社会的监督功能，并建立法律监督与社会监督相结合的监督体系。当前由于高水平文化普及率不均衡，有的农村居民的法律意识较为薄弱，部分农村地区对监督的重视程度还不够，缺乏一定的监督意识，故需要进一步完善监督体系。其次，教育资源需要合理整合。一方面，教育资源整合的目标要合理。教育资源是影响教育公平的重要因素，是农村学生与城市学生之间缩小差距的关键，农村教育中的资源整合是为了促进农村学生的发展，这一目标不可忽视。另一方面，教育资源整合的过程应该合理。教育资源的整合并不是一蹴而就的，而是一个漫长的过程。在教育资源整合之前，应有完善的规划，为资源整合确定整体目标和规划实现的步骤，促进资源整合有序进行。资源整合后的监督、管理是资源再利用的保障，因此应明确管理程序，细化管理主体，完善农村教育资源管理制度，确保农村教育资源整合有序、运行有效。

加强农村教育信息资源的整合，资源库建设是推进教育信息化最重要的一个环节。目前网络教育资源质量良莠不齐，部分教育资源存在与学生学习生活联系不紧密等问题，并随着线上教育平台的使用日益显露出来。资源库以网络资源为依托，以教材为框架，以资源分类与学科整合为重点，充分利用网络优质教育资源，以便为学生发展服务。加强农村教育信息资源的整合，旨在促进农村学生知识的生成，培养学生的创新意识、创新能力等；促进农村学校线上教育技术与课程整合，提高农村学生学习的积极性，满足农村学生的学习需求。

线上教育平台不只是为了丰富农村学生的课外知识，还为了辅助学生的课堂学习。整合教育资源主要体现在线上教育平台内容与现有中小学教育体系的有效衔接上，涵盖范围包括高等教育、基础教育等，形成了多层次、多功能、交互式的教育资源服务体系。省级相关教育部门要组织当地高校教育学者以及中小学教育专家对现有的中小学教育资源进行归类、整理，规范现有教育资源，结合当前农村中小学教育教学实际，制定出符合现阶段农村教育质量的标准，使教育资源更加规范化、合理化。

加大对教育资源整合的支持力度，加强对教育资源建设的投入，研发或者借用现有的线上教育平台，对线上教育平台建设提出统一标准，线上教育平台与学校教材相结合，建设适合农村学生学习的线上教育平台，为农村学生线上学习提供物质保障。线上教育与学校课程有机结合，有助于提高农村课堂教学效果，实现优质教学资源的共享，帮助农村学生进行自主探究性学习、研究性学习，提高农村学生的整体素养，缩小农村教育与城市教育之间的差距。

（四）平台应加大监管力度，实现行业自律

自律丧失，他律绳之。农村线上教育平台具有创新性、针对性等特点，但其适用对象是身心发展尚未成熟的学生，特别是农村学生辨别能力较弱，容易受到不良信息的诱惑。比如，在平台运行期间，垃圾信息时不时弹出会吸引学生的注意力，削弱了学生的学习效果，有的平台甚至存在不良内容端口，诱导学生观看不良信息，对学生的身心发展会造成损害。面对此类问题，平台应加大监管力度，重视对产品的备案及教学内容的监管，建立责任人机制；在微观层面应加强把关力度，严守底线，坚守为农村教育事业服务的初心，实现行业自律，创造良好和谐的线上学习环境，为学生的线上学习扫清障碍。

三、通过线上教育在家庭与学校之间搭建新桥梁

2016 年出台的《关于指导推进家庭教育的五年规划（2016—2020 年）》指

出，"建立健全家庭教育公共网络、拓展家庭教育新媒体服务平台"；2017 年，中共中央办公厅、国务院办公厅印发的《关于深化教育体制机制改革的意见》指出，"加强学校教育、家庭教育、社会教育的有机结合，构建各级党政机关、社会团体、企事业单位及街道、社区、镇村、家庭共同育人的格局"；2018 年，习近平同志在全国教育大会上指出，"办好教育事业，家庭、学校、政府、社会都有责任"①。由近几年颁布的一系列鼓励家校协同发展的文件可以看出，我国高度重视家庭学校协同育人。国家的顶层政策明确了家校协同对学生健康全面发展的重要意义，为家校协同提供了指引方向和重要保障，政策内涵也从家庭教育向家校共育的方向持续纵深发展。其中，线上教育平台则是家校协同育人过程中不容忽视的支撑力，但在通过线上平台实现家校协同共育的过程中，仍然存在着一些难点。针对此类问题，线上教育既需要解决在线学习的技术短板问题，也需要解决长期以来家校协同的问题。

（一）建立长效的信息化互动机制，搭建线上沟通桥梁

线上教育平台的作用在新冠疫情暴发防控时期表现得较为明显。为了有效防止病毒传播，有时候学生不能去学校上课。为了保证学生在家也能安心学习，教育部发出"利用网络平台，停课不停学"的号召，全国各地中小学校纷纷开展以线上教学为主的教学实践活动。中小学的教学主阵地由学校课堂转为"网络在线，居家在场"。

在疫情期间，各种教育活动都将主阵地迁至线上，催生了完全面向在线教学的家校协同形态。在信息技术的支持下，在线的家校协同能够支持全体学生、教师和家长全时段、多方式的双向对话。虽然目前正常的教学秩序已经全面恢复，但毋庸置疑的是，它确实在疫情防控期间成为在线教学稳定运行的重要支柱，也为疫情后期和未来信息化融合教学下的家校协同提供了实践范本。

传统的家校合作是一种单方面的教育输出模式，它是指较长一段时期内，

---

① 习近平在全国教育大会上强调 坚持中国特色社会主义教育发展道路 培养德智体美劳全面发展的社会主义建设者和接班人. http://www.moe.gov.cn/jyb_xwfb/s6052/moe_838/201809/t20180910_348145.html，2018-09-10.

家庭和学校各负其责。学校向学生家庭单方面传达一些重要通知、发布学生的学习考核结果等。而在此过程中，家长几乎参与不到其中，只是被动的接收者。不仅如此，多数家长的参与意识较弱，他们更多地将学生的发展寄托于学校教育。与此不同的是，面向信息化教学的家校协同，是指以信息技术为支撑，在面对面学校教育为主、课后辅导和家庭教育为辅的情境下，学校和家庭之间发生协同行为，是信息时代家校协同的常态形式。信息化教学的家校协同与传统的家校合作相比较，前者明显可以有效结合社会、学校、家庭，促进学生的全方面高质量发展。

要构建信息化的家校协同模式，首先要做的就是构建长效的线上信息化互动模式。家校之间信息沟通是一个互动的过程，包括信息的传递与反馈。目前，家校之间的主要协同还是以家长会为主要活动形式。在农村地区，很多家长除了参加家长会外，没有参与过任何线上沟通交流，可以说家校沟通形式较为单一。针对学校和家长沟通的时空限制问题与内容不充分问题，可以利用家校通等系统发送个性化信息来满足教师、家长和学生之间的信息沟通需求。在家校通上，教师的任务不再是简单地布置学习作业和发送通知，它可以涉及具体的学科知识讲解或一些家校共育的知识普及。其中，更多的是展现一种个性化取向，如个性化的作业布置、个性化的课业评价等。家长可以通过手机短信，随时随地了解自己孩子在学校的表现，获得的信息不再仅仅是一个通知结果，家长可以参与孩子学习成长的全过程，这不仅拉近了家长和教师之间的距离，而且让家长对孩子的家庭辅导更有针对性。对于学生来讲，也可以产生一种无声的监督作用，更有利于孩子的成长和发展。

（二）提高家长协同意识，为线上教育提质增效

伟大的教育实践家和教育理论家苏霍姆林斯基认为，"生活向学校提出的任务是如此的复杂，以致如果没有整个社会首先是家庭的高度的教育学素养，那么不管教师付出多大的努力，都收不到完满的效果"①。换句话而言，学校教育所承担的社会期望是十分厚重的，而学校教育如果想要取得成效，也离不

---

① 转引自顾明远. 苏霍姆林斯基教育思想在中国的传播及其现实意义. 比较教育研究, 2007（4）：1-4.

开整个社会的帮助与家长的积极参与。离开了这两个教育者，无论学校教育做得多么完美，学生都不能得到和谐全面的发展。

在我国，社会普遍关注的焦点是学校教育，大众普遍将孩子的成长寄希望于学校和教师，忽略了家庭的作用。"家庭是人生的第一所学校，家长是孩子的第一任老师，要给孩子讲好'人生第一课'，帮助扣好人生第一粒扣子。"①办好教育事业，家庭、学校、政府、社会都有责任，但固有思维让大众更多地将孩子的学习表现归因于学校教育。而疫情的暴发对于这种传统的模式发起了挑战，因为学生在家不能去学校，家长不得不承担起教师的部分责任，又做家长又做老师。部分家长对于这种突如其来的身份产生了抵触情绪。此外，部分教师依然将自己定位为"教书匠"，认为教师只需要教好书，而学生其他问题，如学生的思想品德、心理健康教育等则是家长的事情。家长参与意识淡薄和教师协同意识的缺位，导致线上教育质量不高、效果不佳。为了提高线上教育质量，教师和家长需要在教学实践中摆正各自位置。

新时代，家长和教师应该跟上社会发展的步伐，转变教育观念，密切家校之间的联系，使家校之间信息畅通。首先，要明确家长和教师的角色责任，相关部门应加强引导。教育部门应该继续发挥统筹协调的作用，明确家长、教师和学校的协同作用，其中既要强调相互独立，也要相互合作。其次，因为部分农村家长受教育程度较低、知识有限而导致教育理念落后，所以应通过线上协同教育来丰富家长的教育知识，为家长提供一个能够自我成长的线上知识获取渠道。学校可以定时在网络中更新与家庭教育相关的美文和教育视频、专家讲座、当前教育热门话题等，在潜移默化中更新家长的教育理念、改进家长的家庭教育方式，系好家庭教育这第一颗纽扣。最后，要不断完善家长与教师之间的对话机制，通过共同合作来提升教学效果。家长可以通过线上教育平台与教师直接交流学生的相关情况，教师与家长可以近距离对学生的全面发展和综合素质培养畅所欲言，达成共识，从而寻找到家校协同合作的最佳结合点。

---

① 习近平在全国教育大会上强调 坚持中国特色社会主义教育发展道路 培养德智体美劳全面发展的社会主义建设者和接班人. http://www.moe.gov.cn/jyb_xwfb/s6052/moe_838/201809/t20180910_348145.html，2018-09-10.

（三）提升家长信息素养，打破线上互动的技术障碍

"在线"是顺利进行线上教育的基础，这对教师、学生和家长的信息素养来说都是巨大的考验。尤其是农村学生家长，他们的文化水平与城市家长相比整体水平较低，教育知识较为匮乏，有的家长还不太会使用电子设备和线上教育资源辅导学生学习。线上教育的发展和线上教育平台的广泛应用，对农村家长的信息素养和动手操作能力提出了挑战。

为打破这一技术障碍，可以从以下三方面着力提升家长的信息素养。其一，学生主动帮助，助力家长获取网络资源。学生属于新时代的宠儿，他们的成长环境与他们的家长相比可谓是有着天翻地覆的差别，他们从小就接触手机和网络，对于在线教育平台的使用具有得天独厚的优势。与他们的父母相比，他们对于网络的运用更加得心应手，对于各种在线软件的操作也更加熟练。另外，他们可以在家里跟父母随时随地进行互动和交流，有充足的条件去帮助家长从网络上获取有关如何使用信息技术的资源，以便供家长学习。其二，学校统一组织，提升家长的信息素养。帮助家长提升信息素养，学校也要提供必要的助力。学校可以有目的、有组织、有计划地去系统组织一些面向家长的信息素养教育专题直播讲座或提供相关主题的数字化资源。相较于家长自己去网络上获取信息，学校向家长提供的网络资源更具有专业性和教育性，并且可以帮助家长过滤掉一些不必要的垃圾信息，避免家长陷入多种教育理念冲击的困境。其三，教师应该积极鼓励家长参与，与家长密切联系。教师在教学过程中指导学生使用信息技术时，可以鼓励家长参与其中，共同学习。教师作为联系家长与学校的桥梁，应起到维系彼此关系的纽带作用，鼓励家长积极参与学校发布的网络讲座，及时接受家长反馈，并给出相应意见和建议。通过以上这三种方法，可以帮助家长攻克网络技术壁垒，打破线上学习的障碍。

线上资源帮助提高家长的教育能力。线下的家长会、实地家访等形式能够真正做到交流"面对面"，线上交流的加入能使家校沟通更加及时。通过线上社交平台，教师与家长在学生教育上能够就某些问题马上进行沟通，为家长和学校的沟通搭建了一个良性交流的桥梁，让家长和学校、老师也可以免受时空

的限制，实现时时处处的有效沟通。线上教育要及时将学生在学校的学业成绩、品德修养等行为表现，以及学校教育教学的相关信息分享给家长，让家长对学生更了解、对教师更放心、对学校更信任。

四、乡村教师在线上线下配合中发挥重要作用

乡村教师是办好乡村教育的重要支撑，也是推进乡村振兴的重要力量。2020年，《教育部等六部门关于加强新时代乡村教师队伍建设的意见》要求，"紧紧抓住乡村教师队伍建设的突出问题，……发挥5G、人工智能等新技术助推作用"，不断推动城乡教育一体化发展，不断提高乡村教师队伍建设水平，促进乡村教育高质量发展，力争3—5年让乡村教师地位大幅提高，待遇得到有效保障，造就一支热爱乡村、数量充足、素质优良、充满活力的乡村教师队伍。该意见对乡村教师队伍建设做出了具体规划，并要求利用新型信息技术来促进教师队伍建设。乡村教师队伍建设一直以来都面临着结构性短缺的问题，这是目前教育界的共识。但是在疫情防控期间，我们看到了"互联网＋教育"的模式在促进乡村教师队伍建设方面的优势。那么如何才能让这种优势发挥出它的最大能量呢？其中乡村教师是关键因素。

（一）利用互联网新兴技术，助力乡村教师队伍建设

作为推动乡村教育事业发展的关键角色，乡村教师发挥着不可估量的作用。为了顺利在乡村推行"互联网＋教育"，利用人工智能、大数据、互联网等新兴信息技术促进乡村教育发展，助力乡村教师队伍建设，关键是需要针对影响教师队伍建设的突出问题着手，破解乡村教师队伍建设的难题。

有研究发现，结构性缺员是一些小规模学校、乡镇初中、中心学校以及较大规模完全小学面临的突出问题。[1]特别是一些小规模学校，这一问题表现得尤为突出。教师结构性缺员直接导致一些农村小规模学校音乐、美术、英语等国家课程"开不出"，为解决"开不出课"的问题，有些学校组织校内非专业

---

① 郭绍青，雷虹. 技术赋能乡村教师队伍建设. 中国电化教育，2021（4）：98-108.

教师进行兼课、代课，与此同时引发了"开不好课"、课程质量无法保证的新问题。为解决乡村教师队伍人员短缺的问题，"教师主动适应信息化、人工智能等新技术变革，积极有效开展教育教学"①。为此，可以充分利用互联网所具备的共享功能，构建"互联网+"智力资源②服务生态，在不增加县域教师编制的情况下，把优质的智力资源与乡村学校共享，实现智力资源的网上流动，解决缺员造成的乡村教师队伍建设难的问题。③

此外，乡村教师还要转变对线上教育的认知，主动提升自身素质能力。一些乡村传统教师将"互联网+"视作洪水猛兽，但是作为新时代的教师，乡村教师也应转变自身的观念，紧跟时代潮流，主动去适应信息化教学模式，并尝试做出改变。线上资源为农村教师素质的提高提供了更好的平台，提供农村教师教育观念更新所需的新理念、新方法。借助线上资源，农村教师应不断提高自身综合素质，尤其是要提升教学能力和学习能力，及时学习，树立终身学习的理念。

（二）加强对乡村教师的信息化培训，创新课堂教学模式

"互联网+"代表的新型技术和设备为乡村教师优化传统课堂教学提供了崭新的空间和平台。但是，已经习惯于用黑板加粉笔的传统乡村教师一时难以适应这种新兴力量的冲击。教学环境的改善、教学手段的革新，让一些乡村教师陷入了新技术运用探究与传统教学依附的困境。为了帮助乡村教师打破信息技术的壁垒，应该向乡村教师提供系统化的信息技术培训，帮助他们利用互联网平台促进教师专业化发展，让乡村教师的学科素养和信息素养同时得到提升。

政府应做好带头人，与社会各方面相配合，举办各类教育信息化培训活动。一些农村学校在教师成长过程中投入的资金有限，加之教师数量少，容易造成教师外出培训时学生无人看管的情况，继而容易导致教师很少有机会集体外出培训，所以对培训需求较大。相关培训单位可以采取分批培训、重点培

① 中共中央 国务院关于全面深化新时代教师队伍建设改革的意见. http://www.hbqbq.cn/zfxxgk/qzbmxxgk/jytyj/fdzdgknr/zcwj/art/2022/art_56f22c320bf145a1b8faba4bd6bed6f8.html，2022-09-12.

② 智力资源指教师、互联网企业在线教师、其他能够提供教育服务的企事业与社会团体的专业人员。

③ 郭绍青，雷虹. 技术赋能乡村教师队伍建设. 中国电化教育，2021（4）：98-108.

训、层层推进的方式，将乡村教师培训工作落到实处，保证培训活动关照到每一位教师。与此同时，还要对培训后的教师进行信息技术的考核和评价，对考核不合格的教师进行再教育，对于表现优秀的教师给予一定的奖励，建立以老带新的教师培养制度。此外，教师也要在接受线上教育过程中多学多做，真正把线上教育的资源、理念、方法运用到日常线下教育活动中。

要开展教师培训，就要有明确的目的性和针对性。教师专业发展的核心组成部分是课堂教学，城乡课堂教学互动是城乡教师互动的一个有机组成部分，旨在促进教学目标共创、教学资源共享、城乡培养共融。农村学校可以通过与当地师资力量雄厚的名校合作，通过网络平台，以城市教师带动乡村教师，以点带面。利用"网上走教"的模式，将优秀教师的课堂放在平台上供其他教师学习参考，优化自己的课堂。与此同时，来自不同地区的教师可以通过互联网实现大联通，在线交流彼此的教学经验，探究教学中遇到的疑难杂症。

传统的乡村教师是一个课堂的主宰者，一贯运用讲授式教学法进行授课。而学生作为课堂的附属，只能被动、机械地接收着教师的知识灌输，按照教师的要求去完成学习任务。这种"以书本为中心"的注入式灌输早已落后，学生的主观能动性不能得到发挥，导致学生对课堂兴趣低下，上述问题都不利于学生的成长。随着现代信息技术的发展，农村教师之前的重复性、机械性的工作将逐步被人工智能取代。例如，每日繁琐的作业批改和试卷核对都将会被人工智能取代。那么教师的工作重心便可以全部转移到创新教学模式、个性化学习上，这就更能凸显"以生为本"的教学理念。在教学模式方面，教师可以在农村传统班级授课制的基础上加上线上远程教学，采用"线上＋线下"的模式共同完成教学任务，如线上展示优秀教师的教学片段，线下做好辅导教师，针对线上教师所教授的内容"因地制宜"，帮助学生们更好地去消化教学内容。线上线下结合既发挥了线上教育灵活、丰富的优势，又能达到线下教师对课堂进行有效管理的目的。另外，学生可以在线上自主选择自己感兴趣的科目和老师，在线上教室进行私人课堂的个性化定制，这能在较大程度上提高学生学习的积极性和主动性，从学生的需求出发，让学生自己成为课堂的主人。

（三）整合多方力量，促进教学资源的有效输入

在推行"互联网＋教育"过程中，应秉持开放、合作的态度，主动与周围邻近的省市合作共通，凝聚国内高校的教育信息化科研团队的力量，共同助力乡村学校的发展。另外，网络平台有利于学校与学校之间进行交流沟通。由于线上教育拥有相当广泛的学校用户，学校之间可以通过网络加强沟通交流与合作，尤其是农村学校可以借鉴其他学校的办学经验，进行线上交流、线下互动，通过城乡学校之间的互联互通，实现学校间的信息互通、资源共享。

有些农村学校地理位置较为偏远，且学校预算有限、相关的教育信息资源配套设施也比较欠缺。这种情况下，建议政府牵头，使学校与当地企业联合，共同解决一些资金问题，共同构建网络资源共享平台。在进行平台建设时要注意：一是平台建设要符合学生特点，做到简洁、方便操作、常用功能明晰，一个区域建设一个专用的平台，避免机器卡顿；二是学习终端要多元化，支持平板电脑或者智能手机、笔记本电脑等设备，平板电脑因其具有便携性、应用程序少、游戏功能可控等特点，更适合学生使用；三是营造学习所需环境，如家庭网络环境、学习空间环境、教室的网络与应用环境等，必须能支持线上教学或线上到线下教学的转换，以实现各教学要素与教学环节的横向、纵向数字化联通。

除此之外，传统教材与数字化教育资源的融合要"因地制宜"。考虑农村学生的特点，在向他们进行资源输入时需要考虑这些内容应如何与他们原有的教材进行更好的融合。在实际教学过程中，传统教材依然还是教学的核心，数字化资源则以一个辅助的角色出现。教师讲解教材与线上资源相结合，学生学习教材内容与线上相关信息相融合，这样做可以丰富农村学生文化知识与拓宽其视野。教师应当将线上内容作为教学的辅助，通过使用数字化资源丰富教学内容、创新教学模式、增强教学趣味性、提高学生参与课堂的兴趣、激发学生学习的内生动力。在资源运用过程中，学生可以在学习系统知识之余针对自己的兴趣和特长选择适合自己的、乐于学习的内容。教师在这个过程中则要积极引导学生发现自己的爱好，指导学生如何正确地使用这些线上资源来帮助他们

取得进步。

第七节　历史与现实辉映

我国历史悠久，几千年的文明积淀了不计其数的优秀教育经验，但是有些却被束之高阁，而有一些仍在农村教育实践中发挥着重大作用。当前城乡教育差距不断增大，一些农村地区存在优质教育资源缺失、生源不断流失等问题，这些问题亟待我们去解决。在缩小城乡教育差异过程中，借鉴中华优秀传统文化不失为一种切实可行的方法。

一、提高农村教师待遇，倡导尊师重教的优良传统

中国传统社会是一个礼制文教的社会。在中国古代，教师的社会地位很高，"为学莫重于尊师"。《国语·晋语》中"成闻之：'民生于三，事之如一。'父生之，师教之，君食之。非父不生，非食不长，非教不知生之族也，故壹事之"。"天地君亲师"也成为传统敬天法祖、忠君爱国、孝亲顺长、尊师重教的价值取向。"师"同"天地君亲"一样，享有较高的社会地位，如程门立雪、子贡尊师的佳话传承千年。近代，多次文化和社会运动使得传统的礼制文教失去了社会支撑，但社会仍然尊重教师，认为教师是阳光下最光辉的职业，尊师重教等被普遍宣传。由此可见，我国历来尊师重教，把教师当作教育的"第一资源"。尊师重教历来是中华传统优秀文化的重要组成部分。但在最近几十年来，虽然教师职业受到重视，如设立了教师节等，但教师待遇仍有待提高。有学者梳理文献后发现，自中华人民共和国成立至 2002 年，中小学教师社会地位仍不稳定，总体低于其他行业。[①]有学者以农村教师身份认同为题，选取湖北省四个市的农村教师为研究对象，以问卷调查的方式得到如下结果，92.3%的农村教师认为自己属于社会中下层，96.4%的农村教师认为自己属

---

① 钟瑞武. 关于建国以来我国中小学教师社会地位发展变化问题的研究. 华中师范大学硕士学位论文，2002.

于"社会下层"。①

要提高农村教育质量，教师是最为关键的因素。农村教师是我国教育事业的主力军，是农村教育质量提升的主体，教师质量直接关系到农村教育质量。农村学校亟待解决的两个问题分别是：其一，留住已有的优秀教师；其二，吸引更多的优秀教师来到农村，使之投身于农村教育。要做到以上两点就必须提高农村教师待遇，倡导尊师重教的优良传统。

待遇问题直接关系到农村教师的切身利益，直接影响到教师的工作态度与工作成效，对农村教师队伍建设和农村教育整体发展起着重要作用。《辞海》对"待遇"一词的解释如下：一是指权利、社会地位；二是指物质待遇、工资福利等。②教师待遇可以分为精神待遇和物质待遇。精神待遇主要指教师权益、专业地位等；物质待遇主要指教师薪资、教师所处环境等。

（一）为农村教师创设良好的工作环境

良好的工作环境是教师乐于执教的重要条件，也是农村学校留住优秀教师、吸引新来教师的物质基础。一方面，应加大农村学校基础设施建设投入，改善农村学校环境。学校基础设施建设主要包括物质建设和文化建设。物质建设主要体现在完善学校配套设施和教学基础设施配备上。环境优良的教学楼和宿舍楼是教师能够顺利教学的重要物质保障，只有教学设施完备才能为教师工作提供强大支持；农村线上教育需要完备的线上教育平台以及一系列相关技术设备，农村学校的线上教育设备是教师顺利进行线上教育工作的关键。有些农村学校交通不便、周边配套设施不完善，农村教师的饮食多是自给自足，或者只能在农村附近的集市购买，因此应建立相应的生活配套设施，方便教师的日常生活。另一方面，促进农村环境建设，提升农村环境的清洁度。环境清洁可以有效阻挡病菌传播，减少疾病发病率。当地政府部门应注重农村环境建设，为农村居民及教师提供洁净的生活环境。此外，人际关系是学校文化建设的关键。只有校领导牵头、师生配合，才能建立良好的校园人际关系。

---

① 李金奇. 农村教师的身份认同状况及其思考. 教育研究，2011（11）：34-38.
② 辞海编辑委员会. 辞海 1989 年版·缩印版. 上海：上海辞书出版社，1990：902.

（二）提高农村教师工资福利待遇

有研究表明，48.71%的教师反映自己年收入远远低于其他行业的同龄人，有 71.54%的教师认为当前城乡教师待遇存在差距最大的方面就是收入。[①]这一数据显示，将近一半的农村教师对自己的薪资待遇感到不满，这也从侧面看出，农村教师的薪资待遇有待提高。总而言之，目前农村教师的工资福利水平与城市教师差距较大，政府要加大农村教师工资福利的资金投入，解除教师的后顾之忧，提高农村教师的满足感和幸福感。在部分农村地区，教师工资低、待遇差，几乎成了农村教育的一个死结。要想改变这一现状，关键还在于提升工资待遇。

第一，加大公共财政投入，确保农村教师工资待遇明显提升。[②]我国各级学校教师劳动报酬的主要构成是工资和津贴，此外，还有补助工资，也称津贴。所谓补助工资是指教师在本职工作之外，额外承担责任或因工作条件差别而获得的补偿待遇。[③]目前不少地方因财政性教育经费缺口大、责任主体不明确等原因，导致乡镇工作补贴和农村教师生活补助等合并成单项发放，有的出现农村教师生活补助不到位等问题。为此，各级政府应将农村教师生活补助列入新增教育经费中的重点保障对象，中央和省级政府在农村义务教育保障经费中应将农村教师生活补助列为专项资金，还要进一步强化省级政府统筹责任，保证以往农村教师政策性补助，如农村教师津贴、乡镇工作补贴和农村教师生活补助等项目不减少、标准不降低，并且确保金额逐年递增，充分保障农村教师应有的权益，提高他们工作的积极性。

第二，健全现有的农村经济落后地区教师特殊津补贴制度也是提高农村教师待遇的重要方法。此项补贴具体可以考虑以下几方面：首先，制定农村教师最低补贴标准。由于经济发展不平衡，我国各地经济发展状况存在较大差异，欠发达地区可以参照最低补贴标准对教师进行适当补贴，以坚定农村教师坚守

---

① 易海华，罗洁. 农村中小学教师待遇问题现实解读与改善——基于湖南 20 个县市区 24 所农村学校的调查分析. 湖南社会科学，2013（1）：270-274.

② 付卫东，范先佐.《乡村教师支持计划》实施的成效、问题及对策——基于中西部 6 省 12 县（区）120 余所农村中小学的调查. 华中师范大学学报（人文社会科学版），2018（1）：163-173.

③ 范先佐. 教育经济学. 北京：人民教育出版社，2003：340.

岗位的信心。其次，以当地经济发展状况为基准，适当调整补贴标准。补贴主要是从当地财政收入中拨出的，补贴额与当地经济密切相关，教师补贴款可以适当调整，以满足教师的生活需求。最后，进一步推广以教师工作年限为参考，划分一定的补贴发放档次，按照标准和档次发放补贴。补贴款金额与工作年限成正比，年限越长，补贴款就越高。同时在区域内稳步提高补贴标准，并向乡村小规模学校、艰苦边远地区学校等倾斜。这在一定程度上是对农村教师坚守工作岗位的感谢与支持，也有助于农村学校留住优秀教师。

第三，可以通过完善农村教师荣誉制度配套政策，增强农村教师的职业荣誉感和幸福感。[①]其一，建立农村教师荣誉基金制度。成立农村教师荣誉基金，通过政府拨款、社会资助等多种途径筹集资金，来鼓励农村教师开展关爱农村困境儿童、农村教育改革和教育创新、研修培训等活动，通过这些有益的活动来唤醒全社会对农村教育的重视。其二，将农村教师荣誉制度和工资晋升制度挂钩。有些农村教师受学历、职称等限制，即使从教多年，其工资仍然偏低，难以过上体面的生活。因此，建议国家让在农村学校坚守30年及以上的教师直接享受中级或高级职称的工资待遇，这样有利于激励广大农村教师长期在农村学校安心从教。其三，将农村教师荣誉制度和奖励性政策挂钩。例如，对于从教20年及以上的农村教师，在政策保障性住房等方面享受优先权利，其子女在县（区）内参加农村教师招考的，同等条件下优先录取；对于从教30年及以上的农村教师，在出外乘车、乘船等方面享受打折等优惠政策等。多措并举，鼓励现有教师在农村地区安心工作，吸引更多的优秀高校毕业生去农村工作。

（三）倡导尊师重教的优良传统，提高农村教师的幸福感

尊师重教一直都是我国的优良传统。注重对教师合法权益的保护，赋予教师相应的惩戒权。教育惩戒权是教师行使教育学生的权利。在传统观念中，教师惩戒学生就如父母训斥孩子一样，是为了孩子好。但随着西方的一些教育理

念的引入以及国人权利意识的增强，人们开始对教育惩戒产生疑问。在赏识教育兴起后，教育惩戒更被认为是非人道、落后教育方式的代名词。教师惩戒权的剥夺在一定程度上尊重了学生的人权，但也造成了一定的负面影响，出现了一些教师"不敢"教导学生的现象。2019年，《中共中央 国务院关于深化教育教学改革全面提高义务教育质量的意见》中提出，"制定实施细则，明确教师教育惩戒权"。2020年，《中小学教育惩戒规则（试行）》发布，首次以部门规章的形式对教育惩戒做出规定，明确教师可以根据学生违规情节轻重（情节较为轻微、情节较重或者经当场教育惩戒拒不改正、情节严重或者影响恶劣），对学生实施相应的惩戒。教育惩戒，是指学校、教师基于教育目的，对违规违纪学生进行管理、训导或者以规定的相应方式予以矫治，促使学生引以为戒、认识和改正错误的教育行为。学校、教师应当遵循教育规律，依法履行职责，通过积极管教和教育惩戒的实施，及时纠正学生错误言行，培养学生的规则意识、责任意识。

教师在社会中的受重视程度也是影响教师幸福感的关键。有学者指出，农村教师社会地位偏低状况仍未得到实质性改观。[1]农村教师社会地位偏低，农村教师的社会幸福感也会受到较大影响。社会应明确农村教师与城市教师一样都是教育事业工作者，都为社会国家发展培养人才，其价值不可忽视。

此外，还存在农村教师的发展前途模糊的问题，因此应认真解决农村教师职业发展问题，在职称评定、评优奖先等方面要向农村教师倾斜，为农村教师发展铺设更加广阔的前景。

总而言之，国家要关注农村教育事业发展过程中所存在的问题，尤其是农村教师的发展问题，只有缩小农村与城市之间的教育差距，才能提升国家整体的教育效果。

二、发挥农村文化资源的作用，助力农村学生发展

农村文化对教育的影响具有双重性。农村文化中所蕴含的消极因素对当今

---

① 周兆海. 农村教师社会地位：何以形成与能否提高. 东北师范大学博士学位论文，2016.

农村教育的发展产生了一定的负面影响，主要表现为轻视智力投资、急功近利、因循守旧等，这些思想观念会使学生难于突破和创造，因此教育工作者要及时对学生思想上的问题加以干涉，帮助农村学生树立远大理想、求实奋进。另外，不能忽视农村文化中的积极成分对当今教育的作用。劳动、土地、农村的生活方式等这些农村所特有的教育资源是学生发展的有益因素。学校应当结合当地具体情况，设立劳动实践课程，教师带领学生亲近自然、亲近土地，完成一定的劳作任务，让学生在感悟劳动辛苦的同时学会感恩，学会以相对平和的心态面对生活中的坎坷，重新理解劳动的意义。

除此之外，农村文化中强烈的家族意识虽然使学生失去了一定的独立性和自主权，但是也有一定的可取之处，其带来的强大的凝聚力和感召力给了学生发展进步的动力。基于这一点，农村学生的家长和教师要帮助学生正确认识与理解家族意识，在受到激励的同时不能过分夸大其作用，避免学生形成封建、偏激的家族观念。

三、学习孔子教育思想，以提高教师素养

如果说公平是为了满足人的需求和促进人的发展，那么教育则是直接以人的发展为目的。因此，公平和教育内在本质的一致性决定了教育公平必定最终指向人的发展和完善。[①]其中，孔子的教育思想尤其值得我们继承与发扬。我国虽然长期以来一直提倡个性化教育，但教育趋同化现象仍然存在，我国教育最大的问题就是把本来个性相异的人培养成了同一个样子。孔子"求也退，故进之；由也兼人，故退之"等因材施教的思想对于当今教育公平产生了较大影响，公平不是处处一样，而是应该根据地区优势、学生个性特长制订不同的培养方案，支持学生多方面均衡发展，如体育特长生、舞蹈特长生等。孔子提出的"性相近也，习相远也"，是指人们的本性是相近的，只是由于后天生活环境和接受的教育不同，使人们产生了差距。因此，孔子从人性上肯定了人与人之间的平等性，同时也强调了教育和环境对人的重要影响远远超过遗传。当今

---

① 程曦. 孔子的教育公平思想研究及对当代社会的启示. 湖北大学硕士学位论文，2013.

我国九年义务教育制度使得人人都有接受教育的权利和义务，但有些教师多多少少戴着有色眼镜或者受成绩、性格、家庭背景等因素的影响而对学生区别对待，教师亟须树立正确的师生观，平等对待学生，做到有教无类。

孔子提出"温故而知新"，是指学习的目的是"知新"，这要求我们要善于举一反三，从而领悟新思想。而"君子喻于义，小人喻于利"中，孔子所说的义是指服从等级秩序的道德，孔子要说的就是君子要以社会利益为重，将道德规范置于个人利益之上，君子羞于言利。在当今时代，我们既要争取维护自己的正当利益，又要与唯利是图的小人行为划清界限。只要用内心的仁义道德来规范自己的行为，便是君子，当今我们所要培养的就是这种"君子"。

总之，教育公平就是要让每个人都享有接受教育的基本权利，而不论其民族、出身、经济条件、家庭背景、社会地位等，都要立足于打造适合每个个体的个性化教育，促进个人的自由全面发展。

第八节　中西方教育文化互鉴

一、美国"尊重项目"的启示

作为最发达的资本主义国家，美国也存在城乡教育差异显著、种族歧视和弱势群体被边缘化的现象，为此美国政府先后通过多项专门法案对处境不利的人群予以教育支持。《2000年目标：美国教育法》提出，"不论种族、肤色、宗教、性别、国籍或是社会阶层，为每个人提供高质量的教育平等机会"。推动地区、城乡等的教育公平，教师资源是最主要的力量之一。吸引优秀人才到农村任教，提高农村教学质量，是摆脱农村教育困境、办好公平优质农村义务教育的关键。为提高教育质量，解决师资力量匮乏、教育质量下滑、教育对话不畅等问题，美国于2012年实施了"尊重项目"，意图通过重塑教育职业、提高教师地位、增加教师薪酬等措施提升教师职业吸引力，凸显对教师的尊重。[1]因此，借鉴美国"尊重项目"，对重振我国农村教育有着重要意义。

---

[1] 邱艳萍，王媛媛. 美国"尊重项目"及其对我国乡村教育的启示. 教学与管理，2019（1）：79-82.

（一）确保教育投资的水平，为教师提供具有竞争力的薪酬及专业发展资金

美国"尊重项目"的资金用于教师专业发展以及提高教师薪酬，尤其是给予偏远农村地区的教师以相应补偿。一方面，"尊重项目"资金能够为职前和职后教师提供培训机会；另一方面，有竞争力的薪酬也能够吸引优秀人才从事教师行业，留住优秀教师。我国当前大规模的国培计划就是在国家投入大量资金的情况下实行的，这为教师职后专业发展提供了契机。然而在全国范围内，教师薪酬与其他行业相比还有较大差距，某些偏远农村教师的薪酬更是缺乏足够的竞争力。因此，我国仍需要大力提高教师尤其是农村教师的待遇，让他们能够以本职业为傲，专注于教学研究。

（二）赋予教师直接参与教学改革的话语权与专业自主权

只有教师最了解学生，也最了解教学中发生了什么事，因此教学改革非常有必要尊重教师们的意见与建议。"尊重项目"启动前，美国正式通过教育特使与众多一线教师进行交谈与沟通后，才形成了"尊重项目"愿景的初稿。美国教育主管部门继而深入组织教师对项目愿景进行讨论与修订，才最终形成了"尊重项目"的蓝图框架。此项目将教师作为主要参与者，使教师有权参与学校、地区以及本州政策的修订工作，给他们反映自己观点的权利。因此，我国在进行教育教学重大改革时，应该增加一线教师、基层教师的参与比例，以反映最真实的教学问题，以及教师们的宝贵经验。增强教师的参与感有利于增强教师的责任感与使命感，使教师更热情地将教学理论付诸教学实践。

（三）重视教师在社区服务中的积极作用

美国各层次学校的发展历来都重视与社区的互动合作关系。"尊重项目"积极整合各方面资源，创建包括社区在内的专业发展的学习共同体，促进教师在共同体内获得专业发展所需的支持和相关资源。我国学校与社区的互动与合作还不成熟，社区对教师专业发展的促进与帮助作用还没有完全体现出来，因

此我们有必要借鉴美国经验。①另外，美国的优秀教师与社区联系密切，他们带领学生服务社区，并在社区中发挥着积极的作用。教师在推动社区发展的同时，其社会认可度、信任度也随之增加，这有利于增强社会对教师的尊重程度。因此，相关教育部门可以密切加强教师与社区之间的联系，鼓励教师带领学生积极进行社情民意调查，并帮助社区解决难题，这样有利于形成一个社区促进教师专业发展、教师服务于社区发展的相互促进、共同进步的良性循环。

二、芬兰全纳教育的经验及启示

芬兰将平等教育的观念和对优质教育的追求融入教育实践中，其取得的卓越教育成果得到了广泛关注。芬兰一直倡导机会均等的教育理念，使所有背景的儿童都可以在高水平的教育中获得成就，使每个儿童都拥有学习和享受高等教育的权利和机会。《萨拉曼卡宣言》明确提出了"全纳教育"，它确保所有人，不论其个体差异如何，都享有受教育的权利，倡导全民反对教育排斥，尤其关注弱势儿童的教育问题。芬兰积极地推进全纳教育理论研究，始终在学生群体的多样性和差异性之中寻求教育的和谐与公平，在学校教育的实践中体现了教育公平之哲学。全纳教育提出以来，我国也进行了积极的全纳教育实践，让残疾儿童随班就读，为其提供和普通儿童一起学习与生活的机会，旨在向残疾儿童提供帮助，消除其与社会的隔阂。对于特殊教育来说，家庭经济实力、家长的教育观念和特殊学校基础设施使我国城市和乡村儿童特殊教育的实施与发展产生较大差距。实施全纳教育以来，我国仍有诸多问题需要探讨与解决。借鉴芬兰全纳教育的政策和实践经验，可以加深我们对全纳教育的理解，为我国推进城乡教育公平提供前进方向。

（一）制定积极的宏观教育政策

芬兰积极制定全纳教育政策。2010年修订的《基础教育法》提出了三级（一般、增强和特殊）支持模式，支持的出发点是学生的个人优势以及他们学

---

① 朱淑华，邹天鸿，唐泽静. 美国教师专业发展的"尊重项目"及其启示. 外国教育研究，2013（9）：28-35.

习和发展的需求。2014 年制定的《国家基础教育核心课程》，强调了专业教学知识和学科之间合作的重要性。2019 年制定的《学习权：教育发展计划的平等起点》，旨在为学生提供平等的发展起点，减少因社会经济背景、种族背景和性别等因素造成的学习差异，以促进幼儿教育和基础教育的公平。这些政策的制定为全纳教育的发展提供了保障。在教育资源上，全纳教育资源主要指的是分配给学生的支持资金和全纳教师的数量。由于全纳教育比传统教育需要更多的资源，因此需要管理层具备足够的教学管理知识，及时了解学校政策制度的变化，尽可能有效地分配资源。

我国首先在制定教育政策时应确保所有地区和背景的儿童，尤其是农村偏远地区和弱势儿童的受教育权利，给予他们和普通学生一样平等的教育机会和学习环境，鼓励和支持全纳学校的建设与发展，不论其个体差异如何以及个体面临何种困难都让教育制度容纳所有儿童。芬兰从学前教育开始干涉，确保适学年龄学生有学可上、有能力上，使所有学生处在相对公平的受教育起点。其次，教育政策也应注重教育资源的有效分配，学校校长和其他行政人员应承担教育资源分配的责任，对特殊群体学生提供特殊支持，如经济上的资助和心理上的关爱与辅导，不让经济原因成为影响学生受教育的阻碍因素。最后，教育政策不应只停留在宏观层面，也应深入到课堂教学实践中，教师教学方法、教师教学质量和教学理念都应纳入全纳教育政策制定和考虑的范围之内。提高农村偏远地区特殊教育教师的教学质量，更新其教学观念，引入最新的课堂教学方法，不让教师素质和质量成为影响学生发展不均衡的因素。

（二）加大全纳教育财政投入，注重资源有效分配，提供教育经费和福利保障

在芬兰，学生从学前教育到高等教育都是免费的。2017 年，芬兰用于教育机构的支出占 GDP 的 5.3%，总额为 118 亿欧元，其中用于基础教育的资金总计 47 亿欧元，占教育支出的最大份额，即近 40%。[①]芬兰启动学生经济资助基金，为学生完成学业提供足够的经济援助，包括学习补助、住房补助、餐费补

---

① Statistics Finland. Current Expenditure on Education Has Decreased in Real Terms Since 2010. https://www.stat.fi/til/kotal/2017/kotal_2017_2019-05-09_tie_001_en.html，2019-05-09.

助、交通补贴、学生贷款和利息援助等。①学生补助基金弥补了学生之间的贫富差距，促进了全纳教育的发展。

国家财政的投入和各界社会力量的支持是影响全纳教育在我国实施的决定性因素。我国实施随班就读政策的全纳教育，其教育设备和设施建设需要大量的资金投入，而我国农村及偏远地区教育基础设施面临建设难度大、资金短缺和利用率低等问题。因此，政府应该及时提供全纳教育的专项资金，大力扶持乡镇及农村特殊教育的发展，同时要整合并合理分配特殊教育资源，提高资源的利用效率。资源的分配关系到全纳教育实施的质量，同时影响教师对全纳教育工作的效能感。政府要积极与学校沟通，了解学校的特殊需求，避免因资源分配与学校需求不符。将社区机构、医疗机构和教育机构的全纳资源进行整合和共享，以充分发挥社区的力量。

（三）加强教师全纳教育，注重培育教师的全纳价值观，树立全纳教育信念

教师是教学活动的承担者，是全纳教育的执行者，因此应培育教师的全纳教育理念。在芬兰，每个儿童都被认为是有特殊教育需要的儿童，都能接受高质量的教育和得到三级支持。在学习方面，需要"特殊支持"的学生不被排斥，而是得到教师的关怀和支持。教师的态度和意图在课堂上对学生会产生直接影响，因此要树立教师对全纳教育的积极态度和坚定信念，相信每个学生都值得受教育，所有儿童都可以取得成功。

全纳教育是面向所有学生的，教学方法、教学内容、教学理念符合所有学生的需要，其中就包括有特殊需要并可能被排除在教育机会之外的学生。全纳教师必须能够将全纳教育理论知识转化为教学行为，从学习者的个性需求出发为学生创造多样性的公正的学习环境，以学生都能理解和接受的方式有效组织和实施课程。同时，全纳教育是不断发展革新的，全纳教学也要求教师持开放的态度，不断学习新技能，征求各方建议，改变与当下教学活动不相符的态度和行为等。教师通过参加技能培训课、教学研究会、讲习班和继续教育等，能

---

① 韩惠丞. 芬兰全纳教育实践研究. 哈尔滨师范大学硕士学位论文，2020.

够提高自身管理和应对学生不断变化的需求的技能。当教师的全纳教育水平得到了提高，其对全纳教育的接受程度和教学效能感也会得到提升，帮助教师更专业、更成功地实施全纳教育，在课堂上没有地区、背景、能力歧视和排斥，以实现教育公平。

三、印度的城乡教育资源配置的启示

印度是世界人口大国，其农村人口约占 80%，依然保持着以传统农业为主导的经济发展模式，具有与我国类似的城乡二元经济结构，城乡发展差距较大。为此印度一直致力于农村教育的发展，以扭转城乡教育差距大的不利局势，并取得了一定进步，其成功之处值得我国借鉴。

（一）加大教师专项培训力度，均衡师资建设

印度农村存在师资力量不足的问题，尤其是印度歧视女性较严重，女教师严重缺乏，很多家庭不愿将女童送往没有女教师的学校学习，因此造成女童失学率高的情况。为此，政府着力加大教师培训力度，实行"师范教育重建计划"，同时加大对女教师的培训并提高其录用率，为农村输送教师资源，解决农村学生受教育率低的问题。[①]由于农村多处于偏远地区，设施落后，很多教师不愿意到农村教学。于是，政府出资对农村中接受过学校教育的家庭妇女进行专业培训，为期 2—3 年，通过考核即可到当地学校任教，这样做缓解了农村师资不足的问题。同时，印度还对教师进行职后培训，不断提高农村在职教师的质量，以缩小城乡教师水平的差距。

我国某些农村也存在着交通不便、设施不健全、教师待遇偏低等问题，因此我国可借鉴印度经验，加大对农村本土教师的培训及补偿力度。我国已出台特岗教师、地方免费师范生培养计划和三支一扶政策，鼓励了大批符合条件的学生到基层地区开展教学活动，但这些政策未必能真正留住教师，一旦协议结束后，部分教师更愿意到资源更好的地区教学。因此，省级政府有关部门应结

---

① 宁召雯. 公平视角下的农村基础教育资源配置问题研究——以山东省为例. 辽宁大学硕士学位论文，2016.

合本地发展的实际需求，统筹指导当地政府与省内师范院校的合作，联合培养农村当地教师，开设特色培训课程，提高农村当地教师的专业化水平，同时还应鼓励城市优秀教师到乡村学校交流、讲学，以不断提高农村整体教学水平。同时，根据农村教学条件，对教师实施不同比例的补贴政策，在保险、医疗和住房方面加大补助力度，从而吸引更多人加入农村教师队伍。

（二）资金向贫弱地区学校倾斜，关注弱势群体教育

印度政府教育经费向基础教育倾斜，预算内教育经费接近政府公共开支的14%，接近世界平均水平。[①]在印度，学生义务教育阶段不仅不收学费，而且不收杂费，教材也是免费的，甚至配备免费的午餐和校服，真正实现了义务教育，接受教育对农村家庭来说变成更容易的事情。同时，印度政府制定一系列措施来保障农村偏远地区基础教育的发展，包括教育保障计划和替代性创新教育计划。在偏远地区保留小型学校，在高寒山区等修建寄宿学校，保障经济贫困或偏远地区学生的持续性学习。由政府出资，在农村地区开办非正规的教育培训中心，并将之作为学校教育的替代，教育培训中心有着灵活的教学时间和教学方法，以防止农村儿童因帮家里分担农活而没办法按时接受全日制教育。此外，政府鼓励农村建设私立学校，使其成为公办教育的有益补充，并对之进行严格的筛选与审批，科学规划学校布局，由政府统一管理教师。

根据印度的经验来看，基础教育作为一项公共服务，政府承担着主要责任。我国政府应持续加大对预算内教育经费的总投入，在增加整体教育经费支出时，应向乡村地区倾斜，根据不同乡村地区的实际困难，制定灵活的符合当地教育现状的教育扶持政策。建立对农村义务教育投入的专项转移支付制度，加大对地方县级政府的补助力度，以保障其有充足的资金支持下属农村学校的发展建设。政府要统一规范管理当地的教育机构，赋予其公益性质，以作为学校教育的补充。教育部门严格规范和限制私立学校的收费标准，取缔高收费、高门槛的私立学校，大力推动公立学校的发展，以确保学生享有公平的受教育机会。在对农村进行教育扶持时，要关注弱势儿童的教育，满足其受教育的需

---

① 沈有禄，谯欣怡. 印度基础教育财力资源配置差异分析. 教育学术月刊，2012（1）：47-49.

要。首先要细化扶助政策，使下级部门依规办事，公开透明。其次，拓展资金来源，吸纳社会资金，通过多种媒体渠道增加对贫弱地区儿童的曝光度，引发社会关注，集结社会力量，为困难儿童提供教育经济援助。

四、日本的城乡一体化教育发展政策

日本促进城乡教育公平、推进城乡教育一体化采取的主要措施包括以下几个方面。①为统筹城乡义务教育，日本建立了较为完善的教育财政制度，通过合理的财政转移支付确保城乡教育经费的均等配置。农村义务教育的具体事务由町村级地方政府负责管理，但其教育经费由中央、都道府县、町村三级财政共同分担，三级政府共同分担的教育财政体制，有力地保障了农村教育经费的来源。②城乡一体化的教学设施。在学校设置上，从教育经费到学校设施、教学设备、班级编制、师资配备等，日本都制定了相应的法律法规，即使在偏远落后的农村，小学的教学硬件和师资队伍都能实现标准化和规范化。③实施教师轮岗制。通过定期调换公立学校的教师来促进其在城乡之间的合理流动，从而消除了因城乡师资水平的巨大差异而引发的城乡教育发展不平衡的现象。此外，日本还通过强有力的政策措施来改造偏远农村地区实力薄弱的学校。①

鉴于此，我国可采取以下几条改进措施。①可以建立健全我国的教育财政制度，使权力彼此监督，责任得到切实落实。②对农村及偏远地区给予政策性倾斜，加大对其教育的投入力度。合理配置教育资源，照顾资源配置不充足、教育水平落后的地区，以降低其培养人才的难度，改善贫困学子"难出头"的现状。废除重点班，实行均衡编班，让所有学生享受到同等水平的教育资源，以缓解"择校""择师""择座位"的教育问题。③改进我国教师雇佣机制。日本能够为学生提供优质的教育资源，其中一个重要原因是教师的雇佣机制。日本的教师并不是受雇于学校，而是当地政府。在他们教师生涯的前期，工作地点每三年会发生一次变动，直到后期才逐渐稳定下来。政府这样做是为了保证将最好的老师分配到最需要他们的地方。最优质的教师、最珍贵的资源会倾向于最需要帮

---

① 窦艳芬，姜岩，王政. 借鉴国外经验 推进中国城乡义务教育均衡发展的对策研究. 世界农业，2011（1）：102-106.

助的学生。因此，可以建立校与校、城与乡、区域与区域之间的教师流动机制，使教师能够适应不同的教学环境，从中不断摸索出最恰当的教学方法，更好地促进学生的全面健康发展。当然，政府部门也要给教师提供足够的生活物质保障和精神激励，使其不会因为从重点学校流动到普通学校而产生心理落差。

五、韩国的"逆向普及"教育政策

"科教兴邦"一直以来都是韩国的重要发展战略，在韩国，义务教育既是免费的又是强制实施的。考虑到必须保证低收入阶层子女入学等问题，韩国在普及义务教育的过程中采取了"逆向普及"的方式，先从农村、岛屿等偏远地区和条件不利的地区实施，然后向城市逐步扩展，即先从经济落后的地方开始实行免费教育，再逐步向经济发达的地区过渡。①

"逆向普及"义务教育政策对我国的启示包括以下几个方面。①普及义务教育首先从经济落后地区开始，逐步向经济发达的地区过渡。为保证低收入阶层子女入学，韩国采取先从教育条件较差的地区开始实施，以便向低收入阶层的子女逐步实施免费教育。这一措施充分体现了地区收入分配的合理性，也是合乎国家实际情况的。在我国偏远地区，仍有一些因为经济原因而辍学、休学的学生，当地政府要通过财政支持对此类学生予以经济上的扶持，并出台相关援助政策，以解决其教育问题。②义务教育的确立和执行与经济发展规划同步运行。为摆脱教育盲目发展的状况，韩国从 20 世纪 60 年代初，就对教育发展做出相应规划，并加强对教育的宏观控制和指导。韩国认为，教育作为社会系统中的一个子系统，有其独特的发展速度、规模、结构等，即教育的特殊规律，因此教育必须与社会其他子系统（如经济系统）相适应，否则教育发展将会脱离社会实际，尤其是不能满足经济发展的需要，起不到它应有的作用，反而会扯经济的后腿。②为使教育系统与经济系统相互促进，我国在制订经济发展计划的同时还应考虑教育发展计划，使教育与经济发展同步运行。

---

① 窦艳芬，姜岩，王政. 借鉴国外经验 推进中国城乡义务教育均衡发展的对策研究. 世界农业，2011（1）：102-106.

② 张广利. 韩国普及义务教育的历史进程与经验探讨. 普教研究，1995（5）：63-64.

调查问卷及访谈提纲

附录一　小学高年级学生学习兴趣与动力调查问卷

亲爱的同学：

你好！我们是关心青少年健康成长的志愿者团队，邀请你用几分钟时间填答这份问卷。问卷填写不记名，答案没有对错之分，不会对你有任何不好的影响。请你凭第一直觉迅速填写，注意不要漏题、不要空题。谢谢你的小爱心！

1. 你的性别（　　）

A. 男　　　　　　B. 女

2. 你的年级（　　）

A. 四年级　　　　B. 五年级　　　　C. 六年级

3. 你的学校所在地属于（　　）

A. 市区　　　　　B. 县、乡镇及以下

4. 你的学习成绩总体在年级里属于（　　）

A. 优秀　　　　B. 中等偏上　　　C. 中等　　　　D. 中等偏下

E. 很差

（一）请根据你自己的实际情况，认真回答以下问题。

5. 谁为你的学习做主（　　）

A. 老师　　　　B. 父母　　　　C. 自己　　　　D. 其他人

6. 你认为学习成绩的决定因素是（　　）

A. 聪明　　　　B. 兴趣　　　　C. 认真　　　　D. 学习能力

E. 努力程度　　F. 父母的文化水平

G. 是否在一个好学校

7. 学知识的过程中，你最看重的是？（　　）

A. 在玩耍和活动中体验和感受知识

B. 自己已有的经验知识

C. 能够掌握相关定义、概念、公式

D. 听课时的兴趣、状态和认真程度

8. 你觉得如何才能更好地激发自己的学习动力？（　　）

A. 身边榜样带领　　　　　　　B. 长辈指导

C. 家庭教育　　　　　　　　　D. 基本靠自己

E. 其他

9. 你认为什么因素最容易使学习成绩下降？（　　）

A. 父母不关心自己的学习　　　B. 自己不努力，学习习惯不好

C. 课程多、难，适应不了　　　D. 老师讲课枯燥乏味，难以理解

（二）回答以下题目，请你依照该题目符合自己想法或经验的程度，选最适合的答案，答案没有对错之分。

10. 仔细想想，在此之前你是否确定了自己的人生目标？（　　）

A. 完全不符合　　B. 不太符合　　C. 一般　　　　D. 比较符合

E. 完全符合

11. 我认为人生目标与学习有着非常重要的关系。（　　）

A. 完全不符合　　B. 不太符合　　C. 一般　　　　D. 比较符合

E. 完全符合

12. 我知道学习是非常有用的。（　　）

A. 完全不符合　　B. 不太符合　　C. 一般　　　　D. 比较符合

E. 完全符合

13. 学校对教学很重视。（　　）

A. 完全不符合　　B. 不太符合　　C. 一般　　　　D. 比较符合

E. 完全符合

14. 即使学习是困难的，我仍要学习。（　　）

A. 完全不符合　　B. 不太符合　　C. 一般　　　　D. 比较符合

E. 完全符合

15. 考得好的话，我会自己奖励自己。（   ）

A. 完全不符合　　B. 不太符合　　C. 一般　　　　D. 比较符合

E. 完全符合

16. 上课时老师经常与我们互动。（   ）

A. 完全不符合　　B. 不太符合　　C. 一般　　　　D. 比较符合

E. 完全符合

17. 老师对学生们很有耐心。（   ）

A. 完全不符合　　B. 不太符合　　C. 一般　　　　D. 比较符合

E. 完全符合

18. 我在学习过程中能开动自己的脑筋。（   ）

A. 完全不符合　　B. 不太符合　　C. 一般　　　　D. 比较符合

E. 完全符合

19. 我遇到挫败时常会怀疑自己的能力。（   ）

A. 完全不符合　　B. 不太符合　　C. 一般　　　　D. 比较符合

E. 完全符合

20. 我会因为老师或家长的批评而气馁。（   ）

A. 完全不符合　　B. 不太符合　　C. 一般　　　　D. 比较符合

E. 完全符合

21. 学习中出现问题我会从多方面进行分析，总结经验。（   ）

A. 完全不符合　　B. 不太符合　　C. 一般　　　　D. 比较符合

E. 完全符合

22. 消极情绪出现时，我可以通过合理方式排解它。（   ）

A. 完全不符合　　B. 不太符合　　C. 一般　　　　D. 比较符合

E. 完全符合

23. 你是否对你目前的学习状况感到满意。（   ）

A. 完全不满意　　B. 不太满意　　C. 一般　　　　D. 比较满意

E. 完全满意

24. 我相信我有能力考好。（   ）

A. 完全不符合　　B. 不太符合　　C. 一般　　　　D. 比较符合
E. 完全符合

25. 我会行动起来去追赶榜样，以他的标准来要求自己。（　　）

A. 完全不符合　　B. 不太符合　　C. 一般　　　　D. 比较符合
E. 完全符合

26. 别人说我笨时，我会怀疑自己。（　　）

A. 完全不符合　　B. 不太符合　　C. 一般　　　　D. 比较符合
E. 完全符合

27. 老师经常会讲一些新颖的解题方法。（　　）

A. 完全不符合　　B. 不太符合　　C. 一般　　　　D. 比较符合
E. 完全符合

28. 如果知道明天课堂要讲什么，我就会在前一天晚上自己预习。（　　）

A. 完全不符合　　B. 不太符合　　C. 一般　　　　D. 比较符合
E. 完全符合

29. 为了能考好我会努力复习，谁叫我玩儿我都不出去。（　　）

A. 完全不符合　　B. 不太符合　　C. 一般　　　　D. 比较符合
E. 完全符合

30. 父母对我的表扬、鼓励多于批评。（　　）

A. 完全不符合　　B. 不太符合　　C. 一般　　　　D. 比较符合
E. 完全符合

31. 我通过学习能够学到新知识、新技能。（　　）

A. 完全不符合　　B. 不太符合　　C. 一般　　　　D. 比较符合
E. 完全符合

32. 父母非常关心我的学习。（　　）

A. 完全不符合　　B. 不太符合　　C. 一般　　　　D. 比较符合
E. 完全符合

33. 我觉得在班里我是一个受欢迎的人。（　　）

A. 完全不符合　　B. 不太符合　　C. 一般　　　　D. 比较符合

E. 完全符合

34. 请简述对你影响最大的激励（或刺激）你发奋学习的事件，以及它是怎样影响你的？

附录二　访 谈 提 纲

1. 你认为学习是一个什么样的过程？你在学习过程中具有哪些优点，又有哪些缺点呢？

2. 你认为学习好取决于什么？你觉得你的成绩怎么样？你认为你成绩好/差的原因是什么？

3. 你学习的时候需要父母或老师监督吗？你能独立思考问题和完成作业吗？

4. 你上课的时候会走神吗？如果上课的时候没有听懂知识点，下课了你会怎么做？

5. 你都是怀着怎样的心情去看书、写作业的？为什么会怀着这种心情？

6. 你认为读书很大程度上是为了什么？为什么这样认为？

7. 你有没有成绩下降的时候？你认为造成成绩下降的原因有哪些？

8. 你认为老师对你学习的关注度高不高？为什么老师这么（不）关注你？

9. 在学习中你有没有自己的学习榜样？他（她）身上有什么值得你好好学习的？

10. 你有没有自己的长期或短期学习目标？为了自己的目标而采取了哪些实际行动呢？

11. 你认为怎样才能使你的学习更有动力呢？请举例说明。